AI 마케팅 인사이트

AI 마케팅 인사이트
AI MARKETING INSIGHT

초개인화 시대,
기술로 마음을 사로잡는
AI 마케팅 전략

─ 최연미 지음 ─

이 책을 향한 찬사

수많은 AI 도구를 보며 무한한 가능성에 주목했던 시기라면 2025년은 AI 도구를 어떻게 활용할 것인가 고민하는 시기가 될 것이다. 그러나 막상 실무자가 업무에 직접 참고할 만한 사례나 심도 있는 내용은 찾아보기 어렵다. 이런 와중 가뭄에 단비 같은 책이 나왔다. 마케팅 전문가가 직접 경험한 AI 기반 마케팅과 선진 기업의 사례를 소개하고 생성형 AI를 적재적소에 적용하는 아이디어를 담아냈다. 풍부한 마케팅 경험과 통찰을 녹여내, 기존 마케팅을 초월하는 AI 초마케팅 전략까지 제안한다. '직職'이 아닌 '업業'으로서의 힘이 느껴진다. 실용적인 메시지 뒤에는 인간다움을 되짚는 이야기가 기분 좋은 충격을 선사한다. 아무리 기술이 발달해도 고객의 마음을 움직이는 것은 결국 인간다움이다. 저자가 제안하는 방법과 함께라면 AI에 인간의 따뜻함을 결부하며 우리의 업을 잘해낼 수 있다는 자신감이 든다. 모든 영역에서 반드시 필요한 마케팅, 이에 관한 탁월한 인사이트를 얻고 싶은 모두에게 이 책을 추천한다.

―**김덕진** (IT커뮤니케이션연구소 소장, 『AI 2025 트렌드&활용백과』 저자)

마케팅은 고객에 대한 이해와 교감이다. 고객을 이해하고 교감함으로써 고객과 기업의 가치를 함께 향상시키는 과정이다. 이 책은 그 과정의 밀도를 높이기 위한 해답을 AI의 데이터 처리 방식과 인간의 직관적 사고방식의 상호 보완에서 찾았다. 또한 마케터가 가치 향상을 추구하는 과정에서 잃지 말아야 하는 인간다움의 의미를 짚어주며, 프라이버시와 다양성 등 윤리적 측면에서 AI가 던지는 새로운 도전 과제에 대한 사유까지 제시한다. 이 책은 AI 마케팅 실무자를 위한 실용적 지침서일 뿐만 아니라 기술과 인간의 낯선 관계를 고민하는 모든 이들에게 흥미로운 통찰의 기회를 제공한다.

―김상균 (인지과학자, 경희대 경영대학원 교수)

15년 전 함께한 컨설팅 프로젝트에서 저자는 도전적이면서도 현실성도 놓치지 않았고, 클라이언트 입장을 누구보다 잘 이해하는 매니저였다. 나는 그의 고객 중심 사고와 행동이 큰 성과를 이끌어내는 모습을 똑똑히 지켜봐왔다. 이 책에는 그런 저자의 진실된 경험이 묻어나온다. 세상을 뒤엎고 있는 AI의 홍수 속에서 바로 실행에 옮길 수 있는 훌륭한 지침서다. 빅테크와 공존할 수밖에 없는 인간에 대한 존중과 중요성까지 다루는 세심함까지 놓치지 않았다. 마케터라면 지금, 한 번쯤 훑고 가야 할 필독서임이 틀림없다.

―류정훈 (두산로보틱스 CEO)

AI가 비즈니스의 전 영역을 완전히 집어삼키고 전환시키는 거대한 물결로 다가왔다. 마케팅 총괄 책임자로 일한 저자는 이 책에서 AI 기술이 마케팅에 미치는 긍정적 영향과 이를 현명하게 활용하는 마케팅 방법론을 제시하고, 다양한 기업 사례까지 더했다. AI를 적용하는 마케팅은 일견 기계적이고 비인간적으로 보이나 흥미롭게도 저자는 그 반대라고 말한다. 오히려 AI를 통해 고객의 목소리를 더 자세히 듣고 진정한 소통을 유도할 수 있다는 것이다. AI는 마케터의 파트너로서 역할을 하며, 마케터는 마치 아티스트처럼 창의성과 인간성에 집중하는 미래가 그려진다. 이 책은 마케터뿐 아니라 기업의 경영자와 오피니언 리더 모두에게 AI를 통해 비즈니스를 혁신하고 고객 가치를 극대화하는 통찰과 구체적 방법까지 건네줄 것이다. 　　　　　　　　　　－**신수정** (KT 전략신사업 부문장, 한국메타버스협회 회장)

더 이상 평균적인 고객은 없다. AI는 초개인화를 통해 각 소비자의 마음을 정밀하게 읽어내며, 마케팅의 새로운 기준이 되고 있다. 이제 타깃층을 '20대 여성'이나 '30대 직장인'으로 나누던 시대는 지났다. AI와 결합하여 더 섬세해진 마케팅은 개인의 순간순간 변화하는 취향까지 읽어내는 정교한 과학이 되었다. 이 책은 AI가 어떻게 마케팅을 혁신하는지를 구체적인 예시와 함께 설명하며, 최신 글로벌 트렌드와 소비자 심리 분석을 통해 모든 직장인이 AI 시대에 맞춘 비즈니스 전략을 구상할 수 있도록 돕는다. 마케터뿐 아니라 변화하는 시대를 준비하는 모든 직장인에게 이 책을 권한다.

－**장하연** (경영·회계·사무 인적자원개발위원회 책임연구원, 정책학 박사)

쉐이크쉑, 블루보틀커피, 에그슬럿, 팀홀튼의 매장 앞에서 기대와 흥분으로 길게 줄을 서서 기다리는 사람들의 모습을 본 적이 있을 것이다. 그 뒤에는 치열하고 정교한 브랜딩과 마케팅, 그리고 운영에 대한 노력과 비밀이 숨어 있다. 저자는 지금도 그 장면 안에 견고하게 서 있는 마케터로서 이 책을 통해 새롭게 다가온 기술 혁신, AI를 조명한다. AI는 우리 앞에 떠오른 새로운 무기다. 저자는 매일 마주해야 하는 마케팅 실전 상황에서 그 무기를 어떻게 활용할 수 있는지 안내하여 일단 한번 시작해보라고 우리를 밀어내며 자극한다.

−**한영아** (포스코홀딩스 상무, 전 SPC삼립 경영전략 총괄 부사장)

PROLOGUE

'AI 마케팅'이라는 새로운 패러다임을 마주하다

　　어느 분야나 그렇겠지만 마케팅은 크리에이티브creative한 도전과 변화가 끝없는 영역이다. 나 또한 올해로 23년째 다양한 산업군과 마케팅 분야에서 고군분투해왔지만, 어느 것 하나 새롭지 않은 것이 없다. 조금 익숙해질 만하면 금세 새로운 마케팅 기술과 혁신이 파고든다. 한편으로 '마케팅은 발로 뛰는 것'이라는 말처럼 여전히 지난한 업무와 과제를 처리하면서 창의적인 이니셔티브initiative를 기획하고 빠르게 추진해야 한다. 또 정성적 아이디어인 크리에이티브도, 잠재수요 예측도, 알 수 없는 고객의 마음도 데이터로 미리 가늠하고 실행한 후 결과로 확인해야 한다.

　　그러나 직급이나 역할에 관계없이 회의에만 참석해도 시간이 모자랄 정도로 시간과 인적자원은 늘 부족하고, 마케팅 실행 예산은 타이트하기만 하다. 또 복잡하게 얽힌 유기적 상황과 입장 사이에서 정확한 판단을 내리고 과감하게 선택하거나 포기하는 것도 쉽지 않은 일이다. 최전선에서 고객과 맞닿아 있는 마케팅은 작은 것 하나에라도 빈틈이 생기면 바로 티가 나기 때문이다. 마케팅 업무는 끊임없이 반복되기에 앞으로 더 나아가고 싶은 마케터들의 발목을 잡을 때도 있다. 좋은 아이디어가 있어도 선뜻 제안하기 어려울 때도 있다. 기존 업무에 새로운 일이 추가되는 셈이니 말이다.

그런 와중에 AI 기반 마케팅, 즉 'AI 마케팅'이라는 새로운 패러다임이 불쑥 등장했다. AI 마케팅은 영어로 AI-powered marketing이라고도 불린다. 말 그대로 'AI 기술의 힘으로 더 강력해진 마케팅'이란 뜻이다. AI 기반 마케팅은 우리 일상 깊숙이 자리 잡았다. 유튜브와 SNS 알고리즘, 이미지 기반 검색, 타기팅 광고, 고객 취향 및 쇼핑 기록 기반 맞춤 제안, 업무 생산성을 돕는 각종 생성형 AI, 멀티모달multi modal AI 비서 등 다양한 AI 기반 서비스가 업무와 일상에 깊이 스며들기 시작했다.

'포천 500대 기업' 중 약 80%가 AI 관련 성과를 앞다투어 발표했으며, 한국뿐 아니라 AI에 많은 투자를 하는 미국, 중국, 유럽 등지에서도 AI 마케팅을 빠르게 도입하고 있다. 세계적인 회계·경영 컨설팅 기업인 KPMG의 조사에 따르면 한국은 대중의 85%가 AI에 대해 알고 있으며, AI 지식을 가장 널리 갖춘 나라로 꼽혔다.

코로나19 이후 디지털 경험과 맞춤형 브랜드 경험에 익숙해진 고객들의 눈높이는 더욱 높아질 것이다. 우리 고객들 또한 선제적으로 시작된 AI 마케팅을 경험하기 시작했고, 이는 또 하나의 기준점이 될 것이다. 한편으로 각종 AI 기술은 마케팅 자동화 및 초개인화hyper-personalization 마케팅을 통해 다이내믹한 브랜드 경험 강화, 24시간 실시간 고객 소통, 고객 이탈 방지 프로그램, 마케팅 투자

자본 수익률ROI 극대화, 마케팅 운영 효율화를 도와주므로 더 많은 기업에서 필연적으로 AI 마케팅 도입을 검토할 것이다.

사실 처음부터 AI 마케팅을 잘 아는 전문가는 없다. 우리 모두 AI 마케팅을 시작하는 단계일 뿐이다. 초기 AI 개념은 일찍부터 있었지만 AI 마케팅 기술은 이제 막 우리 일상과 일하는 방식에 적용되었기 때문이다.

나 또한 AI 전문가도, 개발자도 아니다. 기존의 전통적인 디자인 툴이나 영상 편집에도 익숙하지 않다. 쉐이크쉑Shake Shack, 블루보틀Blue Bottle Coffee, 에그슬럿Eggslut, 팀홀튼Tim Hortons 등 해외 브랜드를 국내에 론칭하고 CMOChief Marketing Officer(마케팅 총괄 책임자)로서 많은 사람들과 협업해 나름대로 다양한 마케팅을 시도해왔다. 그럼에도 2022년 오픈AIOpenAI에서 챗GPT'ChatGPT를 출시한 이후, 생성형 AI의 등장은 내게 큰 영향을 미쳤다. 해외 AI 마케팅 사례와 국내 선진 사례를 살펴보면서 AI가 더 이상 플랫폼 기업이나 빅테크 기업만의 전유물이 아니며, 실용적인 도구로서 마케터에게 큰 가치를 제공할 수 있음을 깨달았다.

이 책은 프리미엄 마케팅 경험은 물론 AI를 접하면서 쌓은 고민과 통찰을 바탕으로, 현업에서 마케터들이 지금 당장 적용할 수 있는 실용적인 AI 활용 방법론을 공유하기 위해 쓴 기록이다. AI 마케팅을 시작하기 위해서는 코딩, 데이터 분석, 디자인, 영상 편집에 대한 지식이 전혀 없어도 괜찮다. 우리가 스마트폰을 직관적으로 사용하듯 AI 마케팅도 기본적인 개념과 특징만 이해한다면 필요한 시기에 AI 마케팅 기술을 적재적소에 적용할 수 있기 때문이다.

하루가 다르게 쏟아지는 AI에 대해 적어도 '이것은 무엇일까?'라는 호기심을 갖고 검색만 해도 AI에 대한 이해도와 경쟁력이 달라진다. 평소 AI의 흐름만 훑어보고 각자에게 맞는 시스템이나 툴을 선택해 적용하려는 시도만으로 충분하다. 누구나 AI를 통해 기존 마케팅 프로세스, 내·외부 전문가들과의 협업 프로세스, 고객과 소통하는 방식, 일상 업무를 처리하는 방식에서 새로운 가능성을 찾을 수 있다.

AI 시대에 진입한 이상, 다시 이전으로 돌아갈 수는 없다. 농경 사회에서 산업화 시대로 변화하면서 기계를 통한 대량생산이 이루어졌고, 생산량의 폭발적 증가는 물질적 풍요와 소비 트렌드 및 여러 사회적 변화를 이끌었다. 인터넷의 등장으로 언제 어디서든 전 세계 데이터를 검색할 수 있게 되었고, 전자상거래라는 새로운 쇼핑 방식이 등장했다. 스마트폰은 모든 것을 이동하면서 처리할 수 있도록 했고, 전 세계적으로 즉각적인 소통이 가능한 소비와 업무 환경을 만들었다. 그리고 많은 서비스와 산업이 모바일 기반으로 이동하게 했으며 유튜버, 인플루언서 등 새로운 직업을 탄생시켰다.

앞으로는 직장이나 가정에서 인터넷이나 스마트폰을 쓰지 않기 위해 노력하는 것만큼이나 AI 없이 일하는 것이 더 어려울 것이다. 그런 만큼 고객이 원하는 것 이상을 먼저 알아차리고 제안해야 하는 AI 마케팅 시대에 반 발자국만 빨리 AI 마케팅에 관심을 갖고 노력한다면 나만의 강력한 경쟁력이 될 수 있다.

AI는 적극적으로 받아들이면 강력한 경쟁력이 된다. 보스턴 컨설팅 그룹Boston Consulting Group, BCG에서 실시한 설문 조사에 따르면 생성형 AI 툴을 정기적으로 사용하는 사람들 중 62퍼센트는 AI에 대해 낙관적으로 바라보며 AI가 긍정적 변화를 만들어준다고 기대하는 것으로 나타났다. AI를 새로운 기회로 보는 것이다. 반면 생성형 AI를 일상에서 꾸준히 쓰지 않는 사람들은 AI 기술이 자신의 업무를 위협하거나 경쟁력을 약화시키는 불안한 요소로 바라보는 것으로 나타났다.

이 책에는 각자의 경험과 전문성을 바탕으로 AI를 긍정적으로 활용하고 적용해볼 수 있도록 최대한 다양한 마케팅 실전 사례, 국내외 AI 마케팅 성공 사례와 바로 지금 구체적으로 실행해볼 수 있는 실전 팁, 실행 가이드를 최대한 상세하게 담으려 노력했다. AI는 가설과 테스트의 연속이므로, 처음부터 실패와 함께 시작해야 한다. 중요한 것은 '지속'하는 것이다. 이는 머신러닝machine learning의 학습 방법과 같다.

모쪼록 귀한 시간을 내서 이 책을 읽는 동안 새로운 AI 마케팅 인사이트를 만나고 업무에서 변화를 만들어나가는 데 작은 도움이 되었으면 한다. 자신만의 전략적 사고방식, 업무 경험과 노하우에 상상력과 창의성을 발휘해 AI로 시도해보면서 새로운 AI 업무 프로세스를 만들어가길 바란다. 천천히 시작하고 싶다면 일상에서 작은 실험을 해보길 바란다.

  이 책이 독자들과 만날 수 있도록 힘써준 웅진씽크빅 단행본의 김예원 편집장, 늘 유쾌한 에너지로 편집 전 과정을 이끌어준 강혜지 편집자, 매의 눈과 꼼꼼한 의견으로 글을 보완하는 데 힘을 보태준 조승현 편집자에게 감사 인사를 전한다. 끝으로 늘 빈틈 많고 부족한 아내를 응원해주는 남편에게 마지막 문장을 선물하고 싶다.

2024년 11월
최연미

Contents

이 책을 향한 찬사 · 4
PROLOGUE | 'AI 마케팅'이라는 새로운 패러다임을 마주하다 · 8

PART 1 갑자기 마주한 AI 마케팅 시대

Chapter 1. 마케터를 위한 AI 마케팅 기술 · 19
Chapter 2. 머신러닝과 초개인화 마케팅 · 30
Chapter 3. AI와 세 가지 예측 마케팅 · 40
Chapter 4. 생성형 AI와 콘텐츠 마케팅 · 46
Chapter 5. 마케팅 자동화와 AI 마케팅 프로세스 · 60
Chapter 6. 뉘앙스와 공감 마케팅 · 79
Chapter 7. 데이터 기반 마케팅 의사 결정의 일상화 · 86
Chapter 8. 경계를 허무는 협업과 AI 오케스트레이션 · 101

PART 2 AI 시대를 사로잡는 여섯 가지 마케팅 전략

Chapter 9. 초타기팅, 고객을 정밀 타격하라 · 107
Chapter 10. 초개인화, 비슷한 사람들이 아닌 오직 한 명 · 118
Chapter 11. 초공감, 진정성 있는 고객 공감이 답이다 · 132

Chapter 12. 초경험, 고객의 감정을 움직이는 경험을 제공하라 · 155
Chapter 13. 초맥락, 고객의 상황까지 읽는 섬세한 제안 · 167
Chapter 14. 초소통, 고객의 마음을 어루만지다 · 177

PART 3 당장 시작해보는 AI 마케팅 실전

Chapter 15. 광고와 예술의 경계를 넘나드는 AI 시대 · 193
Chapter 16. AI로 깊어지는 고객과의 교감 · 202
Chapter 17. 마케터의 모든 상상이 실현되는 생성형 AI · 213
　　　　　[실전 Tip] 새로운 프롬프트 만들기 · 230
Chapter 18. 고객을 읽고 고객을 잇는 AI 모델링 · 232
Chapter 19. 효율성과 비용, 두 마리 토끼를 잡는 AI 마케팅 · 249
　　　　　[실전 Tip] 초개인화 시스템 구축하기 · 253
　　　　　[실전 Tip] 나에게 맞는 AI 살펴보기 · 255

PART 4 AI 시대, 마케터가 잊지 말아야 할 것들

Chapter 20. 더욱 중요해진 개인 정보 관리 · 261
Chapter 21. AI 마케팅 시대의 윤리와 지속성 · 266
Chapter 22. 가장 인간적인 것에 대한 고민 · 282
Chapter 23. 가장 '나다움'에서 발견하는 창의성 · 289

EPILOGUE | AI가 마케터의 힘이 되는 순간 · 294

주 · 296
참고문헌 · 301
이미지 출처 · 311

PART 1

갑자기 마주한 AI 마케팅 시대

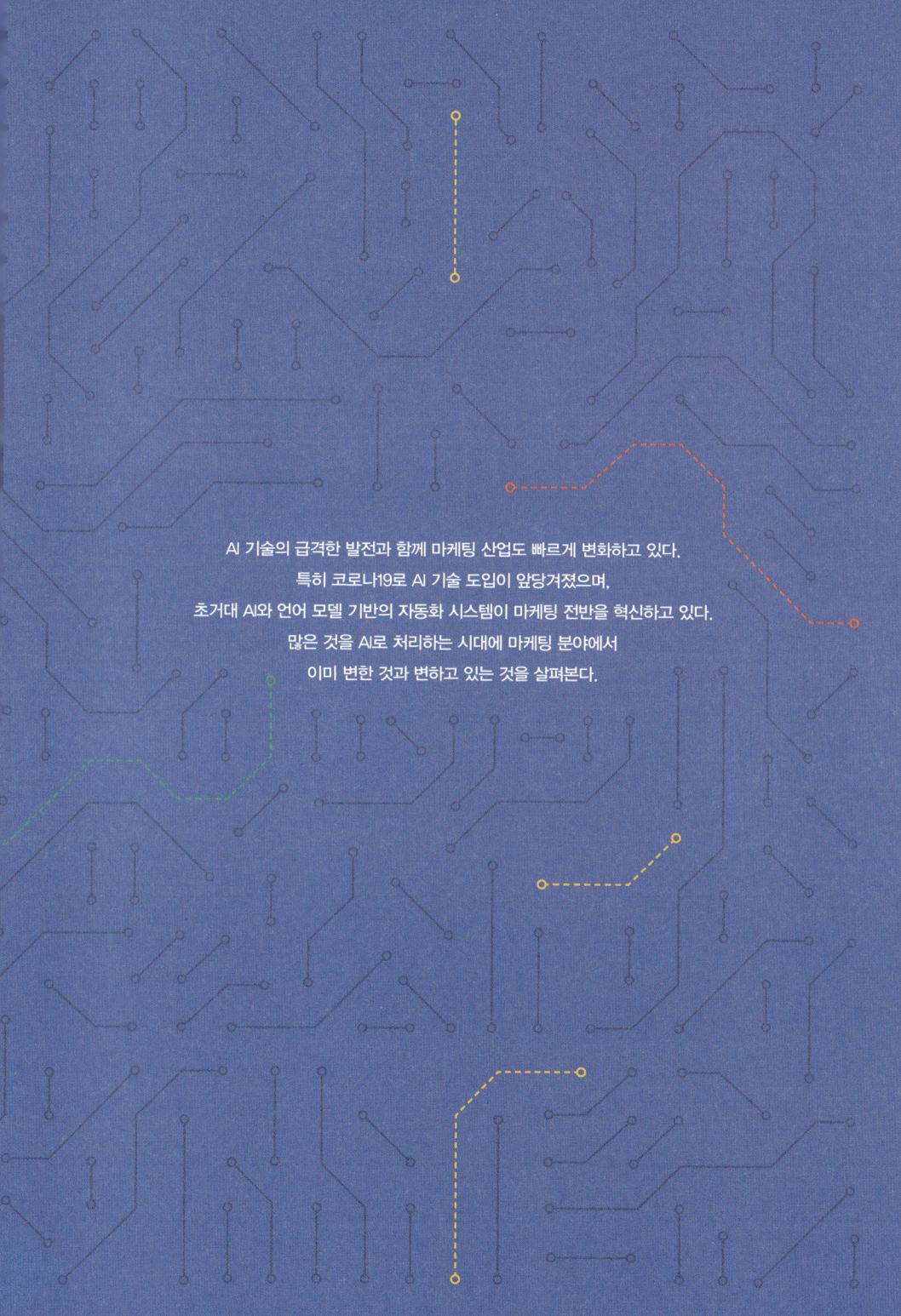

AI 기술의 급격한 발전과 함께 마케팅 산업도 빠르게 변화하고 있다.
특히 코로나19로 AI 기술 도입이 앞당겨졌으며,
초거대 AI와 언어 모델 기반의 자동화 시스템이 마케팅 전반을 혁신하고 있다.
많은 것을 AI로 처리하는 시대에 마케팅 분야에서
이미 변한 것과 변하고 있는 것을 살펴본다.

마케터를 위한
AI 마케팅 기술

CHAPTER 1

삼성생명의 광고 캠페인 '좋은 소식의 시작'은 대화형 AI에 "사람들은 언제 보험을 떠올릴까?"라는 질문을 하면서 시작되었다.[1] 광고 영상에는 사람들에게 보험이 좋지 않은 일이 생겼을 때만 떠올리는 것에 머무르지 않고, 평소에도 좋은 소식을 전해주고 세상에 바람직한 변화를 이끌어내기 위해 노력하겠다는 긍정적 메시지를 전하는 장면이 이어진다. 그리고 다양한 나이대의 고객들이 행복하게 살 수 있도록 '좋을 때 더 좋은 소식을 전해드리자'라는 광고 카피가 들린다.

그런데 따듯한 공감과 다양한 사람들의 이야기가 담긴 이 캠페인 영상은 바로 생성형 AI로 만든 것이다. 이 광고에 등장하는 모든 장

▶생성형 AI로 만든 삼성생명 광고.

면은 해외 로케이션^{location} 촬영이나 스튜디오 공간을 세팅해 촬영한 게 아니라 순수하게 AI로만 제작했다. 가상의 인물과 배경인 것이다. 배경음악과 내레이션 성우 목소리도 마찬가지다.

독창적 마케팅 뒤에는 AI가 있다

이제 음식점 배달도 로봇이 한다. 배달의민족의 로봇 배달 서비스 '배민로봇'은 기기 간 직접 통신을 통해 오프라인 서비스를 제공하는 D2D^{Device-to-Device} 서비스다.[2] 스마트폰, 앱, 웨어러블 기기, IoT^{Internet of Things}(사물 인터넷) 기기 등 다양한 기기가 중앙 서버 없이 직접 서로 통신하면서 움직이는 것이다. 배민로봇은 사내 카페,

▶혼자 음식을 배달하는 배민로봇 딜리(dilly).

사무실, 대형 실내 쇼핑몰 로봇 배달 시범 서비스를 시작으로 아파트, 호수 공원, 대학 캠퍼스까지 누리면서 무인으로 음식을 배달해주는 단계까지 이르렀다. 지도 위에 점으로 위치를 표시하는 점군 지도 생성 기술인 슬램SLAM, 위치 추정 기술인 로컬라이제이션localization 등을 개발하며 지속적인 서비스 안정화로 로봇 배달을 다양한 지역으로 확장하고 있다.3

AI 기술을 통해 발 빠르게 마케팅 경쟁력의 원천을 확보한 아마존Amazon은 실시간 수요와 공급을 자동으로 반영해 모든 상품에 10분마다 자동으로 가격을 책정하는 동적 가격 정책dynamic pricing을 운영하고 있다. 글로벌 컨설팅 회사 맥킨지Mckinsey가 분석한 자료에 따르면 아마존은 같은 제품의 가격을 하루에 144번, 일주일에 1,008번, 연간 5만 2,560번 바꾼다.4 아마존에 등록된 제품의 수를 감안하면, 10분에 한 번꼴로 가격을 변경한다는 건 매일 250만 번 이상 가격을 변경하는 셈이다. 엄청난 규모와 속도의 자동화라고 할 수 있다. 같은 고객이어도 하루 중 어느 시간대인지에 따라, 실시간 경쟁사의 가격에 따라 다른 가격에 구매하게 된다. 거의 실시간으로 판매가가 달라지는 셈이다. 이렇게 해서 아마존은 '가장 합리적이고 저렴한'이라는 고객 인식을 확보했다. 이는 전자상거래 분야에서 가장 혁신적이고 성공적인 사례로 평가된다.

아마존의 동적 가격 전략에는 AI, 머신러닝 및 빅데이터big data 분석 같은 최첨단 기술을 적용되어 있어 수요, 재고, 경쟁 상황 등 수백만 개 제품에 대한 수요와 공급을 측정하고 업데이트한다. 이를 반영해 가격을 자동으로 수정하도록 정교하게 설계된 알고리즘은 과거 데이터, 실시간 데이터뿐만 아니라 미래 수요까지 예측해 측

▶동적 가격 전략 덕에 소비자는 아마존이 합리적이고 저렴하게 제품을 판매한다고 인식하게 되었다.

정한다. 크게 수요, 재고, 고객 행동, 날짜 및 시간이라는 네 가지 요소에서 여러 매개변수에 해당하는 파라미터parameter 값이 모니터링되고 반영된다.

이러한 예측에 사용하는 파라미터가 구체적으로 무엇인지 외부에 알려지진 않았다. 하지만 그 논리를 추측해보면 재고 소진이 임박한 경우 허용 가능한 범위에서 가격이 올라가며, 고객이 찾는 수요 대비 공급이 적은 희소성 있는 제품의 가격도 올라갈 것이다. 여기에는 얼마나 많은 고객이 해당 제품을 살펴보고 있는지 등 고객 행동 데이터도 반영될 것이다.

특히 사람들이 많이 찾는 생필품, 히트 상품이나 전략 상품의 경우 경쟁사 가격을 실시간 모니터링해 최저 가격으로 세팅되도록 한다. 그래서 아마존에 대해 고객들은 '제일 싼 곳'이라는 믿음을 갖게 되었다.

분야를 가리지 않고 활용되는 AI 마케팅

리테일 업계에서도 AI를 통한 다각적인 브랜드 경험 설계와 AI 마케팅 경쟁이 뜨겁다. 예를 들어 나이키는 챗봇인 '나이키 러닝 클럽 봇Nike Running Club Bot'에 스포츠 관련 용어를 학습시키고 활기찬 언어와 동기를 부여하는 메시지 등 언어 모델을 미세 조정fine-tuning했다. 활기차고 에너지를 주는 언어를 사용하며 나이키의 '저스트 두

잇Just do it' 슬로건을 활용한 브랜드 페르소나를 담은 언어로 고객과 실시간 소통한다. 사용자가 운동할 때 이 챗봇과 대화하며 힘든 운동에 대한 긍정적 인식과 동기를 얻도록 해주는 것이다. 이는 직간접적으로 브랜드 경험을 확대하고 고객 충성도를 높여주는 마케팅 전략이다.

AI는 커스텀 디자인에도 적용된다. 나이키는 에어맥스 데이Air Max Day 신발 출시 기간에 스타일봇StyleBot이라는 챗봇 캠페인을 통해 평균 클릭률CTR을 12.5배, 전환율을 4배 높였다. 고객이 자신의 개성대로 신발 디자인을 커스텀하고 해당 이미지를 저장·공유·구매할 수 있도록 한 것이 특징이다.

AI 마케팅은 트렌드 분석, 상품 기획, 수요예측에도 유용하다. 스페인에서 탄생한 패션 브랜드 '자라Zara'는 AI 기반 트렌드를 예측하

▶다품종 대량 공급과 패스트 패션이 특징인 스파 브랜드는 트렌드에 민감하다.

고 이를 기반으로 적절한 생산량을 결정한다. AI를 활용해 소셜 미디어, 패션 블로그 등 다양한 채널에서 유행하는 패션 트렌드를 분석한다. 이를 바탕으로 신제품을 기획하고 생산해서 빠르게 변화하는 소비자의 취향에 신속하게 대응하고, 재고 부담을 줄인 것이다. 2주마다 신제품이 쏟아지는 자라뿐 아니라 H&M, 탑텐TOP10 같은 스파SPA 브랜드는 지금 유행하는 스타일을 빠르게 유통하고 짧은 기간에 판매를 끝내야 하기 때문에 수요예측이 더욱 중요하다.

한편 AI는 자동화 광고에도 유용하다. 자동차 브랜드들은 인스타그램과 페이스북을 운영하는 메타Meta의 AI 기술을 활용해 광고 타기팅을 고도화하고 있다. 사용자의 관심사, 행동, 인적 관계망을 종합적으로 분석해 최적의 타깃 고객에게 광고를 하는 것이다. 짧은 동영상 플랫폼인 릴스를 통해서도 AI 기반 추천 시스템으로 사용자

▶편리한 일상을 돕는 기가지니 스피커는 가상 비서 역할을 톡톡히 해낸다.

의 시청 패턴을 학습하고, 개인 맞춤형 콘텐츠를 제공하고 있다.

KT의 기가지니는 가장 대표적인 AI 스피커 서비스다. 스피커를 넘어 KT의 기술력을 집약해 고객의 일상생활에 다양한 편의 기능을 제공하는 AI 플랫폼으로 자리매김했다. 기가지니가 성공을 거둔 것은 고도화된 음성인식 기능과 사람과 대화하듯 자연스러운 일상 대화가 가능한 자연어 처리 기능을 바탕으로 점점 더 개인화된 서비스를 제공할 수 있도록 설계되었다는 점 때문이다. 말을 잘 알아듣고, 자연스럽게 대화를 이끌어 사용자가 편리하게 지속적으로 사용할 수 있게 했고, 이를 바탕으로 사용자의 취향과 사용 맥락에 맞는 다양한 서비스를 고도화해 편의성과 고객 만족도를 높일 수 있었다. 한발 더 나아가 음성 비서, 스마트홈 제어, 음악 및 뉴스 추천 등 사용자의 패턴을 분석하고 지속적 업데이트를 통해 개인 맞춤형 서비스를 제공한다.

AI 기술과 AI 마케팅으로 탄생한 대규모 언어 모델Large Language Model, LLM은 방대한 언어 데이터로 훈련한 텍스트 요약, 자동번역, 생성이 가능한 딥러닝 알고리즘에 기반한다. 네이버는 한국어에 특화된 한국어 전용 대형 언어 모델을 확용한 대화형 AI 서비스 '클로바 X^{CLOVA X}'를 출시했다. 이는 영어권 중심의 오픈AI GPT-3.5 대비 6,500배 더 많은 한국어를 학습한 것이다.

그래서 한국어 특유의 미묘한 뉘앙스까지 캐치해 정확도 높고 자연스러운 한국어를 구사하게 되었다. 네이버는 AI 자연어 처리 기술을 활용해 고객 상담을 자동화했다. 상담받는 고객도 AI라고 인지하고 있지만 완성도 높은 소통 역량, 즉각적인 반응과 문제 해결을 통해 상담 만족도가 높아졌고, 감정 소모와 업무 부담이 큰 상담원의 효율성 또한 높아졌다.

고객 구매 여정과 AI 마케팅

고객 구매 여정은 고객 인지, 구매 고려, 구매, 브랜드 경험, 유지 단계로 이루어져 있다. 고객 구매 여정에 따라 적지 않은 AI 기술이 적용되기 시작했다. 무한 경쟁 시대에 마케팅 경쟁력을 강화하고 고객 충성도와 마케팅 캠페인에 대한 ROI 효율을 높이기 위해 머신러닝, 딥러닝deep learning, 자연어 처리, 강화 학습, 생성형 AI, 추천 엔진, 로봇 프로세스 자동화 등의 기술이 쓰이고 있다.

앞서 제시한 몇 가지 마케팅 사례처럼 AI 기술의 발전 덕분에 마케팅에서도 바야흐로 새로운 장이 열리고 있다. 우리가 눈치채지 못할 정도로 일상에 파고든 각종 AI 기술은 고객의 모든 여정에서 단계별로 새롭게 시도되고 있으며 AI 마케팅 기술이 다양한 마케팅 영역에서 적용 및 확산되기 시작했다.

아직은 AI 마케팅을 탐색하고 검토하고 있는 기업이 많겠지만 기술과 마케팅을 리드하는 기업에서는 코로나19 팬데믹 이후 싫든 좋든 AI 마케팅을 먼저 적용했다. 머신러닝, 딥러닝, 알고리즘, 대규모 언어 모델, 자연어 처리, 추천 엔진, 생성형 AI 및 AI 클라우드 등의 기술을 각 마케팅 목표와 환경에 맞게 적용해 AI 마케팅 프로세스AI Marketing Process, AMP를 구축해 단계적으로 마케팅 자동화를 이루고 마케팅 적중도와 정교함을 높이며, 고객 한 사람에게 꼭 맞는 맞춤형 마케팅을 자동으로 생성하고 실행하는 시대가 열리고 있다.

〈AI 마케팅과 고객 여정 맵〉

AI 기술	
주요 기술	특징
머신러닝	데이터 패턴 분석, 예측 모델 생성, 분석, 클러스터링
딥러닝 &알고리즘	이미지 인식, 자연어 처리, 복잡한 패턴 인식
자연어 처리	텍스트 데이터 분석, 챗봇, 감정 및 맥락 분석
강화 학습	자동 의사 결정, 최적화, 문제 해결
생성형 AI	콘텐츠 생성 최적화
추천 엔진	초개인화 & 맞춤 서비스
로봇 프로세스 자동화	반복 작업 자동화

고객 구매 단계별 AI 마케팅 기술과 활용 영역

탐색 및 인지	구매 고려	구매	유지
• 고객 분류 (클러스터링) • 타깃 고객 발굴 • 예측 모델 구축	• 고객 데이터 패턴 분석 • 고객 타기팅 • 검색엔진 최적화	• 수요 및 판매량 예측 • 고객 타기팅 정교화 • 경쟁사 추적 • 구매 기록 기반 자동 광고	• 고객 세그멘테이션 • 예측 모델 구축 • 회귀분석
• 음성, 이미지 인식 • 소셜 미디어 분석	• 협업 필터링 개발 • 콘텐츠 기반 필터링 • 하이브리드 추천 • 음성 비서, 고객 상담 • 이미지 유사성 분석 • 맞춤 상품 분석	• 알고리즘 추천 • 시계열 패턴 모델링 • 예측 정확도 강화 • 데이터 패턴 학습	• 고객 행동 패턴 학습 • 고객 패턴 개발 • 고객 패턴 예측
• 감정 및 맥락 분석 • 키워드 분석 • 주제 모델링 • 잠재 고객 초기 접촉 • 대화 모델 학습	• 감정 및 맥락 분석 • 텍스트 생성 • 챗봇 고객 상담 자동화 • 리드 생성 및 영업 • 구매 유도	• 감정 및 맥락 분석 • 챗봇 실시간 상담 • 구매 상담 및 추천 • Q/A 데이터 구축 • 사후 관리 및 A/S	• 감정 및 맥락 분석
–	• 가격 최적화 • 동적 가격 설정 • 재고 관리 • 광고 자동 입찰 • 광고 예산 최적화	• 맞춤 추천 • 맞춤형 메시지 개발 • 타기팅 광고 • 구매 전환율 강화	• 리텐션(retention) 프로그램
• 이미지, 텍스트, 음성 기반 콘텐츠 생성 • 광고, 디자인 제작	–	• 개인화 콘텐츠 생성 • 개인화 광고 및 디자인	–
• 광고, 콘텐츠 추천	• 맞춤 상품 추천 • 제품 정보 실시간 제공	• 장바구니 유사 상품 추천 • 맞춤형 쿠폰 • 맞춤형 프로모션	• 재구매 유도
• 데이터 수집 자동화 • 세그멘테이션 자동화 • 경쟁사 분석 자동화	• 맞춤 콘텐츠 자동화 • 챗봇 운영 자동화 • 개인화 상품 추천 자동화	• 주문 처리 자동화 • 재고 관리 자동화 • 고객 데이터 업데이트	• 고객 만족도 조사 자동화 • A/B 테스트 자동화 • 리마케팅 자동화

머신러닝과 초개인화 마케팅

CHAPTER 2

　AI 마케팅은 초개인화 마케팅이라고 해도 과언이 아니다. AI 마케팅을 이야기할 때 단순히 맞춤 제안이라 하지 않고 '초개인화'라고 일컫는 것은 고객 한 사람 한 사람 개인의 취향과 니즈에 맞는 1:1 마케팅을 실시간으로 자동화해 진행할 수 있는 시대가 되었기 때문이다.

　이는 인간의 신경망 구조를 비슷하게 구현하기 시작한 AI 기술을 기반으로 방대한 데이터 수집, 분류 및 데이터 클러스터링, 한 번에 여러 콘텐츠를 개별 맞춤형으로 제작하고 다양한 콘텐츠로 변주할 수 있는 생성형 AI, 고객 패턴 분석 및 개별 고객 DNA 관리, A/B 테스트 이상의 다중화 테스트와 실시간 성과 관리가 가능하다. 이뿐만 아니라 데이터 기반 자동 의사 결정 시스템, 수요 및 판매 예측, 자동 가격 설정 및 변경이 가능한 동적 가격 설정, 실시간으로 움직이는 고객 데이터 수집 및 분석이 가능한 동적인 고객 데이터 플랫폼Customer Data Platform, CDP과 방대한 데이터를 빠르게 저장하고 끌어올 수 있는 AI 클라우드는 물론 자연어 처리 기술 덕에 고객의 숨은 뉘앙스까지 맥락을 이해하고 자연스럽게 텍스트를 만들고, 고객과 24시간 자연스러운 대화를 이어나갈 수 있다.

이러한 AI 기술과 적용 덕분에 고객은 모든 구매 여정에서 한결 더 향상된 브랜드 경험을 할 수 있게 되었다. 아마존은 달라진 고객 여정을 다음 그림과 같이 재정립했다. 누군가가 나만을 위한 특별한 메뉴를 만들어주듯, 내 체형에 꼭 맞는 옷을 맞추듯, 내가 좋아할 콘텐츠만 쏙쏙 골라서 추천해주듯 머신러닝에 기반한 AI는 고객의 정보 탐색, 인지, 구매 고려, 구매, 경험, 추천 등의 전 과정에서 좀 더 다이내믹한 소통과 브랜드 경험을 이끌어낼 수 있게 된 것이다.

특히 머신러닝, 딥러닝, 자연어 처리, 이미지 인식 등 AI 기술이 총망라된 생성형 AI 기술의 발전은 마케팅의 '크리에이티브' 영역에서 비교적 적은 예산이나 인력 구성으로 운영해야 했던 소규모 기업, 조직, 단체의 어려움을 크게 해소해주었다. 텍스트를 입력하는 것만으로 누구나 짧은 영상, 광고, 영화 같은 완성도 높은 비주얼을 만들 수 있게 되었기 때문이다. 또 단 하나의 콘텐츠가 아닌, 고객 개별 취향과 구매 패턴에 맞게 1:1 콘텐츠를 자동으로 변주해 제안하고 이에 대한 고객의 실시간 반응에 따라 챗봇을 통해 자동으로

〈아마존에서 정의한 달라지는 고객 여정〉

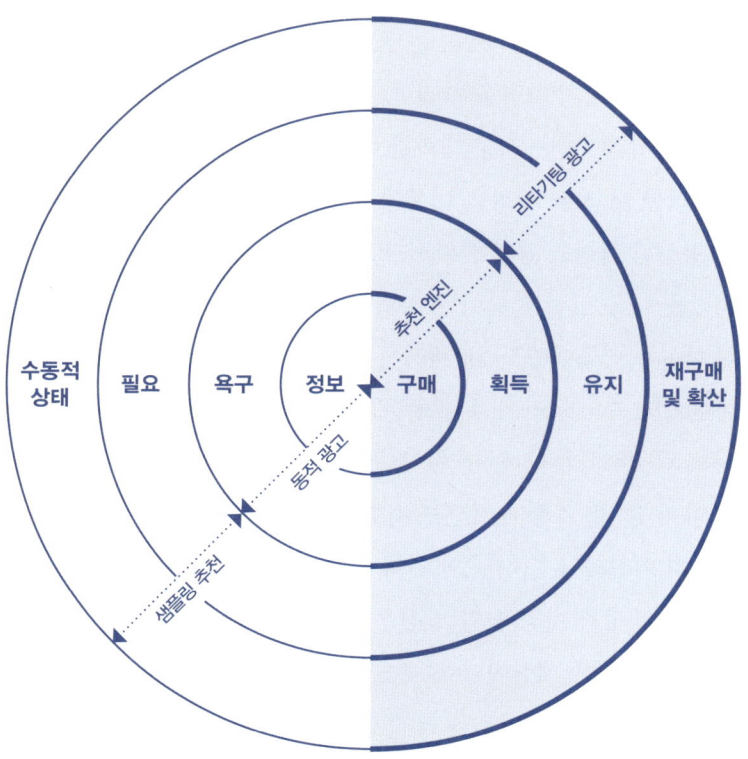

출처 : Hackernoon, 2018

고객과 소통하며 구매로 전환할 수 있다.

AI 마케팅에서는 고객 개개인의 특성을 최대한 고민한다. 고객의 공통된 특성 중심으로 세그먼트별, 클러스터별로 한데 묶는 것과 달리 개별 고객의 니즈와 취향을 이해하는 데 AI기술을 이용한다. 특정 시간이 지난 뒤 담당자의 의사 결정 또는 사전에 세팅한 알고리즘에 따라 순차적으로 마케팅 커뮤니케이션이 일어나는 것이 아니다. 거의 실시간 고객의 구매 이력, 취향, 바로 이 순간의 관심사, 고객 경험과 피드백, 고객 위치를 기반으로 오늘 고객이 지금 가장 좋아할 상품이나 서비스를 1:1 자동 맞춤형으로 제안할 수 있다.

또 각자의 마케팅 업무 환경에 맞게 자주 쓰는 툴과 프로그램, 주요 지표 등을 한 화면과 하나의 마케팅 자동화 플랫폼에 설정해놓고 관리할 수 있게 되었다. 앞으로는 PC에 여러 관리 시스템과 업무 보조 툴을 띄워놓는 게 아니라 단일 플랫폼에 실시간 관리해야 할 주요 마케팅 관리 지표, 성과 지표, 주요 채널별 현황 및 자주 사용하는 마케팅 업무 관련 툴을 설정해놓고 직관적이고 빠르게 마케팅 자동화 업무를 실행할 수 있다.

한마디로 AI 마케팅은 반복되는 마케팅 업무를 자동화해주고, 마케팅 차별화와 다양성을 극대화하며, 마케팅 비용을 효과적으로 운영할 수 있도록 보조하며, 비교적 높은 적중률로 잠재 고객에게 다가갈 수 있도록 도와주고, 기존 고객의 충성도를 높여 마케팅 정확도와 경쟁력을 최대치로 높여줄 것으로 기대된다.

〈마케팅 업무별 AI 활용〉

마케팅 기획 및 관리		마케팅 캠페인 및 광고	
마케팅 업무	AI 활용	마케팅 업무	AI 활용
타깃 고객 발굴	고객 데이터 분석 및 세분화	검색어 최적화	키워드 예측
	동적 고객 데이터 관리		검색 의도 파악
	데이터 기반 예측 모델 수립		검색어 최적화
	고객 패턴 분석	고객 개발	신규 고객 및 채널 개발
	이상 감지 및 기회 포착	추천	제품 추천
트렌드 분석	소셜 미디어 분석		크로스셀링 및 업셀링
아이디어 기획	상품 기획 아이디어 개발	소셜 미디어	맞춤형 콘텐츠 생성
	마케팅 전략 수립		SNS 콘텐츠 자동화
캠페인	마케팅 캠페인 개발	캠페인	광고 생성
	대규모 마케팅 자동화		마케팅 캠페인 자동화
성과 관리	ROI 분석	광고	광고 입찰 및 자동화
	실시간 현황 관리		미디어 믹스
보고	데이터 시각화	이메일	초개인화 광고
	데이터 기반 의사 결정		이메일 마케팅

마케팅 업무	판매 및 고객 상담 AI 활용	마케팅 업무	충성도와 이탈률 관리 AI 활용
초개인화	개인화 맞춤형 메시지 개발	고객 분석	고객 세분화
	고객 구매 패턴 및 맥락 이해		고객 여정 분석
	고객 취향 및 DNA 개발		고객 만족도 증대
	맞춤 콘텐츠 개발	고객 관리	고객 여정 분석
	타기팅 광고 실행		구매 전환율 향상
가격 최적화	수요 예측		고객 반응 및 효과 분석
	경쟁사 분석		동적 고객 데이터 운영
	동적 가격 자동 설정	이탈 예측	고객 생애 가치 분석
	재고 관리		고객 이탈 예측 모델
A/B 테스트	다중 테스트 및 효과 측정		시계열 분석
	고객 리서치	재구매 유도	프로모션, 쿠폰 발송
고객 문의	24시간 실시간 고객 상담		실시간 챗봇 상담
			다이내믹 로열티 운영

비 오는 날, 라테 한잔 어떠세요?

스타벅스는 성공적인 초개인화 마케팅을 일찍이 진행해왔다. 스타벅스는 AI 마케팅이 시작되기 훨씬 전부터 모바일 앱 주문에 투자했다. 단순히 운영을 효율화하거나 매장 내 인건비를 줄이기 위해서만 아니라 멤버십으로 고객 로열티를 높이고, 구매 데이터를 쌓아 더 나은 마케팅을 할 수 있기 때문이다. 매장에서 주문하면 별도 프리퀀시를 적립하지 않는 이상 고객의 취향을 알 수 없지만, 모바일 앱 주문에서는 고객이 커피 한 잔을 주문할 때마다 자동으로 선택한 메뉴뿐만 아니라 컵 사이즈, 취향에 따라 우유를 변경한 기록, 커피 샷 혹은 시럽을 추가하거나 얼음을 빼는 등 다양한 옵션 정보가 데이터로 쌓이기 때문이다. 잘 모르는 고객에서 잘 아는 고객이 되는 것이다.

오랫동안 프리퀀시 마케팅과 모바일 앱 주문 서비스를 유지한 스타벅스는 고객 데이터를 상세하게 수집할 수 있어 해당 고객이 자주 방문하는 매장과 방문 시간대 등 이동 패턴도 파악할 수 있게 되었다.

이렇게 모은 데이터가 1:1 마케팅의 바탕이 된다. 미국 스타벅스는 AI 기반 프로모션 자동화 플랫폼을 활용해 개인 맞춤형 쿠폰을 자동으로 제작하도록 했다. 고객의 구매 기록, 방문 매장, 선호 음료 및 음료 커스터마이징 옵션 등을 분석해 가장 적합한 프로모션을 만들고, 해당 고객만 볼 수 있도록 했다.

〈스타벅스의 초개인화 엔진 프로세스〉

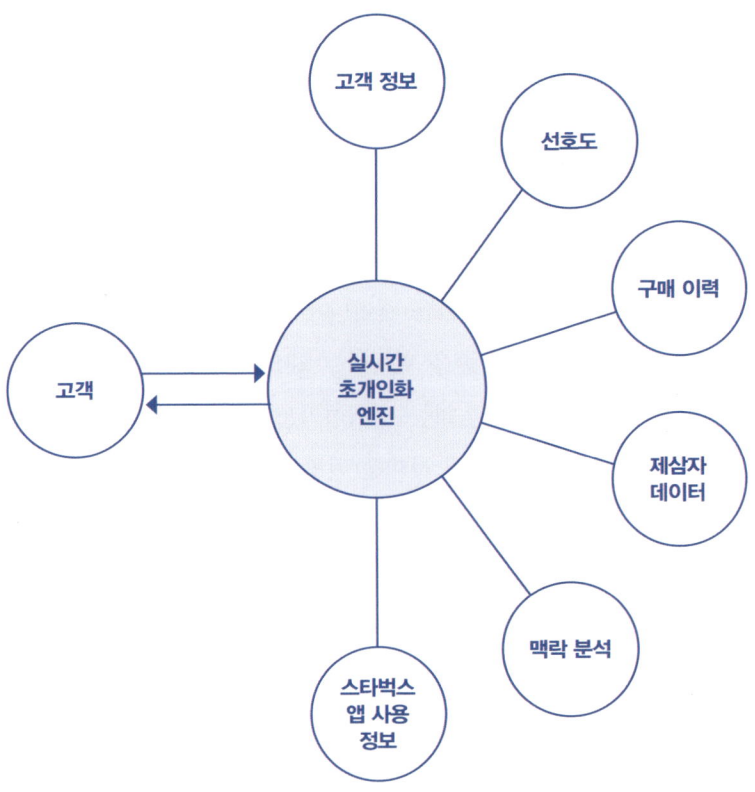

출처 : 스타벅스

AI를 활용하면 하나의 기본 이미지를 가지고 개인의 선호도에 맞춰 레이아웃 구성, 앱·웹 배너 이미지로 디자인을 변형하는 것도 가능하다. 효과가 가장 큰 위치와 크기, 디자인을 자동으로 조율해 고객이 볼 수 있게 하는 것이다.

커피나 음료 취향은 사람마다 다르다. 좋아하는 것과 좋아하지 않는 것, 허용하는 새로운 맛과 절대 좋아하지 않을 맛이 꽤 분명하다. 카페인 용량과 알레르기, 우유에 대한 선호도, 칼로리 관리도 고객마다 다르다.

예를 들어 밤에 주로 작업하는 작곡가는 밤에 커피를 마시고 음악 작업에 집중하는 습관이 있을 것이다. 커피의 산미를 좋아하지 않는 고객의 경우 아무리 좋은 원두라고 해도 신맛이 나면 좋아하지 않을 것이다. 다이어트를 하는 고객이라도 '치팅데이'를 가질 타이밍에 휘핑크림을 잔뜩 올린 커피를 원할 수도 있다. 매일 커피를 마시는 고객이 임신했다면 커피를 대체할 음료를 알려줄 수도 있다.

그뿐 아니라 계절, 날씨, 시간대별로 적합한 메뉴를 추천할 수도 있다. 어떤 고객이 비 오는 날 오후에 따뜻한 커피 음료를 종종 마셨다면 비 오는 날 오후 1시쯤 배달 앱에서 사용할 수 있는 커피 쿠폰을 보내준다. 고객 데이터를 기반으로 개인 맞춤형 제안을 하고, 가까운 매장을 추천하며, 실시간 날씨까지 고려해 맞춤형 경험을 제공하는 것이다.

이런 초개인화 마케팅 전략은 단순히 단기적 매출을 늘리는 데 그치는 게 아니라, 장기적으로 고객과의 관계를 단단하게 만들어

주고 브랜드 충성도를 높인다. 고객의 라이프스타일과 취향을 기반으로 제안하고 고객 만족도를 높여서 재방문율을 증가시키는 것이다.

이처럼 기업 입장에서는 마케팅 활동에 투입되는 시간과 반복 노동을 줄여주고, 고객 입장에서는 필요한 내용을 제안해주는 AI 마케팅 자동화 툴이 많다.

AI와 세 가지 예측 마케팅

CHAPTER 3

    지능형 자동화는 머신러닝 및 기타 인지 기술을 사용해 데이터를 지속적으로 수집·처리·분석한다. 이러한 지속적인 흐름을 통해 비즈니스에 데이터 기반 인사이트를 제공할 수 있다. 또 시간이 지남에 따라 데이터 기반 의사 결정을 반복적으로 사용하면 비즈니스 프로세스를 간소화할 수 있다. AI 마케팅에서 머신러닝은 가장 기본적이면서도 중요한 요소다. 그리고 AI 마케팅을 통해 방대한 데이터를 저장하고 실시간 데이터를 분석할 수 있는 AI 클라우드도 가능하게 되었다.

    AI 기술의 발전으로 마케팅 분야에서 예측 분석이 더욱 정교화되고 중요해지고 있다. AI 기술 기반 마케팅 예측에는 수요예측 분석,

소비자 행동 예측, 고객 이탈 예측 등이 있다.

수익을 올리는 수요예측 분석

먼저 수요예측 분석은 특정 제품이나 서비스에 대한 고객 수요, 예상 판매량을 예측하는 것이다. 기존 자원 관리 시스템을 통한 판매 분석, 원가 분석, 재고 분석 및 담당자의 노력과 시간이 투여되는 엑셀과 피벗 테이블pivot table 작업이 AI로 좀 더 빠르고 정확하고 쉬워졌다.

AI로 과거 판매 데이터, 경쟁사 정보, 시장 트렌드, 계절적 요인, 요일 지수, 날씨, 주요 프로모션이나 이벤트 등 내·외부 주요 변수에 따른 판매량 예측이 가능하다. 다양한 데이터를 분석해 고객 수요를 예측하며 신제품 예상 판매량, 계절별 상품 수요예측, 지역 및 판매 채널별 수요예측 등이 가능하다. 이는 프로모션 전략 수립, 재고 관리 및 가격 책정 최적화, 생산 계획 수립 등에 도움을 준다.

국내 대표적 전자상거래 업체인 쿠팡은 AI 기술을 통한 예측 기능을 잘 활용하며 유통업의 변화를 리드해왔다. AI 수요예측을 통해 유통기한이 짧지만 수요가 많은 신선 식품에 대한 수요와 공급을 맞춰 2023년 재고 손실을 2022년 대비 50퍼센트 줄였다고 한다. 로켓배송, 로켓프레시 등이 가능한 것은 바로 이러한 AI 기술 덕분이다. 이 때문에 많은 우려 속에서도 2023년 8년 만에 흑자 전환에 성공했다.

쿠팡은 고객이 주문하면 몇 초 만에 상품 재고와 위치를 파악해 가장 빠른 배송 경로를 설정해준다. 대용량 데이터를 아마존 AWS Amazon Web Services 클라우드 서비스를 이용해 빠르게 처리하고, 고객 선호도를 분석해 판매자가 자동으로 광고를 운영할 수 있도록 AI 광고 서비스도 제공한다.

또 AI와 빅데이터 기반의 자동화 로봇 설비를 갖춘 물류 센터도

▶쿠팡은 자동화를 통해 물류를 보다 편리하고 효율적으로 관리한다.

구축했다. 쿠팡 대구 FC^Fulfillment Center에는 로봇 1만여 대가 넓은 물류 창고에서 QR 코드를 따라 이동하면서 사람 대신 고객이 주문한 물건을 찾아 직원에게 전달해주는 GTP^Goods to Person 방식의 물류 시스템을 만들었다.[5]

패션 관련 리테일 분야에서는 너무 빨리 지나가는 유행, 한 해 반짝 소비되고 버려지는 섬유 폐기물에 대한 고민이 있다. SPA 패션, 마이크로 트렌드, 소셜 미디어, 전 세계 물류 시스템의 발전으로 패션 유행 주기가 더 빨라진 결과다.

따라서 많은 패션 회사는 패션 산업의 지속 가능성과 환경문제를 해결하기 위해 새로운 접근법을 고민하고 있다. 그중 하나는 트렌드와 고객 수요, 고객 취향을 예측하는 데 AI의 분석·예측 기법을 적용하는 것이다. 트렌드를 보다 정확하게 예측하는 AI 예측 모델을 사용해 불필요한 낭비를 줄이고, 생산 시스템과 공급망을 최적화할 수 있다. 또 고객에게 더 밀착해 고객의 패션 니즈에 맞는 제품을 기획할 수 있다.

한 예로 프랑스의 AI 플랫폼 휴리테크^Heuritech는 AI를 통해 하루에 300만 개 이상의 소셜 이미지를 분석해 새롭게 유행할 원단의 색상, 소재, 패턴과 패션 스타일, 자체 생산할 신제품 라인 등 수천 가지 패션 속성을 뽑아내고 있다. AI의 힘으로 지금 고객이 무엇을 입고 소셜 미디어에 올리고 있는지 실시간 분석한 후 앞으로 어떤 옷이 유행할지 정량적으로 예측해 비교적 정확하게 패션 산업 트렌드를 예측하는 것이다.

취향, 패턴, 니즈로 읽는 고객 행동 예측

고객 행동 예측은 머신러닝과 알고리즘을 사용해 개별 고객의 과거 구매 데이터, 구매 패턴, 선호도, 관심사 등을 분석한 다음 이를 바탕으로 미래 행동을 예측한다. 구매 기록뿐만 아니라 웹사이트 방문 기록, 소셜 미디어 활동 등을 분석해 고객의 다음 구매 상품, 선호하는 브랜드 등을 예측할 수도 있다. 웹사이트나 앱을 방문하는 등의 행동을 추적해 고객이 어떤 페이지에서 얼마나 머무르고 무엇을 검색하고 클릭하는지 등의 행동을 파악해 고객의 취향과 패턴 및 니즈를 간접적으로 파악하는 것이다. 이러한 고객 행동 분석 툴로는 구글Google 애널리틱스, 네이버 애널리틱스, 카카오 모먼트 등이 있다. 이를 통해 적중률이 보다 높은 고객 초세분화, 개인 맞춤형 마케팅, 추천 시스템, 신규 고객 발굴, 맞춤 메시지 개발 등이 가능하다. 더 쉽게 말하자면 고객 행동 예측은 과거와 현재에 기반해 미래 추세를 예측하는 것이다. 과거의 데이터에서 반복되는 패턴을 읽어내고 고객의 구매 DNA를 만들어 해당 고객의 향후 구매 행동 추세와 그 결과를 예측하는 것이다.

충성도를 높이는 고객 이탈 예측

마지막으로 고객 이탈 예측은 이탈 가능성이 높은 고객을 미리 파악해 해당 고객에게 맞는 이탈 방지 마케팅 프로그램을 운영하는 데 도움을 준다. 특정 고객의 패턴을 읽고 이상 징후를 파악해 제품이나 서비스 이용을 중단할 가능성을 예측하는 것으로, AI는 고객의 구매 횟수, 구매 금액, 고객 서비스 이용 횟수와 상담 기록 등 다양한 데이터를 분석해 이탈 가능성을 예측하고, 고객 이탈률을 낮추기 위한 리텐션 활동을 제안한다. 각 고객의 니즈와 불편 사항을 파악하여 가장 필요로 하는 것과 가장 선호하는 혜택이 무엇인지를 찾아 개별 고객 리텐션 활동을 제안한다. 고객을 새로 획득하는 것보다, 기존 고객의 만족도를 높여 브랜드 충성도를 높이는 것에 중점을 둔다.

즉 이탈 예측 모델을 기반으로 해당 고객이 가장 좋아할 만한 맞춤형 프로모션, 할인 혜택 등을 제공해 고객 충성도를 높이고 이탈을 방지하는 방식이다.

특히 전자상거래, 금융 상품, 통신사 서비스, 제품 품질관리, 항공 및 OTT 등과 같은 서비스 분야, 리테일 브랜드의 멤버십 기반 고객 유지 및 리텐션을 위한 프로그램에 도움을 준다.

생성형 AI와 콘텐츠 마케팅

CHAPTER 4

　가상 세계는 오프라인 공간의 시공간적 한계를 확장해주기도 한다. 미국의 파인 다이닝 셰프가 LA의 푸드 트럭에서 시작한 샌드위치 브랜드 에그슬럿은 최고급 식재료와 파인다이닝 테크닉 기반의 메뉴를 선보였다. 빠르게 할리우드의 유명 인사와 패션 피플을 시작으로 LA를 찾는 많은 고객이 열광하며 빠르게 전 세계적으로 확장했다.

　그런데 에그슬럿이 우리나라에 론칭할 준비를 하던 2020년에는 공교롭게도 코로나19 팬데믹이 한창이었다. 유명 브랜드가 국내에 론칭할 때는 일반적으로 공식 오픈 전 프리 오프닝 기간에 사전 홍보 및 기대감 조성, 운영 리허설 및 안정화를 위해 협업 파트너와 다양한 업계 관계자, 잠재 고객을 대상으로 브랜드를 소개하고 사전 체험이나 행사를 하는데, 그런 행사를 하기 어려웠다. 그렇다고 수년간 준비한 브랜드 론칭을 소리 소문 없이 진행할 수도 없는 일이었다.

세계 최초 메타버스로 론칭한 에그슬럿

결국 에그슬럿은 업계 최초로 비대면 버추얼 론칭을 선택했다. 네이버의 증강 현실AR 아바타 서비스 자회사인 제페토와 협업해 글로벌 F&B 최초로 가상의 매장을 열고 사전에 제작한 영상으로 버추얼 론칭 행사를 진행했다.6 코로나19 직전 LA 전역을 돌며 직접 촬영한 유명 랜드마크와 감성적 풍경을 담은 브랜드 영상, 〈스트리트 푸드 파이터〉 촬영 팀과 함께 미국의 모든 에그슬럿 매장을 다니며 로케이션으로 촬영한 현장감 있는 메뉴 조리 ASMR Autonomous Sensory Meridian Response(심리적 안정을 주는 영상 또는 음성) 영상, 당시 미국 언론에도 공개되지 않았던 창업자의 국내 고객을 위한 첫인사 영상, 국내 1호점인 코엑스점의 고급스러운 인테리어를 상세하게 담았다. 그뿐 아니라 제페토의 가상현실VR에서 구현한 에그슬럿 푸드 트럭을 사전에 약속된 시간에 맞춰 유튜브와 제페토에 올리고, 에그슬럿의 시작이었던 LA의 푸드 트럭을 그대로 재현했으며 가장 유명한 시그너처 메뉴를 판매했다. 당시 100만 명 이상의 전 세계

▶ 글로벌 F&B 업계에서 최초로 실행한 에그슬럿의 메타버스 가상 매장과 론칭 행사.

제페토 가입자가 가상의 대형 크루즈 위에 그대로 구현된 세계 최초의 에그슬럿 푸드 트럭에서 시그너처 메뉴를 사 먹고 에그슬럿 기념 티셔츠를 입고 돌아다닐 수 있게 했다.

실제 메뉴 시식도 완전히 배제하진 않았다. 다만 한 장소에 많은 사람이 모이는 건 지양해야 했기에 미리 시식 신청을 받고, 원하는 시간에 방문해 시식할 수 있게 했다. 마치 게임하듯 제페토의 가상 세계에서 사는 10대 고객도 자유롭게 참여했다. 이렇게 해서 오프라인 공간의 한계를 넘어 새로운 방식으로 한국뿐만 아니라 전 세계 고객에게 새로운 방식의 브랜드 경험을 제공해 오픈 당시 화제성을 크게 높일 수 있었다.

이러한 가상 공간 활용은 점점 확대되는 중이다. 대한항공은 최근 가상 인간 모델을 활용해 AI 기내 안전 영상을 만들었다. 넷마블 자회사 넷마블에프앤씨의 메타버스엔터테인먼트가 만든 버추얼 휴먼 '리나Rina'가 승무원, 4인조 버추얼 아이돌 '메이브MAVE:'가 승객으로 출연한 이 영상은 지루한 안전 수칙 전달 영상에 머무르지 않고 좀 더 흥미롭게 안전 가이드라인을 기억할 수 있도록 기획되었다.[7]

쉬운 이미지 편집을 도와주는 생성형 AI

AI는 복잡한 과정을 대신해서 빠르고 간편한 디자인과 이미지 편집을 가능하게 도와준다. 간단한 드래그로 영역을 선택하여 배경을 지우고, 다른 배경으로 바꾸고, 이미지 속 사물의 위치를 옮기거나 크기를 조절할 수 있다. 조명 및 색상도 조정하기 쉬워졌다. 스마트 크롭 및 리사이즈 기능은 이미지를 자동으로 감지해 최적의 크기와 비율, 잘라내기 등의 작업을 제안한다. 또 AI 필터를 통해 다양한 예술적 필터 효과를 빠르게 추천하고 적용할 수 있게 해준다. AI는 사용하기 쉽다는 게 특징으로 마치 스마트폰을 조작하듯 직관적으로 사용할 수 있다.

어도비도 생성형 AI인 '어도비 센세이Adobe Sensei'를 출시했다.[8] 기존 어도비 프로그램에 다양한 AI 서비스를 추가하고 확장할 수 있는 플러그인 서비스다. 동영상 편집 프로그램인 어도비 프리미어 프로Adobe Premier Pro도 마찬가지다. 예전에는 각 편집 툴을 잘 활용하려면 능숙한 편집자가 빠르게 손가락을 움직여야 했다. 그러나 이제는 AI 시스템이 최적의 이미지를 만들고, 간단한 클릭과 드래그만으로도 편집할 수 있다.

예전에는 전문 디자인 프로그램을 목적에 따라 이용해야 했다. 그리고 각 프로그램을 이해하고 익숙해지는 데 시간을 많이 투자해야 했다. 기존 디자인 관련 툴이 일반적으로 쉽게 다룰 수 있는 툴도 아니었다. 어도비 안에서도 일러스트 디자인은 일러스트레이터, 사진 보정은 포토샵, 영상 편집은 프리미어 등으로 나누어서 쓴 다음 디자인을 불러와 합쳐서 작업했다.

그런데 APIApplication Programming Interface라는 개념이 등장했다. 2개

의 소프트웨어 프로그램이 상호작용하는 인터페이스를 말한다. 쉽게 말해 여러 앱을 한 화면에서 움직이고 편집할 수 있는 시스템이다. 이를 통해 스마트폰을 쓸 수 있는 사람이라면 누구나 완성도 높은 디자인 작업을 할 수 있다.

이제 자신이 만들어놓은 프로세스에 AI 애플리케이션이 서로 통합되고 구동할 수 있게 된 것이다. 이로써 이미지 디자인 및 편집, 영상 편집 등 다양한 마케팅과 디자인 업무가 변화할 것이다.

상품 기획도 AI가 한다

AI 기술이 상품 기획 과정을 더 수월하게 만들어주고, 참신한 제품을 기획하는 데 큰 도움을 주고 있다. 코카콜라Coca-cola에서 새롭게 선보인 한정판 'Y3000 제로 슈거'는 전 세계 코카콜라 팬들의 의견과 AI의 인사이트를 반영해 고객의 감정, 열정, 색상, 맛과 미래라는 주제로 탄생했다.9 이 제품은 코카콜라가 제시하는 미래의 맛을 궁금하게 만드는 마케팅 전략의 일환이다.

상품을 기획하고 개발할 때는 트렌드 리서치, 고객 조사, 경쟁사 분석, 디자인 기획, 원가 기획, 재료 및 원료 소싱 가능성 등 다양한 요소를 고려해야 한다. 이 과정은 데이터와 아이디어 싸움이다. 상품 기획자, MD, 마케터, 개발자, PMproduct manager, 디자이너 등이 방대한 정보를 빠르게 캐치해 경쟁력 있는 제품을 기획하는 것은 매

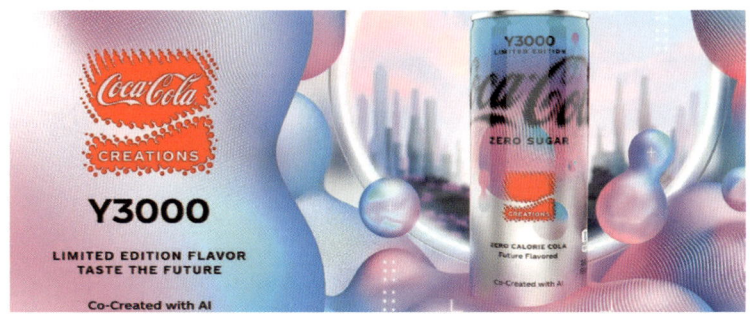
▶코카콜라는 AI 기술을 활용해 고객의 욕구를 반영한 한정판 제로 슈거 콜라를 만들었다.

우 복잡한 과정이 총망라된 종합예술과 비슷하다. 객관적인 계획 수립과 전략, 창의적 아이디어 기획, 끝까지 구현해내는 실행력을 다 갖추어야 하기 때문이다. 이제는 AI가 소셜 미디어와 고객의 반응, 경쟁 현황, 해외 트렌드 등 빅데이터에서 키워드를 실시간 도출하고, 새로운 상품 기획에 필요한 아이디어를 생성해준다.

상품 기획과 실행에 필요한 기간도 짧아지고 있다. 충분히 검토하고 생각한 후 제품을 출시하면 이미 늦다. 작은 데이터와 실마리로 누가, 어떻게 빨리 시장의 흐름을 읽고 고객도 모르는 마음을 제품과 서비스로 구현하느냐가 관건이다.

공감각적인 멀티 모달 AI

초거대 AI는 텍스트와 언어를 기반으로 시작되었지만, 이제는 이미지, 음성, 영상 등 다양한 데이터를 동시에 처리하는 멀티 모달 AI 기능을 갖춘 솔루션이 등장하고 있다. 멀티 모달 AI는 시각, 청각, 촉각 등 여러 감각을 동시에 받아들여 다양한 데이터를 통합해 사고하고 결과물을 내는 AI 모델을 의미한다. 즉 텍스트뿐만 아니라 음성, 이미지, 제스처, 표정, 생체 신호 등 복합적인 데이터를 함께 처리하는 것이다.

이러한 AI 모델은 사람의 감각처럼 세상을 여러 방면에서 인지할 수 있다. 그래서 기존 생성형 AI보다 더 창의적이고 직관적이며 빠르게 복합적인 결과를 낼 수 있다. 예를 들어 특정 장면에 맞는 배경음악을 자동으로 작곡할 수 있다. 또는 증강 현실이나 가상현실을 통해 카메라로 인식한 주변 장면을 기반으로 새로운 장면을 만들어낼 수도 있다.

멀티 모달 AI는 우리 주변에서 이미 활용되고 있다. 예를 들어 책을 읽을 때 텍스트뿐만 아니라 이미지, 그림 등 다양한 정보를 동시에 받아들이는 방식이 있다.

초기 멀티 모달 고객 경험 디자인 사례로는 레고LEGO의 브릭킷Brickit이라는 앱이 있다. 사용자가 휴대폰 카메라로 레고 블록을 스캔하면 앱이 레고 조각을 인식하고, 이를 바탕으로 새롭게 조립할 수 있는 다양한 모형을 제안한다. 사용자가 선택한 모형의 단계별 조립 방법을 제공하는 방식으로, 레고 블록을 빠르게 스캔하고 데이터를 검색해 최적의 레고 모형을 찾아주는 초기 멀티 모달 AI 활용 사례다.[10]

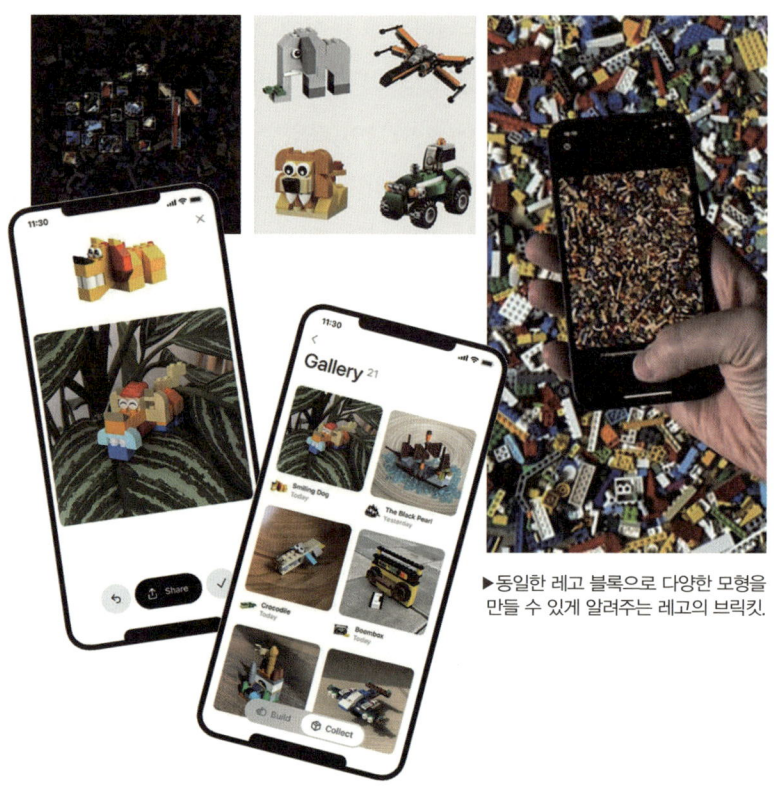

▶동일한 레고 블록으로 다양한 모형을 만들 수 있게 알려주는 레고의 브릭킷.

이처럼 멀티 모달 AI는 다양한 감각을 결합해 더 창의적이고 직관적이며 실용적인 결과물을 만들어내며, 앞으로도 많은 분야에서 중요한 역할을 할 것이다. 특히 마케팅 분야에서 혁신적인 변화를 불러올 잠재력을 지니고 있다. 시각, 청각, 촉각, 미각, 후각 등 다섯 가지 감각을 결합한 공감각적 경험을 만들어 더욱 풍부하고 개인화된 방식으로 브랜드 경험을 선사해줄 것이다.

사람보다 빠른 글로벌 AI 비서

구글이 개발한 이미지 기반 멀티 모달 AI 비서 '아스트라Astra'는 복합적 인지능력을 갖춘 AI 비서다. 사용자와 실시간 대화를 통해 물건을 찾거나 기능을 설명하는 등 다양한 역할을 수행한다. 홍보 영상에서는 편집 없이 아스트라 앱과 실시간으로 주고받는 대화를 통해 빠르게 물건의 위치를 찾아주거나 장비의 정확한 스펙을 설명하는 모습을 보여준다. 이 기술을 메타의 스마트 안경처럼 안경형 디바이스에 적용하면, 사용자가 별도의 휴대폰을 들지 않고도 질문에 즉시 답변을 받을 수 있다.

아스트라는 사람보다 빠르고 정확한 답변 속도로 주목받고 있다. 예를 들어 "내 안경 어디 있지?"라는 질문에 "책상 오른쪽 서랍 위"라고 정확한 위치를 알려주거나, 장비에 대한 질문에도 빠르게 정보를 제공한다. 이는 단순히 보고, 듣고, 읽는 것뿐만 아니라 복합적인 정보 제공, 추천, 그리고 비서 역할까지 수행하는 'AI 집사'로서 기대를 모으고 있다.

그 밖에도 실시간 할인 정보, 온·오프라인 쇼핑몰 가격 비교, 이동 거리와 배송 일정 비교, 그리고 신용카드나 쿠폰 정보를 종합해 사용자가 최적의 구매 경로를 찾을 수 있도록 돕는다. 이러한 AI 기술을 활용하면 판매와 마케팅에서도 보다 공감각적이고 편리한 구매 경험을 제공할 수 있게 될 것이다.

메타는 선글라스 브랜드 레이밴Ray-Ban과 협업해 레이밴 스토리

▶마치 스마트폰처럼 기능하는 레이밴의 스마트 안경.

즈Ray-Ban Stories라는 스마트 안경을 출시했다. 증강 현실 기술을 기반으로 카메라, 스피커, 마이크 등을 내장해 사진 촬영, 음악 감상, 통화 등 다양한 기능을 수행할 수 있는 스마트 안경이다. '구글 글라스'로 한 번 시도했던 구글 또한 레이밴과 협업해 더 안정된 스마트 안경을 개발할 예정이라는 비공식 소문도 있다. 만약 아스트라를 접목한 스마트 안경이 나온다면 마케팅 환경은 지금과는 완전히 다른 양상으로 전개될 것으로 기대된다. 그렇게 된다면 멀티 모달 AI는 고객의 니즈를 즉각적으로 반영하며, 더 풍부하고 개인화된 경험과 서비스를 제공하는 핵심 기술이 될 것이다. 이는 마케터들이 더욱 새롭고 창의적이며 복합적인 마케팅 전략을 기획하는 데 좋은 실험 도구가 될 것이다.

마이크로소프트Microsoft의 코파일럿Co-Pilot은 텍스트, 음성, 이미지 인식 및 생성 기능을 기반으로 복합적인 대화형 서비스를 제공한다. 빙Bing의 검색엔진에 코파일럿을 결합해 생성형 AI 서비스를 제공하며, 달리 3DALL·E 3을 통해 이미지를 생성하고 텍스트와 연관된 이미지 예시를 보여주기도 한다.

문서·도표 작성, 이미지 생성 등 다양한 작업을 자동화해 업무의 효율성을 극대화하고 회의 내용 요약, 번역, 수식 생성 및 코딩 지원 등도 가능하다. 또 프리미엄 유료 구독 서비스를 통해 엑셀 데이터를 시각화하거나 복잡한 정보를 분석해 사용자에게 최적의 결과물을 제공한다.

우리나라에도 멀티 모달 AI가 온다

GPT-4가 멀티 모달 AI로 진화한 데 이어, 국내 기업들도 멀티 모달 상용화 서비스를 내놓고 있다. 멀티 모달 AI의 핵심은 사람처럼 동시에 다양한 인식과 데이터를 처리할 수 있다는 것이다. 사람은 특정 부분에만 집중하는 반면, 멀티 모달 AI는 작은 오브제, 음성, 미묘한 움직임까지 인지해 필요한 정보를 제공하고 보조적 역할을 수행한다.

네이버 번역 서비스인 파파고 플러스Papago Plus의 이미지 번역 기능도 멀티 모달에 해당한다. 예를 들어 해외여행 중 낯선 외국어 메뉴판을 찍기만 하면 바로 번역해주는 것은 이미지 인식 기반 서비

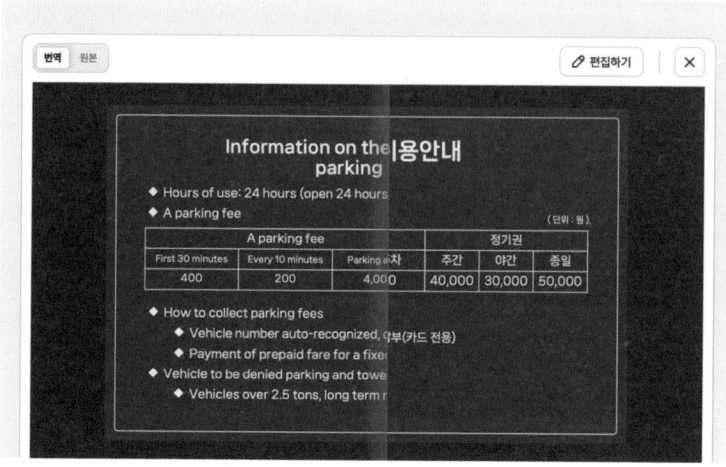

▶파파고 플러스에 이미지를 넣으면 글자를 인식해 원하는 언어로 번역해준다.

스다.

네이버도 초거대 언어 모델인 하이퍼클로바 X 기반의 서치GPT에 이미지 인식 기능을 추가한다. 이를 통해 텍스트 검색을 넘어 이미지를 분석하고 검색할 수 있는 복합적 인식 서비스를 제공할 예정이다. 이러한 발전은 멀티 모달 AI가 사용자의 생산성을 크게 향상시키고, 검색 서비스의 혁신을 이끌 것으로 기대된다.

예를 들어 LG AI연구원의 엑사원Exaone은 이미지 인식, 음성인식, 번역 등을 지원하며 복잡한 도표와 이미지를 분석하는 기능을 갖추었다. LG는 이를 다양한 교육, 엔터테인먼트 분야에서 활용할 계획이다. 엑사원 유니버스 2.0을 통해 화학, 바이오, 의료, 스마트 공장 등 여러 분야에 적용해 신소재 개발, 의료 영상 분석, 생산공정

자동화 등을 지원할 것이다.

삼성SDS에서 개발한 '브리티 코파일럿Brity Copilot'은 멀티 모달 기능을 지원해 문서 관리, 사무 업무, 영상회의 실시간 번역 및 자막 지원 등 다양한 업무를 돕는다. 사용자는 이를 통해 시각, 청각, 촉각 같은 복합적 인지를 기반으로 더욱 직관적이고 효율적인 업무 환경을 구축할 수 있다.

이렇게 멀티 모달 AI는 다양한 감각과 데이터를 동시에 처리함으로써 사무 환경뿐만 아니라 교육, 엔터테인먼트, 제조 등 여러 분야에서 혁신적인 변화를 가져오고 있다.

마케팅 자동화와 AI 마케팅 프로세스

CHAPTER 5

AI 트랜스포메이션 시대의 마케팅

　디지털 트랜스포메이션에 이어 AI 기술을 접목한 AI 트랜스포메이션이 시작되었다. 이는 AI 기술과 솔루션을 비즈니스 환경 및 각종 시스템에 적용하는 전략적 과제다. 그동안 많은 기업에서 디지털 트랜스포메이션을 해왔다면 이제는 자사에 가장 잘 맞는 AI 기술을 채택하고 경영 방식, 업무 방식, 가치 사슬을 정립하고 혁신을 추진하는 단계로 넘어갈 차례다. 이런 과정에서 빠르게 변화와 혁신을 만들어내는 기업이 경쟁 우위를 점할 것이다.

　이런 환경에서 AI 마케팅도 일상이 되었다. 분석, 기획, 광고, 영업, 홍보, 디자인에 이르기까지 AI 마케팅 관련 다양한 솔루션이 쏟아지고 있다. 먼저 디지털 마케팅 분야에 AI 마케팅 관련 각종 솔루션이 빠르게 적용되었다. 콘텐츠, 이메일, 온라인 광고, 소셜 미디어, B2B^{Business to Business}(기업과 기업 간 거래) 마케팅 영역에서 AI가 활용되기 시작했다. 데이터와 알고리즘에 기반한 AI 마케팅은 마케팅 자동화와 개별 맞춤형 마케팅을 가능하게 했다. 특히 고객과의 실시간, 즉각적 응대, 개별 고객 관리 등에서 효율성을 획기적으로 높였다.

끊임없이 학습하고 발전해 새로운 콘텐츠를 만들어내는 AI 솔루션은 데이터 학습과 생성, 실행과 분석, 개선과 재실행을 지속적으로 진행할 수 있다. 그렇기 때문에 빠르게 결과물을 만들고 효과를 높일 수 있다. 이제 시작 단계에 있는 AI 마케팅의 폭발력은 아주 커질 것이다. 많은 분야와 업계, 다양한 제품과 서비스에 새로운 혁신을 가져올 것으로 기대된다.

AI 관련 다양한 솔루션을 선두적으로 제공해온 AWS는 최근 대규모 언어 모델과 생성형 AI를 이용해 입점 판매자들의 광고 자동화를 돕는 혁신적인 서비스를 내놓았다. 이 서비스는 상품 이미지 자동 생성, 상세 페이지 작성, 과거 광고 데이터 및 고객 행동 데이터를 기반으로 한 광고를 자동으로 제작해 광고 캠페인을 실행한다.

그뿐 아니라 과거 광고 데이터와 시장 동향을 기반으로 광고 입찰 전략을 세우는 자동 입찰, 고객 데이터 및 인구통계 데이터에 기반한 자동 타기팅, 광고 캠페인 성과 분석을 통해 자동 개선을 수행하고 상세한 광고 캠페인 성과 분석 보고서를 작성해 제공한다.

전자상거래를 뒤흔드는 AI 자동 광고

전자상거래는 AI 혁신이 가장 빠르게 적용되고 체감되는 분야 중 하나다. 쿠팡의 AI 스마트 광고 솔루션은 판매자들이 손쉽게 광고 캠페인을 설정하고 관리할 수 있도록 지원하는 시스템이다. 광고비, 광고 노출 키워드, 대상 상품, 광고 노출 시간 등을 클릭 몇 번으로 설정할 수 있다.

AI는 판매자들이 광고 성과를 분석하고 광고 키워드를 최적화하도록 돕는다. 판매자가 설정한 범위 내에서 광고를 자동으로 실행하고, 광고 효율을 자동으로 관리하며, 예산 소진 시 자동으로 예산 증액을 막는 기능도 제공한다. 또 광고 보고서를 통해 비효율적인 키워드를 빠르게 비활성화해 판매자의 광고 캠페인을 최적화한다.

전자상거래에서 광고 효율 관리는 매우 중요하다. 특히 클릭당 비용CPC, 전환율, 광고 매출 및 광고 수익률ROAS, Return On Advertising Spend 등 주요 지표는 판매자들이 지속적으로 살펴봐야 한다.

11번가는 'AI셀링코치'라는 유료 멤버십 서비스를 통해 판매자에게 상품 판매에 대한 인사이트를 제공한다. 이 서비스는 AI를 활용해 판매자에게 데이터 분석 리포트를 제공한다. 또 상품 진단 및 경쟁 상황 분석 기능을 통해 판매 전략을 개선할 수 있도록 돕는다.

월 구독 요금제로 제공되는 이 서비스는 일부 판매자에게 매출 증가 효과를 보였다고 알려졌다.[11]

전자상거래 업계에 AI가 도입됨으로써 광고 효율을 자동화하고 실시간으로 데이터를 분석하는 것이 가능해졌다. 예전에는 엑셀을 통해 수작업으로 데이터를 분석하고, 광고 보고서를 만들어야 했다. 이제는 AI가 실시간으로 광고 데이터를 분석하고 최적화할 수 있게 되었다. 이렇게 자동화된 시스템은 마케터가 더 중요한 콘텐츠 생산이나 마케팅 캠페인 기획에 집중할 수 있게 도와준다.

이러한 AI 기술은 마케팅 업무의 효율성을 높여주고, 판매자가 광고 캠페인을 더 효과적으로 운영할 수 있게 해준다. 앞으로도 전자상거래에서 AI는 중요한 역할을 하며, 마케팅 자동화와 데이터 분석을 통해 판매자와 고객 모두에게 더 나은 경험을 제공할 것이다.

고객의 마음을 읽는 광고와 개인화

동적 광고dynamic ads와 동적 개인화dynamic personalization는 고객의 개별 맞춤 광고와 다양한 자동 변주를 통해 개인화된 마케팅을 구현하는 방식이다. 가장 단순한 예로는 메일 본문에서 수신자의 이름에 따라 'OO에게'라는 문구로 자동 변경하는 방식이 있다. 이를 확장해 랜딩 페이지 광고, 광고 배너 메시지, 쇼핑 버튼 등 다양한 요소를 자동으로 개별화할 수 있다.

동적 개인화와 동적 콘텐츠를 자동으로 만들기 위해서는 먼저 어떤 요소를 개별화할지 결정해야 한다. 이를 '태그tag' 또는 '레이블label'이라고 부른다. 광고에서 고객 이름, 위치, 날씨, 재방문 의사 등 여러 요소를 설정할 수 있다. 이러한 태그를 통해 고객 세그먼트나 소비자 맥락에 맞춘 동적 콘텐츠가 생성된다. 예를 들어 버거를 좋아하는 고객에게는 버거 신제품을, 한식을 선호하는 고객에게는 지역 맛집을 추천할 수 있다.

AI 기반 동적 광고는 모듈식 조합을 통해 제작된다. 각 고객의 구매 패턴이나 선호도에 맞춘 모듈을 결합해 초개인화된 맞춤 광고를 제작하는 방식이다. 비즈니스 출장을 자주 가는 고객에게는 해당 도시의 비즈니스 호텔을, 휴양지 여행을 즐기는 고객에게는 휴양지 호텔을 추천할 수 있다.

이러한 동적 조립 방식은 AI가 데이터를 분석해 최적의 조합을 찾아내고 마케터가 설정한 규칙에 따라 자동으로 결합한다. 여러 변수를 조합해 매번 새로운 결과를 만들어내는 모듈식 방식이다. 마케터는 성별, 날씨, 구매 기록, 검색 이력 등 태그를 설정해 개별화된 마케팅 콘텐츠를 만들고, AI는 이를 최적화해 맞춤형 광고를 무한히 변주할 수 있다.

예를 들어 골프를 즐기는 고객에게는 골프 웨어 할인 쿠폰, 자동차 광고, 골프장 주변 맛집을 추천하는 조합의 광고를 제안할 수 있다. 만약 비가 오는 날이라면 당시 운영 중인 손칼국수집이나 소머리 국밥집을 추천할 수도 있다. 대학생 고객에게는 커피 쿠폰과 스마트폰 광고, 굿즈 이벤트를 결합한 프로모션 이미지를 보내는 것도 가능하다.

이렇게 AI를 활용한 동적 광고는 각 고객의 선호도와 구매 패턴에 맞춰 개인화된 경험을 제공하며, 광고 효과를 극대화하는 데 큰 역할을 한다.

1인 기업을 위한 AI 마케팅 자동화 시스템

전라남도 화순에서 '풍경채'라는 독채 펜션을 운영하는 에어비앤비 호스트는 실시간 고객 예약과 응대를 하고 있다. 하지만 그는 화순이 아니라 미국에 살고 있다. 샌프란시스코의 한 IT 회사에 다니면서 전라남도 화순에 있는 에어비앤비 숙소를 운영하는 것이다.

숙소에 대해 문의하고 체류 중 필요한 것을 물어보면 시차가 맞는 시간에만 직접 답변하고 다른 시간에는 화순에 살고 있는 부모님이 대신 답변한다. 청소 관리도 부모님이 하는데, 청소 방법이나 구비 식재료, 디퓨저 향까지 매뉴얼을 세팅해놓았기 때문에 항상 같은 분위기를 유지한다.

단순히 원거리 또는 무인 운영이 아니라 AI 자동화를 통한 진정한 디지털 노매드가 가능한 시대가 왔다. AI 자동화를 효과적으로 사용하는 또 다른 사례도 있다. 미국인 사업가 오스틴 씨는 AI 자동화로 에어비앤비 사업과 디지털 노매드를 이루었다. 그는 한 유튜

▶에어비앤비를 통해 비대면으로 고객과 소통하지만 깔끔하게 관리된다.

브 방송에 출연해 AI 자동화를 통해 어떻게 소자본으로 사업을 하는지, 일본에 살면서 어떻게 다양한 나라에 있는 부동산 자산을 관리하고 에어비앤비 사업을 운영하는지 보여줬다.[12]

  오스틴 씨는 본인이 정한 출퇴근 시간에는 일본의 어느 카페에서 사업을 관리한다. AI 플랫폼을 구축해 한눈에 여러 사업 현황을 볼 수 있게 했고, 청소나 관리 같은 물리적 협업이 필요한 것은 현지 파트너에게 맡기는 시스템을 만들었다.

이렇게 AI 마케팅 기술의 발전은 1인 기업, 소규모 조직에 새로운 장을 열어주고 있다. 자본력과 조직 규모가 중요한 기업 중심 마케팅에서 창의력과 세분화된 타기팅으로 새로운 시장을 개척하는 1인 마케팅 시대로 나아가고 있다. AI를 잘 활용한다면 1인 기업도 대기업에 뒤지지 않는 마케팅이 가능한 것이다.

AI 플랫폼을 잘 접목하면 개인도 기업처럼 체계적인 시스템을 구축하고 한눈에 업무 현황을 파악할 수 있다. 나만의 고객과 업무에 맞는 옴니채널omni channel을 구축하고 대시보드를 만들 수도 있다. 한국에서 1인 기업을 운영하며 해외에서 살 수도 있고, 역으로 해외에서 국내 고객을 대상으로 원격으로 사업할 수도 있다. 본업 외 부업을 여러 개 갖는 N잡도 충분히 가능해졌다.

오스틴 씨는 '메이크닷컴Make.com'이라는 AI 자동화 플랫폼을 사용한다. 이 플랫폼은 다양한 툴이나 앱을 한 화면에 모아놓고 연결하는 툴이다. 앱을 하나씩 켜서 일하는 것이 아니라 여러 앱을 하나의 소프트웨어처럼 한 번에 구동하는 것이다. 그는 자주 이용하는 작업 중심으로 메이크라는 플랫폼에 슬랙Slack, 구글 드라이브, 노션Notion, 탈리Tally, 에어테이블Airtable, 트윌리오Twilio 등의 앱을 한 화면에 모아놓고 쉽게 작업하면서 일하는 시간을 줄였다.

이처럼 누구나 원하는 대로 조합하고 붙여 쓸 수 있는 툴을 'AI 마케팅 자동화' 혹은 '통합 마케팅 시스템'이라고 한다. AI 시대에도 옴니채널 전략은 여전히 중요하다. 멀티 채널 고객 경험을 하나의 인터페이스와 리소스에 집중해야 고객에게 개인화된 관심을 제공하고, 가장 결정적인 순간에 최고의 고객 서비스를 제공할 수 있다.

고객을 유도하는 통합 마케팅 시스템

통합 마케팅 시스템에는 세일즈포스 인터랙션 스튜디오Salesforce Interaction Studio, 허브스팟Hubsopt, 메이크닷컴, 쇼피파이Shopify, 다이내믹 일드Dynamic Yield, 인사이더Insider 등이 있다.

먼저 세일즈포스 인터랙션 스튜디오는 기업의 비정형 데이터를 종합하고, 인사이트를 도출해 신속한 고객 맞춤화와 실시간 고객 소통을 지원한다. 기존 소스 데이터에 심층 분석과 머신러닝을 결합해 각 고객과 잠재 고객을 포괄적으로 파악한다. 그 데이터를 활용해 최대한 적절하고 개별화된 경험을 실시간으로 제공하도록 돕는다.

허브스팟의 마케팅 자동화 솔루션은 거의 모든 기능에서 개인화를 제공한다. 이메일 자동화부터 방문자의 특성과 행동을 기반으로 한 웹사이트 콘텐츠 최적화, 콜투액션call-to-action(사용자의 반응을 유도하는 행위) 등 모든 마케팅 활동을 쉽게 개인화할 수 있다. 즉 잠재 고객을 찾아내고 그들을 실제 고객으로 전환하기까지 모든 과정에 관여한다.

다이내믹 일드는 고객에게 일관된 경험을 제공하지 못해 좌절을

〈마케팅 자동화를 도와주는 해외 AI 솔루션〉

솔루션	주요 기능 및 특징	적합한 기업
어도비 익스피리언스 클라우드	마케팅, 분석, 광고, 콘텐츠 관리 등 종합적인 마케팅 솔루션, 포괄적 기능, 고도화된 분석, 강력한 커뮤니티	대규모 기업, 다양한 채널을 활용한 마케팅 중심의 비즈니스
세일즈포스 마케팅 클라우드 (Maketing Cloud)	개인화 마케팅, 자동화 마케팅, 고객 여정 관리 등 다양한 기능을 제공하는 클라우드 기반 마케팅 플랫폼	다양한 업종과 규모가 큰 기업, 고객 중심 마케팅, 다양한 마케팅 채널 활용, 데이터 기반 의사 결정을 중요하게 생각하는 조직
허브스팟	마케팅, 영업, 서비스를 아우르는 올인원 CRM(Customer Relationship Management) 플랫폼 사용자 친화적인 인터페이스, 다양한 기능, 확장성	중소기업, 빠른 성장을 추구하는 기업
메이크닷컴	자동화 시스템 플랫폼	중소기업, 스타트업 빠른 성장과 도전적 과제를 실행하는 기업
쇼피파이	고객 경험 최적화 실시간 고객 데이터 기반 마케팅, 고도화된 기능	대규모 기업, 고객 경험 극대화를 목적으로 하는 기업
다이내믹 일드	웹사이트 개인화 특화 서비스 A/B 테스트	웹사이트 개인화에 집중하는 기업
인사이더	웹사이트 개인화, 고객 여정 최적화 실시간 데이터 분석, 다양한 기능	웹사이트 개인화에 집중하는 기업
어도비 마케토 인게이지 (Marketo Enagage)	B2B 마케팅 자동화에 특화된 솔루션, 리드 생성 및 영업 강화에 효과적	중소기업, 빠른 성장을 추구하는 기업

겪고 있는 마케터들의 문제를 해결하기 위해 만들어졌다. 이 솔루션은 빠른 분석 및 테스트, 확장 가능한 개인화 플랫폼 기능을 갖추었다. 2019년 맥도날드가 개인화된 드라이브 스루를 지원하겠다며 3억 달러를 들여 인수한 기업으로도 유명하다.

마지막으로 인사이더는 AI 기반 실시간 예측 세그먼트를 활용해 마케터가 개인화된 디지털 경험을 제공할 수 있도록 지원한다. 디지털 고객 확보, 고객 전환, 매출 증대, 고객 유지까지 디지털 마케팅의 모든 부분을 지원한다.

그 외 다양한 마케팅 통합과 자동화를 도와줄 솔루션이 계속 쏟아질 것으로 전망된다. 각자의 고객과 비즈니스 환경, 마케팅 목적, 업무 환경에 가장 잘 맞는 솔루션을 잘 고르고 매칭하는 것이 필요하다.

마케팅 업무 자동화

반복적이고 시간 소모적인 업무를 AI 자동화로 대체할 수 있다. 따라서 업무의 속도와 생산성, 정확도, 완성도는 높아질 것이다. 이제 마케터는 단순 데이터 분석, 엑셀과 보고서 작성, 각 전문 부서와의 회의 시간, 고객 상담 및 관리 업무 시간을 줄일 수 있다. 대신 새로운 가설을 세우고, 전략을 수립하고, 창의적인 아이디어를 개발하며, 고객을 관찰하고 소통하는 일에 더 많은 시간을 쏟을 수

〈마케팅 자동화를 도와주는 국내 주요 기업의 AI 솔루션〉

솔루션	주요 기능	특징
NHN AD 플랫폼	네이버의 AI기반 타기팅, 리타기팅, 광고 성과 예측 등 다양한 기능 제공	네이버의 다양한 서비스와 연동해 광고 효과를 극대화
카카오 아이 (Kakao i)	카카오의 인공지능 플랫폼	카카오의 음성 인식 기술과 방대한 데이터 기반 AI 서비스
SK텔레콤 에이닷	SK텔레콤의 AI 챗봇 서비스	개인 맞춤형 AI 비서, 다양한 서비스와 연동해 마케팅에 활용 가능
SK 플랫폼	AI 기반 타기팅 광고, 개인화 콘텐츠 추천	다양한 미디어 플랫폼을 운영하는 SK텔레콤의 자회사
KT 애드 트윈	KT의 빅데이터를 기반으로 고객을 세분화하고, 개인화된 마케팅을 실행할 수 있는 플랫폼	통신 데이터를 활용한 정확한 타기팅. IPTV, 인터넷 등 KT의 다양한 서비스와 연계한 광고 효과 극대화함. KT-Ads의 확장된 서비스
KT Cloud	공공, 금융, 미디어 등 주요 산업별 맞춤, 융합형 클라우드 서비스를 제공	기업의 데이터를 안전하게 저장하고 관리
삼성 ADS	삼성전자의 디지털 마케팅 플랫폼	삼성 제품과 서비스를 중심으로 한 광고 집행 지원

〈국내 AI 전문 기업의 AI 마케팅 솔루션〉

기업명/서비스명	주요 기능
솔트룩스(Saultlux)	챗봇, 데이터 시각화
마음에이아이 (마인즈랩)	챗봇 구축 플랫폼, 챗봇, 음성 인식 등 다양한 AI 기술 제공. 마인즈랩에서 마음에이아이로 사명 변경
딥노이(DEEPNOID)	의료 영상 분석 등 의료 분야 중심의 AI 기반 마케팅 솔루션
오브젠(obzen)	데이터 시각화 및 분석 솔루션, 마케팅 데이터 분석에 활용 가능
애자일소다(AgileSoDA)	데이터 분석 플랫폼, 마케팅 데이터 분석 및 예측 모델링에 활용 가능
데이터라이즈(Datarize)	CRM 전문, 웹 분석, 고객 세분화, 개인화 마케팅, 캠페인 자동화
모비온(Mobon)	리타기팅 광고, 디지털 광고 캠페인 관리, 광고 성과 측정
브이캣(VCAT)	URL 주소만으로 제품 영상, 이미지 자동 제작

있다.

단순 업무는 AI가 마케터를 대신해주고, 마케팅 담당자는 그 위에서 전체적인 그림을 짜고 전략을 세운다. 실행과 수정을 반복하면서 보다 전략적이고 창의적인 마케팅 업무를 총괄할 수 있게 된 것이다.

AI 마케팅 툴은 스마트폰처럼 직관적으로 사용할 수 있는 인터페이스로 구성되어 있다. 뒤에 숨겨진 코딩은 알 필요 없다. 원하는 위치와 레이아웃으로 사진이나 영상을 간단히 드래그하는 것만으로 마케팅 배너 페이지나 이메일 레이아웃이 바로바로 수정된다. 또 다른 생성형 AI 툴과 연결해 주로 쓰는 기능 위주로 조합하고 확장할 수도 있다.

AI 솔루션 선택 시 고려 사항

1. 기업의 규모와 업계 특징
2. 데이터 연동: 기존 시스템과 데이터와 연동 가능성
3. 국내 및 자사 고객 특징에 대한 이해: 자사의 서비스와 고객의 특징에 맞는 핵심 솔루션과 서비스를 제공하는지 확인
4. 구축 및 유지 보수 비용과 예산: 초기 구축 비용뿐만 아니라 향후 유지 보수 비용, 관리 인력 비용까지 고려
5. 데이터 보안: 국내 데이터 보안 및 개인 정보 규정 준수 여부 확인
6. 사용 편의성: 비전문가도 쉽게 사용할 수 있는 인터페이스
7. 기술 지원: 솔루션 제공 업체의 빠른 기술 지원 체계와 기존의 안정

적인 운영 사례 확인

8. 확장성: 향후 비즈니스 확장에 따른 지속 운영 가능성 솔루션 확장성 체크

누구나 여러 명의 AI 비서를 고용할 수 있다

마케팅은 고객과 직접 맞닿아 있기도 하고, 여러 부서와 연결되어 있으며, 외부 협업 파트너와 일하는 경우도 많다. 그래서 여러 업무 파트너와 소통하고 다양한 업무를 동시에 수행해야 한다.

예산이 많으면 많은 대로 전개해야 하는 마케팅 캠페인이 많고, 예산이 적으면 적은 대로 마케터가 직접 발로 뛰거나 직접 콘텐츠를 만들어 간극을 메워야 하는 업무도 많다. 마케팅이 잘되어도 폭발적으로 늘어난 업무를 감당해야 한다. 업무가 늘어난 게 일시적 현상일 수 있으니 새로운 담당자 T/O는 빠르게 채워지기 어렵다. 그리고 추가 채용이 진행되지 않으면 안 될 정도로 일이 많아지면, 더 많은 사람이 필요할 만큼의 일이 더욱 늘어난 뒤다.

그런데 마케팅이라는 업무는 특성상 항상 시간이 촉박하다. 경쟁사는 왜 이렇게 빨리 신제품을 내고, 히트를 치고, 성공하는 걸까? 고객 데이터는 실시간으로 바뀌는데 어떻게 고객 데이터를 빠르게 솎아내고, 트렌드를 잘 짚어내며, 빈틈을 찾아낼까? 경쟁사에서는 도대체 몇 명이 일하고 있는지, 예산을 얼마나 쓰는지 궁금하고 부

럽게만 느껴진다.

깨알같이 쓴 마케팅 비용은 하나하나 비용 정산을 올려야 한다. 그 와중에 혁신적인 새로운 상품 기획안을 멋들어지게 만들어야 한다. 남들은 어떻게 흥미로운 마케팅 콘텐츠를 잘 만드는지 신기할 뿐이다.

회의는 좀 많은가. 종일 회의를 하고 나면 정작 담당 업무를 처리할 물리적 시간이 없다. 마케터를 꿈꿀 때는 창의적인 마케팅 전략을 기획하고 그것을 멋있게 펼치는 모습을 상상한다. 그러나 이상과 다른 현실에 마케팅은 결국 나의 노동력을 갈아 넣는 일인가 하는 회의감이 밀려올 때가 있다.

그러나 이제 AI가 이런 마케터의 소모적인 일을 상당 부분 덜어줄 수 있다. 제안서나 전략서는 코파일럿 등을 통해 보다 쉽게 만들 수 있으며, 방대한 로 데이터raw data 엑셀 파일도 코파일럿에 넣으면 결과를 정리해서 요약해준다. 회의나 강의를 녹음하기만 하면 내용을 빠짐없이 정리하고 요약해주는 서비스는 이미 몇 년 전에 나왔다.

덕분에 시장조사를 하고, 내부 소통을 위한 이메일과 문서를 쓰고, 보고용 전략서를 만들고, 데이터를 분석하고, 인사이트를 찾아내고, 다시 그 자료를 보고용 PPT로 만드는 시간을 확연하게 줄일 수 있다. AI 비서가 생긴 셈이다.

AI 비서가 특히 필요한 부분이 있다. 시장과 고객 데이터를 지표화해 새로운 기획의 논리적 출발점을 만드는 것, 고객의 마음을 요약해주는 것, 러프한 초기 아이디어를 요약하고 생각을 표현하는 것, 간단한 콘텐츠나 영상을 빠르게 제작하는 것, 강렬하고 설득력 있는 마케팅 문구를 쓰는 것, 다수의 고객과 진정성 있게 1:1 마케팅 소통을 하는 것, 보고서를 빠르게 작성해주는 것, 실시간 현상을 데이터와 수치에 기반해 도표로 만들어내는 것 등이다.

각종 생성형 AI, 고객 데이터 플랫폼은 이러한 마케팅 업무에 많은 도움을 준다. 언어 모델인 생성형 AI는 모든 언어 작업을 처리할 수 있다. 챗GPT를 통해 긴 텍스트를 요약하거나 복잡한 개념을 쉽게 설명하도록 요청할 수 있다. 네이버 큐Cue, 재스퍼Jasper 같은 AI 작성 소프트웨어는 블로그, 광고 및 랜딩 페이지 같은 다양한 마케팅 카피를 만드는 데 도움이 된다. 디보Dyvo 같은 인공지능 마케터 도구를 사용하면 마케터가 몇 초 만에 고유한 페르소나에 부합하는 아바타를 만들 수 있다.

이처럼 마케터는 다양한 AI 툴을 빠르게 습득해 여러 명의 비서를 고용하는 것과 같은 효과를 얻을 수 있다.

고객 상담 자동화와 챗봇 맞춤화

AI 마케팅 툴을 이용한 고객 상담과 응대 자동화는 더 이상 유명 대기업이나 금융회사에서만 쓰는 솔루션이 아니다. 소규모 회사나 소상공인, 개인이 AI 챗봇 솔루션을 이용해 자동 고객 응대 시스템을 만들 수 있다.

예를 들어 경기도 양평에서 서로 떨어져 있는 여러 채의 독채 숙소를 네이버 예약 서비스를 통해 운영하는 호스트가 있다고 해보자. 보통 이용자가 숙소를 알아보고 예약하는 과정에서 이런저런 사소한 질문이 생기기 마련이다. 특히 이용자가 주말이나 호스트의 업무 시간 외에 문의하는 경우가 많다. 그렇다고 호스트가 매일 24시간 고객 문의에 대응하기는 힘든 노릇이다.

이럴 때 유용한 것이 AI 챗봇이다. 이제 숙박 서비스에도 AI 챗봇 솔루션을 이용해 자동 고객 응대 시스템을 적용할 수 있다. 이를 통해 고객이 자주 물어보는 질문과 답변에 미리 질문과 답변 가이드가 담긴 시나리오를 세팅할 수 있다. 고객이 문의해올 때는 챗봇 상담으로 365일 24시간 빠른 답변을 해줄 수 있다.

이렇게 1인 운영자나 소상공인, 1인 기업도 고객 응대 서비스를 자동화해놓으면 고객은 실시간 답변을 받을 수 있고, 운영자는 반복적인 고객 상담에서 벗어날 수 있다.

대규모 실시간 개인화 마케팅

AI 마케팅의 큰 장점 중 하나는 바로 대규모로 실행할 수 있다는 것이다. 초개인화된 광고와 홍보를 다양한 변수에 맞춰 대규모로 동시에 실행할 수 있다. 짧은 시간에 변주, 실행, 그리고 결과 분석이 가능해 실시간으로 고객과 상호작용하면서 마케팅을 진행할 수도 있다.

AI 비즈니스 모델에서는 고객의 행동에 맞춰 실시간으로 맞춤형 마케팅 메시지를 보내고, 고객과 소통할 수 있다. 이러한 기술을 통해 기업은 개별 고객의 경험을 맞춤화하고 실시간으로 상호작용할 수 있다. 이는 기업의 경쟁력을 높이는 중요한 요소다. 고객 데이터를 잘 관리하고 빠르게 반응해 실시간으로 모델에 반영하는 것도 중요한데, 고객의 불만족스러운 반응을 즉각적으로 캐치하고 대응함으로써 고객 만족도와 충성도를 높일 수 있다.

아마존은 판매자가 효과적으로 상품을 판매할 수 있도록 다양한 생성형 AI 광고 솔루션을 제공한다. 이 시스템은 판매자가 간단한 제품 설명과 키워드를 입력하면, AI가 자동으로 다양한 버전의 광고 이미지와 제품 상세 페이지를 생성해준다. 심지어 제품 사진이 없어도 AI가 자동으로 이미지를 생성해주며, 텍스트를 입력하는 것만으로도 광고 및 상세 페이지를 자동으로 제작한다.

아마존의 대규모 언어 모델을 활용한 AI 광고 서비스는 고객의 검색어 기반 제품 추천, 고객 리뷰 분석, 동적 가격 설정, 챗봇을 통한 고객 문의 응답 등 다양한 서비스를 통해 고객 만족도를 높인다. 이와 함께 AI 기반 배너 자동 맞춤화 솔루션도 개발 중이다. 이는 고객 취향에 맞게 제품 이미지와 카피를 자동으로 맞춤화해 효과적인 광고 배너를 만들어준다.

이러한 생성형 AI 광고는 기존 마케팅 방식과 다르다. 예전에는 마케터가 기획한 뒤 디자이너나 광고 제작자에게 광고물을 의뢰하고, 그 결과물을 공유하고 수정해 여러 곳에 활용하는 방식이 일반적이었다. 즉 한번 제작된 소스를 다양한 부서와 공유하며 사용하는 원 소스 멀티 유즈one source multi use 방식이 주를 이뤘다.

하지만 생성형 AI를 활용한 광고 방식에서는 초개인화가 가능하다. 즉 하나의 키 비주얼 이미지나 광고 영상이 고객의 취향에 맞게 자동으로 변형되어 개별화된 광고로 집행된다. 하나의 소스를 여러 곳에 사용하는 방식이 아닌, 처음부터 멀티 소스가 되는 것이다. 이로써 고객 맞춤형 광고가 동시에 대규모로 실행되면서도 개인의 취향에 최적화된 마케팅이 가능해졌다.

결국 AI를 통한 마케팅 자동화는 대규모로 초개인화된 경험을 제공하고, 고객 만족과 충성도를 높이는 데 큰 기여를 하게 될 것이다.

뉘앙스와
공감 마케팅

CHAPTER 6

인간과 유사한 초거대 AI의 출현

　많은 AI 기술 중에서 마케터가 눈여겨봐야 할 것은 초거대 AI와 대규모 언어 모델이다. 개인화된 경험 제공, 실시간 데이터 분석, 콘텐츠 생성의 효율성 향상 등 마케팅의 모든 단계에서 혁신을 이끌어낼 수 있기 때문이다.

　먼저 초거대 AI에 대해 알아보자. 초거대 AI란 인간의 뇌 구조와 유사하게 설계된 AI다. 마치 사람처럼 자율적으로 생각하고, 판단하는 결과물을 만들어낸다. 심층 신경망으로 구현된 슈퍼 AI라서 슈퍼컴퓨터나 대용량 서버 없이 대규모 데이터를 학습·연산·처리한다.

마이크로소프트, 구글, 메타 등 글로벌 빅테크 기업뿐만 아니라 네이버, LG, 카카오, SKT, KT 같은 국내 기업도 초거대 언어 모델을 활발히 개발하고 있다. 특히 국내에서 개발된 초거대 AI는 한국어 특성에 맞춘 학습을 진행하기 때문에 한국어에 기반한 기초 데이터와 플랫폼으로 자연스러운 소통이 가능하다. 이러한 AI는 한국어뿐만 아니라 한국의 법, 제도, 문화적 맥락과 정서까지 이해하며, 한국의 이용자에게 적합한 대화 능력을 제공한다.

예를 들어 네이버는 한국어에 특화된 초거대 AI인 하이퍼클로바 X를 개발했다. 이 모델은 50년 치 뉴스 기사와 9년 치 블로그 데이터를 학습해 한국어를 자연스럽게 구사할 수 있다. 멀티턴 multi-turn(여러 단계에 걸쳐 진행되는 대화 방식) 대화를 지원해 앞선 질문과 답변을 바탕으로 대화를 이어나가는 능력도 갖추었다.

유무선 통신뿐 아니라 AI, 빅데이터, 클라우드 사업에 적극적으로 뛰어든 KT의 설명에 따르면, 기존 AI 모델과 비교해 초거대 AI 모델은 학습과 추론 속도가 월등히 빠르다. 덕분에 동시다발적으로 다양한 업무를 처리할 수 있어 시간과 비용이 혁신적으로 절감된다. 기존 AI 모델은 특정 업무에 집중하는 데 시간과 비용을 많이 소요했던 반면, 초거대 AI 모델은 이를 개선해 효율적인 업무 처리를 가능하게 한다.13

한편 카카오는 단체 채팅방과 같이 여러 사람이 대화하는 그룹 대화의 맥락까지 이해하는 AI 서비스 '카나나Kanana' 출시 계획을 밝혔다.14

⟨AI 모델과 초거대 AI 모델의 차이⟩

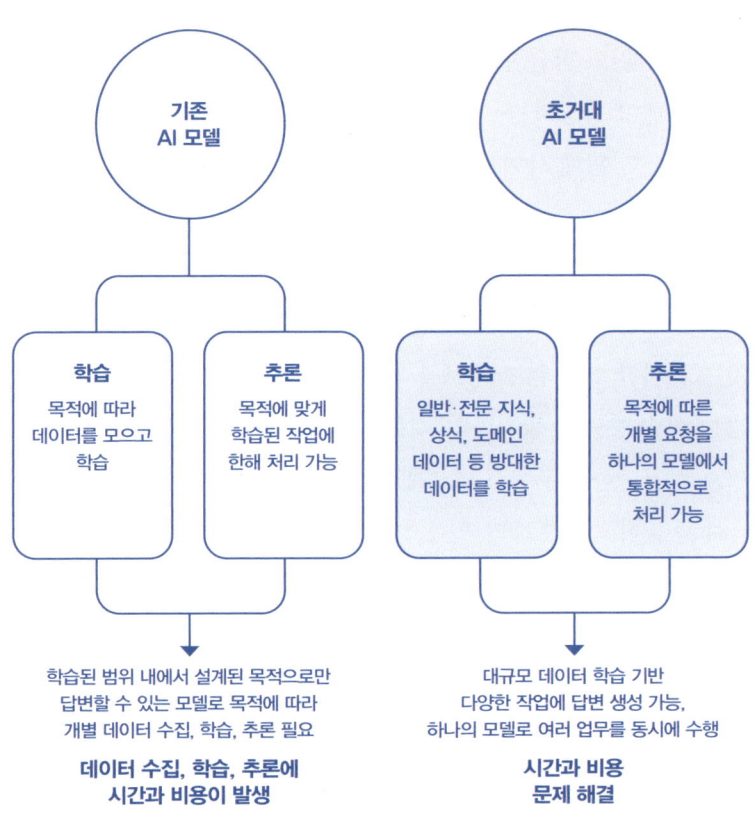

출처: KT 엔터프라이즈

초거대 언어 모델과 마케팅 커뮤니케이션

대규모 언어 모델은 방대한 데이터를 기반으로 사전 학습된 딥러닝 모델로, 사람의 언어 신경망과 유사한 알고리즘을 통해 방대한 양의 글을 읽고 학습한다.

이 모델이 학습하는 소스는 웹사이트, 뉴스, 기사, 글, 소셜 미디어, 책, 광고, 판매 사이트 등 텍스트 데이터로 이루어진 정보다. '토큰'이라는 단어 단위로 이루어진 수십억 개 이상의 데이터 세트를 딥러닝으로 학습하게 된다.

이는 인간이 평생 동안 읽고 학습할 수 있는 양을 훨씬 초과한다. AI는 24시간 쉬지 않고 정보를 빠르게 읽고 해석할 수 있어 지치지 않는 학습 능력을 발휘하기 때문이다. 이렇게 학습된 데이터를 바탕으로 간단한 질문에도 빠르게 답변해주는 AI가 바로 생성형 AI다.

예를 들어 카카오톡의 우측 상단 설정 탭을 누르면, 통화 탭 바로 밑에 '실험실'이라는 탭이 보인다. 이곳에서 '실험실 이용하기'를 선택하고 'AI 기능 이용하기'를 누르면 카톡 AI 테스트와 학습에 참여할 수 있다. 많은 데이터가 모일수록 AI의 발전이 가속화되기 때문에 다양한 참여가 초거대 AI의 완성도를 높이는 데 큰 도움을 줄 것이다.

카카오 AI 테스트는 누구나 참여 가능하며 현재 두 가지 기능을 제공한다. 첫 번째는 카톡 대화 요약 기능으로, 긴 대화나 다 읽지 못한 대화를 AI 카톡이 대신 빠르게 요약해준다. '안 읽은 대화 요약하기' 기능을 통해 긴 대화를 짧은 몇 줄로 요약해서 보여준다. 두 번째 기능은 말투 설정 기능으로 맞춤법 수정과 감성체, 정중체, 상냥체, 임금체, 신하체, 로봇체 등 여섯 가지 스타일 중 하나를 선택해 텍스트를 작성할 수 있다.

이 테스트가 끝나면 다음 단계에서는 사용자가 여섯 가지 어투뿐만 아니라 개인의 고유한 말투를 학습하는 AI 기능이 등장할 것으로 기대된다. 예를 들어 '나의 말투', '회사 업무체', '상사에게', '부모님에게', '애인에게' 같은 다양한 톤 앤드 매너를 이해하고, 그에 맞춰 대화하고 글을 작성하는 단계로 나아갈 가능성이 크다. 사용자고유의 말투를 AI가 학습하고 적용하는 방식으로 개인화된 대화와 소통이 더욱 발전할 것으로 예상된다.

AI로 고객 감정을 읽어내는 마케팅

AI 기술이 발전하면서 기업들은 단순히 제품이나 서비스를 판매하는 것을 넘어, 고객의 감정과 맥락을 이해하고 맞춤형 경험을 제공하는 방향으로 나아가고 있다. 뱅크 오브 아메리카Bank of America와 델타DELTA항공 등이 대표적인 예다.

미국의 뱅크 오브 아메리카는 챗봇을 통해 고객의 감정을 분석해 상담을 진행한다. 고객의 질문에 답변하는 것뿐만 아니라 고객이 남긴 텍스트나 목소리를 분석해 감정을 파악한다. 고객이 입력한 문장이나 단어를 통해 긍정 및 부정, 긴장 및 안정 등 주요 감정 키워드를 분석하는 것이다. 그리고 고객의 통화에서 목소리 톤, 속도, 높낮이 등을 분석해 고객의 감정을 파악한다.

예를 들어 한 고객이 챗봇을 통해 특정 투자 상품에 대해 문의했다고 해보자. 그런데 챗봇이 고객의 말에 담긴 불안감을 캐치하고, 고객이 투자 상품을 신뢰할 수 있도록 관련된 정보를 더 풍부하게 제공하거나, 전문가와 바로 연결해 적절한 투자 상담을 받을 수 있도록 한다. 계좌 관리와 관련해 불편 사항을 표현한 고객에게는 불편을 느끼게 한 점에 대해 사과하고 이에 대한 빠른 해결을 약속한다. 그러고는 문제를 해결할 수 있도록 담당자를 바로 연결해준다.

델타항공도 챗봇으로 실시간 고객과 소통하면서 고객의 감정을 실시간으로 분석한다. '불편', '분노', '감사' 등 핵심 감정 키워드를 분류해 고객의 감정을 빠르게 파악한다. 또 불만, 칭찬, 단순 질문 등을 파악해 고객 상담을 적절하게 이끈다.

항공편이 지연되거나 취소된 경우, 챗봇은 이에 대한 불만을 즉각적으로 파악하고, 빠른 보상 절차를 안내하거나, 담당자에게 연결해준다. 그리고 수하물 분실이나 파손 등의 문제가 발생했다면 고객이 불안해하지 않도록 빠른 문제 처리를 약속하고, 후속 절차를 자동으로 안내해준다.

고객 불만이나 문제가 발생하면 즉각적으로 고객과 소통하고 해결해야 하는데, 24시간 연결 가능한 챗봇은 지치지 않고 고객 말의 맥락까지 빠르게 파악한다. 감정 노동이 없는 것이다. 비록 고객도 상대방이 사람이 아닌 챗봇이라는 것을 알고 있지만, 고충을 빠르게 인지하고 공감해주고 적극적으로 해결해주면 일차적으로 불만이 해소되기 마련이다.

AI 기술의 발전과 함께 감정 인식 마케팅은 더욱 정교화될 것이다. 앞으로는 뇌파 등 생체 데이터를 분석해 고객의 감정을 더욱 정확하게 파악할 수 있을 것이다. 그리고 가상현실과 증강 현실 기술과 결합해 고객에게 더욱 몰입감 있는 경험을 제공하며, 고객의 감정 변화를 실시간으로 분석할 수 있을 것이다.

데이터 기반 마케팅 의사 결정의 일상화

CHAPTER 7

캠페인을 최적화하기 위한 마케팅 채널 믹스

마케팅 캠페인을 실행하기 전에도 어려운 점은 있다. '예산은 늘 제한되어 있는데 어디에 얼마를 책정해 실행해야 하는가?'라는 문제다. 여러 시나리오 중에서 무엇이 얼마만큼 효과를 발휘하는지 알아야 가장 효율적인 채널 믹스나 미디어 믹스를 결정할 수 있다. 그렇게 하기 위해서는 채널별로 동일 예산 대비 효과를 측정해야 하는데, 그 효과를 측정하는 지표가 통일되어 있지 않다. 자사에서 과거에 실행한 마케팅 성과 데이터를 다시 찾아봐야 하고, 전환율과 도달률을 비교해봐야 한다.

예를 들어 흔히 버스정류장 광고판으로 아는 버스셸터 광고의 도달률을 어떻게 파악할 수 있을까? 지나가는 사람들 중에서 몇 명이 실제로 봤고, 어떤 효과가 있었는지 정확하게 알 수 없다. 평균적인 유동 인구로 가늠하는 방법뿐이다. 그런데 정확한 결과가 집계되는 디지털 광고 채널과는 기준이 다르니 어떤 게 더 성과가 있는지 비교하기 어렵다.

여러 채널에 신제품 홍보 기사가 실렸다고 하면, 이 기사를 미디어 클리핑media clipping(특정 주제에 대한 실시간 소식을 수집)으로 챙겨 보는 임직원이나 담당자 빼고 실제 고객이 얼마나 봤을까? 고객이 과연 뉴스 기사를 챙겨 볼까?

그래서 타깃 고객이 많은 SNS 이벤트를 열어 고객 참여도를 높인다고 해보자. 우리 채널에서 직접적인 고객 반응과 참여도는 '좋아요'와 리뷰 수를 통해 파악할 수 있다. 하지만 이게 판매에 얼마나 직접적으로 기여했는지는 알기 어렵다. 이벤트에 참여한 고객 중에는 마케팅 이벤트나 홍보를 위한 고객 혜택만 집중적으로 찾아 적극적으로 누리지만 실제 구매 의사는 전혀 없는 '체리피커cherry picker' 고객도 있다. 구매하고 싶어도 지역에 오프라인 매장이 없어 가지 못하는 고객도 많다. SNS는 전 세계적이지만 오프라인 공간은 한정적이기 때문이다.

소셜 미디어 이벤트가 곧 구매 가능성으로 연결되는 것도 아니다. 소셜 미디어 이벤트에 참여한 잠재적 고객과 소통하는 데 의의가 있다. 그들은 브랜드를 널리 알리는 데 도움을 주는 '파트너'와

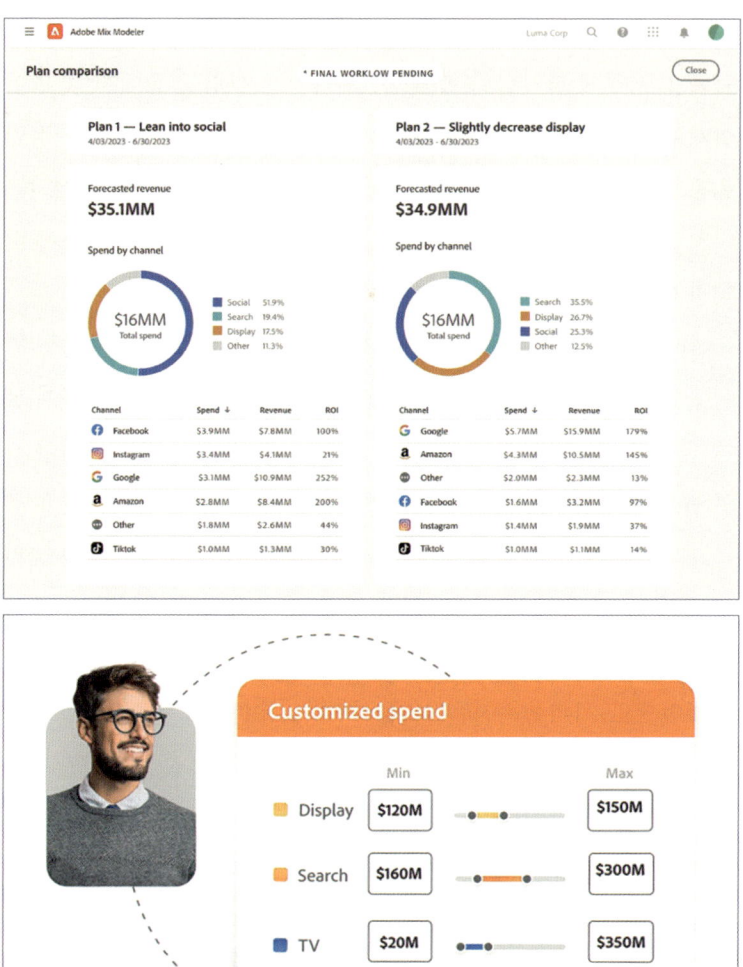

▶마케팅 데이터 및 효과를 분석하고 미래 성과까지 예측하는 믹스 모델러.

같다.

활성화된 디지털 채널을 확보하고 있다고 해도 자사가 직접 운영하고 데이터를 확인할 수 있는 것이 아니라면 간접적 효과나 성과를 정량화하기 어렵다. 또 매번 같은 채널에서, 같은 대상에게, 같은 믹스 전략을 구상하면 고객은 금방 식상해한다. 적절한 마케팅 채널 믹스 전략이 필요한 이유다. 그러나 믹스 전략을 수립할 때도 서로 다른 기준과 성과 지표 등을 하나의 기준으로 평가하고 시각화할 수 있는 믹스 채널을 찾기가 쉽지 않다.

이런 어려움을 해결해주는 AI 솔루션이 있다. '어도비 익스피리언스 클라우드Adobe Experience Cloud'의 '믹스 모델러Mix Modeler'다.[15] 주요 기능을 살펴보면 이렇다.

우선 유료 광고, 소셜 미디어, 웹사이트 분석, CRM 데이터 등 다양한 채널과 소스의 데이터를 통합한다. 실제 우리 회사나 브랜드의 모든 마케팅 채널을 분석하고 그 효과를 종합적으로 측정해준다.

또 마케팅 채널, 내·외부 요소 등을 파악해 다양한 사업부별, 지역별 목표를 감안해 마케팅 시나리오를 만들어준다. 캠페인 실행 날짜, 매체를 설정하는 미디어 믹스, 예산의 분배 및 실행 계획 등을 AI 솔루션을 통해 수립한다. 그리고 과거 데이터를 기반으로 앞으로 실행할 새로운 마케팅 캠페인의 성과를 예측한다.

각 마케팅 활동이 매출 및 비즈니스 목표에 미치는 영향을 정량화해 마케팅 투자수익률도 예측해준다. 이는 마케팅 믹스 모델링과 채널에 관련된 멀티터치 어트리뷰션multi-touch attribution 방법론을 기반으로 마케팅 채널 전반에서 예산 규모와 목표에 맞게 모델을 맞춤화해준다. 또 마케팅 성과를 파악하는 데 도움을 준다.

여기서 멀티터치 어트리뷰션이란 소비자의 구매 전환에 2개 이상의 매체가 기여했을 것으로 보고 각 채널의 기여도를 파악하는 것이다. 이로서 마케터는 판매에 어떤 채널이 얼마만큼 영향을 미치는지 알 수 있다.

AI로 보고서나 제안서 쓰기

마케팅 캠페인은 늘 창의적 전략과 함께 즉각적인 영향력, 기여도, 성과를 어떻게든 입증해내야 한다는 압박감을 동반한다. "그래서 이번 마케팅 캠페인이 얼마나 성과가 있나요?"라는 간단한 질문에 답하기 위해서는 데이터를 한 땀 한 땀 모아야 한다. 수작업이 많이 동원되는 지표화 작업과 성과를 입증하는 결과 보고서를 만드는 데도 많은 시간이 소요된다.

최근 '감마Gamma'처럼 보고서나 제안서 작성을 도와주는 AI 서비스도 빠르게 발전하고 있다. 단순한 템플릿 구성이나 텍스트 작성뿐만 아니라 보고서에 들어갈 데이터 분석, 복잡한 데이터를 읽기 쉬운 도표로 시각화하는 작업까지 쉽게 도와준다.

이렇듯 업무 환경이나 일상의 편의성을 높이는 국내 주요 AI 플랫폼이 빠르게 발전하고 있다. 이런 플랫폼은 한국어 데이터와 한

〈보고서 작성을 도와주는 AI 툴〉

종류		특징
네이버	하이퍼클로바 X	다양한 차트와 그래프를 생성하고, 대시보드를 만들어 데이터를 효과적으로 표현한다.
카카오 엔터프라이즈	카카오 아이플랫폼 (iPlatform)	카카오톡, 카카오페이 등 카카오 서비스에서 축적된 데이터를 기반으로 다양한 분석 서비스를 제공한다. 특히 사용자 행동 분석, 마케팅 효과 측정 등에 강점이 있다.
	카카오아이	카카오의 AI 플랫폼으로 자연어 처리, 이미지 인식 등 다양한 AI 기술을 제공함. 챗봇, 음성인식 등 다양한 서비스 개발에 활용될 수 있다.
KT	기가아이즈 (GiGAeyes)	KT의 AI 플랫폼으로 이미지 인식, 자연어 처리 등 다양한 AI 기술을 제공한다. 특히 스마트팩토리, 스마트시티 등 다양한 분야에 적용될 수 있는 AI 솔루션을 제공한다.
	빅데이터 플랫폼	KT는 다양한 빅데이터 플랫폼을 통해 데이터 수집·저장·분석·시각화를 지원한다. 특히 통신 데이터를 활용한 마케팅 분석, 고객 행동 분석 등에 강점을 보인다.
SK텔레콤	에이아이엑스 (AIX)	SK텔레콤의 AI 플랫폼으로 제조, 금융, 통신 등 다양한 산업에서 데이터 분석 및 예측 모델링을 지원한다.
	메타트론 (Metatron)	SK텔레콤의 빅데이터 플랫폼으로 방대한 데이터를 수집·저장·분석하고 시각화한다. 특히 통신 데이터를 활용한 위치 기반 분석, 사용자 행동 분석 등에 강하다.
SK C&C	에이브릴 (Aibril)	다양한 AI 서비스를 제공하는 플랫폼으로 데이터 분석, 예측 모델링, 자연어 처리 등의 기능을 제공한다. 특히 제조, 금융, 통신 등 다양한 산업 분야에 특화된 AI 모델이다.
	클라우드 서비스	빅데이터 플랫폼, 머신러닝 플랫폼 등을 통해 데이터 분석 및 시각화 작업을 효율적으로 수행한다.
	Tok.ai	생성형 AI 기반 보고서 자동 생성 솔루션. 경영 보고서, 마케팅 리서치 보고서 등 다양한 종류의 보고서를 자동으로 생성하며 맞춤형 템플릿을 제공한다.

종류		특징
삼성SDS	브라이틱스 AI (Brightics AI)	삼성SDS의 AI 플랫폼으로 다양한 산업 분야에 특화된 AI 솔루션을 제공한다. 제조, 금융, 유통 등 다양한 분야에서 데이터 분석 및 예측 모델링을 지원한다.
	브리티 (Brity)	삼성SDS의 빅데이터 플랫폼으로 방대한 양의 데이터를 수집·저장·분석하고 시각화할 수 있다. 특히 제조 데이터 분석, IoT 데이터 분석 등에 강하다.
업스테이지	솔라 (Solar)	AI 스타트업에서 개발한 AI 서비스로 이미지 생성, 텍스트 생성, 번역 등 다양한 기능을 제공한다. 특히 자연어 처리 기술에 강점을 보여 보고서 작성에 유용하다. 다양한 템플릿을 활용해 빠르게 문서를 작성할 수 있다.

국 시장, 한국 기업과 고객의 특성에 맞는 자료를 빠르게 찾고 한국어 특성을 반영한 한국어 기반의 대규모 언어 모델을 바탕으로 자연어를 구사한다. 그렇기 때문에 영어에 뿌리를 둔 AI 서비스보다 소통이 훨씬 더 자연스럽고 편리하다는 장점이 있다.

마케팅 성과 관리도 AI가 한다

마케팅은 사실 숫자에서 시작해 숫자로 끝나는 영역이다. 시장, 고객, 판매, 경쟁, 차별화, 예산, 각종 지표, ROI는 결국 숫자로 표현되어야 객관적이고 합리적인 판단을 할 수 있기 때문이다.

또 많은 유관 부서와 소통할 수 있는 강력한 무기는 바로 데이터

〈복잡한 데이터 시각화 전문 도구〉

종류	특징
태블로 AI (Tableau AI)	세일즈포스에서 만든 데이터 시각화 플랫폼. 다양한 차트와 그래프를 생성하고, 대시보드를 만들어 데이터에 효과적이다.
파워 비아이 (Power BI)	마이크로소프트에서 제공하는 데이터 시각화 도구. 엑셀 데이터와 연동하기 쉽고 다양한 데이터 소스를 지원한다.
클릭 센스 (Qlik Sense)	데이터를 탐색하고 분석하는 데 최적화된 도구. 자유로운 형태의 시각화가 가능하며, 데이터 간의 관계를 쉽게 파악할 수 있다.

의 시각화다. 문제는 바쁜 업무 중 데이터 분석, 도표 작업, 데이터 시각화, 보고서 작성에 쏟을 시간이 많지 않다는 것이다. 그렇기 때문에 데이터를 한눈에 보여주는 잘 정리된 전략 장표를 요청하는 사람이나 작성을 담당하는 사람이나 답답하기는 매한가지다.

마케팅 AI 툴은 데이터 중심의 의사 결정을 한층 더 쉽게 할 수 있도록 도와준다. 다양한 도표와 인포그래픽을 자동으로 만들어주고 보고서 작성이나 의사 결정을 위한 기초 자료를 만드는 데 도움을 주는 AI 솔루션을 이용하면 업무 시간을 단축할 수 있다.

AI가 데이터를 한눈에 대시보드화하고, 실시간 데이터를 관리하며, 바로바로 시각화하는 작업을 대신해주므로 우리는 여유 시간을 확보해 더 창의적인 고민에 시간을 투자하고 최대 성과를 낼 수 있다.

고객을 부르는 고객 데이터 분석

고객 데이터를 분석하는 일은 고객 데이터를 수집·정제·분석해 고객 특성, 선호도, 행동 패턴을 파악하는 일련의 과정이다. 전통적인 고객 분석 방법으로는 RFM, CLV$^{Customer\ Lifetime\ Value}$ 분석, 페르소나 분석$^{Persona\ Analysis}$ 등이 있다.

RFM은 최근성^{Recency}, 횟수^{Frequency}, 금액^{Monetary} 등 세 요소를 기반으로 고객의 구매 행동을 분석하는 가장 기본적이고 일반적인 방법론이다. CLV는 '고객 생애 가치'라고도 부른다. 고객 생애에 걸쳐 충성도 높은 고객, 잠재 고객 등을 분석해주는 방법론이다. 그리고 페르소나 분석은 고객 구매 기록, 구매 행동, 구매 주기, 구매 금액 등의 데이터를 활용해 분석한다.

홍보와 리스크 매니지먼트

미디어와 고객의 반응을 수집하고 분석하는 업무에서 AI는 특히 두각을 드러낸다. 대량의 텍스트와 다양한 디지털 플랫폼상에서 오고 가는 대화를 빠르게 처리하고 모니터링하고 요약할 수 있기 때문이다. 정보가 넘치고 빠르게 변화하는 세상에서 고객의 텍스트에 어떤 의견과 감정이 담겨 있는지까지 분석해준다.

AI 고객 데이터 분석 플랫폼이나 도구로는 마이크로소프트의 애저Azure와 파워 비아이Power BI, 세일즈포스Salesforce에서 만든 태블로Tableau, 클릭 센스Qlik Sence, 아키오Akkio, 몽키런MonkeyLearn, 시센스Sisense 등이 있다. 다양한 데이터 분석 기능과 데이터에 대한 시각적 자료 제공 등이 가능하다.

마케팅 캠페인 성과 분석

AI는 마케팅 캠페인 효과를 실시간으로 측정하고 분석하는 데 도움을 준다. 고객 참여도, 웹사이트, 소셜 미디어 참여도, 클릭률, 광고 전환율, 구매율, 반품률 등 다양한 지표를 추적하고 분석해 어떤 마케팅 전략이 가장 효과적인지 실시간 파악한다. 그래서 데이터에 기반한 의사 결정과 재조합, 수정이 얼마든지 가능하다.

AI는 마케팅 캠페인 대상 고객을 한 묶음으로 인식해 일괄적인 시행을 하지 않는다. 문구 하나하나 변경 가능하며, 각각 고객 반응을 수집해 트래킹한 후 종합적인 성과를 분석해준다. 따라서 마케팅 캠페인의 효과를 보다 정확하게 분석하는 데 효과적이다.

또 같은 마케팅이라도 여러 모듈로 나누어 실행해볼 수 있다. 하나의 캠페인에 다양한 작은 캠페인이 존재하고, 이것들을 동시에 실행하면서 각각의 효과를 살펴볼 수 있는 것이다. 그런 다음 효과가 적은 부분은 버리고 수정해 다른 모듈로 적용해볼 수도 있다.

지금까지는 모든 마케팅 활동에서 객관적 데이터를 기반으로 의사 결정을 하기 어려웠다. 데이터를 분석하려면 비용이나 시간이 추가로 발생하기 때문이다. 그래서 일부 데이터를 기반으로 추론한 데이터를 참고하거나 경험과 직관에 의존하는 경우도 많았다.

예를 들어 인스타그램 공식 계정에 올릴 피드 이미지를 결정하거나 고객 참여 이벤트를 기획할 때를 생각해보자. 데이터를 기반으로 크리에이티브를 짜거나 이벤트를 기획하기보다는 담당자의 판단과 담당 부서의 전략, 외부 에이전시와의 협업을 통해 기획하고 진행하는 경우가 많았다. 그러나 이제부터는 분석 자동화를 통해 마케팅 관련 의사 결정이 더욱 세분화되어 데이터에 기반한 의사 결정이 일상화될 것이다.

기존에는 데이터에 대한 접근이나 방대한 고객 데이터를 분석하거나 의미 있는 인사이트를 찾기 위해 프로젝트를 의뢰하기도 했다. 그래서 담당자가 일정 시간과 품을 들여 일일이 분석하는 데 시간을 투자해야 했기에 철저한 데이터 기반 의사 결정은 비용적으로나 환경적으로 어려움이 있었다.

AI와 몇 가지 질문과 답변을 이어나가면 원하는 데이터에 비교적 가까이 접근할 수 있다. 회사 내부에 쌓인 판매 관련 데이터뿐 아니라 전체 시장의 트렌드나 정보도 데이터에 기반해 빠르고 쉽게 취합할 수 있다.

예를 들어 새로운 시장 진입을 준비한다면 시장 규모나 경쟁 상황을 파악하기 위해 담당자가 증권사 애널리스트 분석 자료 혹은 업계 자료, 협회 통계 자료, 관련 뉴스 기사, 논문 등을 샅샅이 뒤졌다. 이제는 생성형 AI에 몇 가지 질문을 넣어 빠르게 가장 정확한 데이터를 손에 얻을 수 있다. AI는 통계청, 유통 판매 데이터, 경쟁사별 사업보고서, 판매 및 경쟁 현황, 유관 협회 및 증권사 분석 자료 등을 한 번에 분석해 바로바로 답변을 내줄 것이다.

고객의 '발품'을 줄여주는 AI

AI는 소비자가 정보를 검색하고, 상품을 비교하고, 구매하는 과정에서도 도움을 줄 것으로 기대된다. AI 기반의 마케팅 시스템은 기업뿐만 아니라 소비자에게도 긍정적 도움과 혜택을 제공한다.

흔히 정보검색 및 직접 비교 등의 과정을 '발품 판다'고 표현하는데 그 시간까지 줄여줄 수 있다. 나에게 필요한 정보를 빠르게 검색하고 상품을 비교하고, 최적의 옵션으로 구매를 할 수 있도록 도와준다. 대화형 AI와 흩어진 정보에 대한 빠른 검색과 결과 분석을 통해 일차적인 정보검색과 구매 후보군을 빠르게 좁혀나갈 수 있기 때문이다.

예를 들어 이전에는 선물용 와인을 사려면 와인에 대한 전반적 검색, 특정 와인에 대한 기초적 검색, 동일 와인 상품에 대한 가격 비교, 가까운 거리의 와인 판매처 등 꼬리에 꼬리를 무는 단계별 검색을 해야 했다. 앞으로는 개인 비서에게 부탁하듯 몇 가지 질문만 넣으면, 나의 동선을 기준으로 가장 합리적인 가격대의 적합한 와

〈소비자의 선택을 재편하는 AI〉

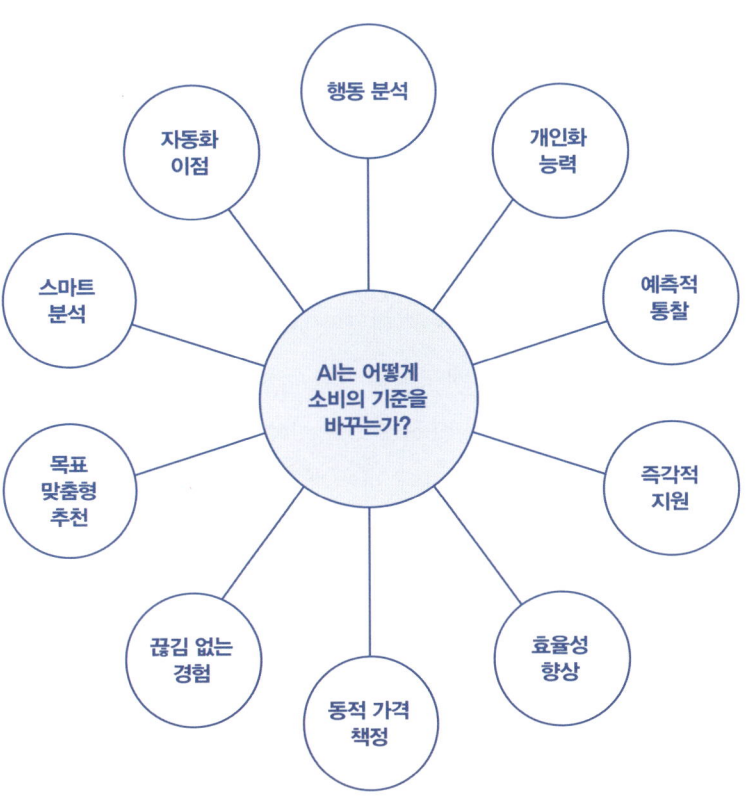

출처: Sprintzeal

인을 파는 판매처에 대한 답변을 빠르게 얻을 수 있다.

AI 마케팅은 고객의 시간뿐만 아니라 만족도와 비용도 절약해준다. 세뇌와 물량적 반복으로 유도해 충동구매를 부추기는 방식이 아니라 즉흥적 구매를 줄이고 나에게 맞는 선택을 할 수 있도록 종합적으로 고려해 추천해주기 때문이다. 가격 또한 할인 혜택, 카드사 혜택, 포인트 혜택 등 나만의 혜택을 종합적으로 비교하고 적합한 판매처를 추천해줄 것이다. 그리고 가격 변동을 예측해 가장 저렴한 가격에 상품을 구매할 수 있도록 도와준다.

머신러닝을 이용한 콘텐츠 성과 예측

머신러닝은 구매뿐만 아니라 엔터테인먼트 산업과 콘텐츠의 크리에이티브 요소에 따른 성과 예측, 인플루언서 성과 예측 등 정성적 콘텐츠의 성과 예측에도 쓰인다. 엔비디아NVIDIA의 홍보 자료에 따르면 딥러닝 신경망과 AI 기술은 엔터테인먼트 산업, 콘텐츠 마케팅, 인플루언서 마케팅 등에서도 매칭과 성과를 예측하는 데 도움을 준다고 한다.

이러한 기술은 더욱 매력적인 콘텐츠 제작, 효과적인 마케팅 전략 수립, 데이터 기반 의사 결정을 통해 비즈니스 성공 가능성을 높여준다. 예를 들어 어떤 아티스트와 협업하면 성공 확률이 높을지, 어떤 영화가 더 잘될지, 이번에는 어떤 유튜버와 손잡고 홍보를 펼쳐야 할지, 어떤 콘텐츠를 더 밀고 나가야 할지 같은 판단에 도움을 줄 수 있다.

브랜드가 마케팅을 위해 인플루언서를 선택할 때도 딥러닝 기술을 활용할 수 있다. 방대한 데이터를 분석하고, 팔로어 수, 참여도, 콘텐츠 유형, 미학적 요소, 일관성 등을 기반으로 브랜드 목표에 가장 부합하는 인플루언서를 추천받을 수 있다.

이에 더해 단순히 인플루언서를 추천하는 데 그치지 않고, 캠페인 성공 여부를 예측하기도 한다. 이를 통해 브랜드는 투자수익률을 보장받고, 캠페인 목표 달성 가능성을 높일 수 있다. 또 인플루언서와의 파트너십을 효과적으로 관리해 캠페인 진행 과정에서 발생하는 문제점을 최소화하고 성공적인 결과를 낼 수 있다.

이러한 사례로 엔비디아의 디지털 광고 파트너사 벤BEN의 AI 기술을 활용한 콘텐츠 분석이 있다. 벤은 매주 10만 개 이상의 인스타그램 게시물을 분석하고 인사이트를 도출하며, 고객 맞춤형 알고리즘을 구축한다. 또 노출, 조회, 클릭, 전환율 등 데이터를 종합적으로 분석함으로써 디지털 광고 캠페인의 효과를 극대화한다. 그뿐 아니라 문제가 될 만한 인플루언서나 콘텐츠, 협업 파트너는 먼저 식별해주기도 한다. 이를 통해 광고 지출 손실을 최소화할 수 있다.

실제로 벤은 고객 확보 비용을 32퍼센트 절감했고, 고객 전환율은 39퍼센트 증가시켰다.

경계를 허무는 협업과 AI 오케스트레이션

CHAPTER 8

AI 마케팅 오케스트레이션 역량

　AI 마케팅에서 자주 언급되는 개념 중 하나는 마케팅 오케스트레이션Marketing Orchestration, MO 이다. 이는 각 마케팅 환경에 맞는 최적의 AI 프로세스를 구축하는 것을 의미하며, AI 마케팅 플랫폼을 효과적으로 운영하는 방식이다.

　마케팅 오케스트레이션은 AI 툴을 적재적소에 잘 조합하고 활용하는 능력이 중요하다. 이를 통해 마케팅 환경에 맞는 맞춤형 전략을 세울 수 있다.

　이 과정은 마치 오케스트라의 지휘자가 각 악기 파트를 조율해

조화로운 음악을 만들어내는 것과 비슷하다. 오케스트라에서는 솔로로 부각되는 악기가 있고, 베이스 역할을 하는 악기가 있으며, 쉬어 가는 악기도 있다. AI 마케팅에서도 상황에 따라 적합한 도구를 선택하고 조합해 전체적으로 조화로운 전략을 세워야 한다.

각기 다른 AI 마케팅 툴에는 저마다 강점이 있다. 그것을 적절한 타이밍에 조화롭게 활용해 최상의 결과를 도출하는 것이 마케팅 성공의 핵심이다.

경계를 허무는 유기적 협업 마케팅

AI의 등장은 마케팅 전반에 걸쳐 혁신을 가져왔으며, 이는 마케터 역할의 변화를 불러일으키고 있다. AI가 데이터 분석, 콘텐츠 생산과 마케팅 실행, 고객 관리를 보다 편리하고 빠르게 대신해주면서 마케터는 보다 전략적이고 창의적인 업무에 시간을 쏟게 될 것이다. 이를 통해 데이터 분석, 콘텐츠 제작, 자동화 도구 활용, 협업, 창의적 문제 해결, 고객 중심 사고 등의 역량을 갖추어야 한다.

AI 자동화 솔루션은 고객의 필요와 아직 채워지지 않은 니즈를 해결하기 위한 수단이다. 아무리 뛰어난 AI 솔루션이라 해도 실제 제품과 서비스에 적용하지 않으면 제대로 활용되지 못한다. 각 기업이나 브랜드, 제품 상황에 맞는 테스트와 적용이 필요하므로 열린 대화를 통해 가설을 세우고 함께 테스트해야 한다.

초개인화와 AI 마케팅은 여러 부서 간의 협업으로 이루어진다. 이를 위해서는 다른 부서와 소통하고 협력할 수 있는 능력, 팀워크, 리더십이 필수다. 더불어 서로 다른 전문성을 갖춘 사람들과 함께 일할 수 있는 열린 마음도 가져야 한다.

외부 전문가나 전문 집단과도 활발히 교류하고 협업할 필요가 있다. 내부 자원뿐만 아니라 외부 파트너를 찾아 서비스나 경쟁력을 고도화하는 방안을 창의적으로 고민해야 한다.

창의적 문제 해결과 협업을 위해서는 복합적 사고가 필요하다. 틀에 박힌 사고방식에서 벗어나 새로운 아이디어를 창출하고, 다양한 관점을 고려해 문제를 해결할 수 있는 통찰력을 갖춰야 한다. 그러려면 단순히 자신의 역할만 생각하지 말고, 다른 부서 일에도 적극적으로 관심을 가지고 제안해야 한다. 이에 따라 적극적인 태도와 열린 소통, 협업을 중시하는 문화가 더 중요해질 것이다. 경영진은 이러한 문화와 분위기를 형성하고 지지해야 한다.

PART 2

AI 시대를 사로잡는 여섯 가지 마케팅 전략

무언가를 뛰어넘는다는 뜻의 '초(超)'는 영어로 '하이퍼(hyper)'라고 한다.
AI 마케팅에서 하이퍼는 '일반적 기준을 초과한, 최고의'라는 뜻도 있고
동시에 '고객 한 명의 단위를 뛰어넘는'이라는 뜻도 있다.
한 명의 동일한 고객이어도 다양한 환경, 목적, 취향과 구매 니즈가 있을 수 있으며
늘 실시간 동적으로 움직이는 고객의 마음을 읽어
초개인화 맞춤 제안, 초개인화 마케팅을 이룬다는 의미를 담고 있다.
그만큼 정확도 높게 예측하고 제안한다는 의미로도 해석할 수 있다.
AI 마케팅 시대, 기존 마케팅을 뛰어넘기 위한
여섯 가지 마케팅 전략과 사례를 살펴보자.

초타기팅, 고객을 정밀 타격하라

CHAPTER 9

더 정밀하게 조준하는 타기팅의 기술

과거에는 불특정 다수를 대상으로 광고를 진행했다. 타깃 고객을 정밀하게 조준하기 어려웠던 과거에는 물량 공세가 유리한 측면도 있었다. 그래서 마케팅 메시지를 여기저기 잘 보이도록 넓게 배치해 효과를 보려고 했다. 이는 예산을 어느 정도 투자해야 가능한 전략이다. 그 때문에 예산이 너무 적으면 차라리 광고를 하지 않는 게 낫다고 판단하기도 했다.

하지만 AI의 발달로 개개인의 특성을 파악하고, 그에 맞는 메시지를 전달할 수 있게 되었다. 이것이 바로 '초타기팅hyper-targeting'이다.

AI 마케팅은 과녁의 중심을 조준하듯 특정 고객층을 정확하게 목표로 잡고, 해당 고객에게 어필할 만한 메시지를 전달하는 것을 목표로 한다. 과녁이 타깃 고객이라면 화살은 마케팅 메시지나 콘텐츠, 광고, 프로모션, 홍보 등이다.

초타기팅은 AI 마케팅의 특성을 이해하는 데 가장 기본이 되는 개념이다. AI를 통해 고객층을 정확하게 파악하고, 이에 맞는 메시지를 전달하는 것이 AI 마케팅의 시작이기 때문이다.

예를 들어 커뮤니티 시설이 잘 갖추어져 있는 프리미엄 주거 공간을 광고한다고 해보자. 아파트는 고가의 상품이다. 그리고 아파트를 구매하는 데는 구매력, 구매 의사, 투자 성향, 해당 신도시 거주 가능성, 가족 구성, 출퇴근 동선 등 다양한 요소가 영향을 미친다. 그렇기 때문에 더욱더 타기팅이 구체적이고 정확해야 광고 효율성, 분양 성공률 등을 높일 수 있다. 그동안 '고소득층'으로 타깃을 설정했다면 다음과 같이 타깃을 더 좁힐 수 있다.

- 서울 및 해당 신도시 주변의 골프장 회원
- 고급 레스토랑 방문 고객
- 고급 자동차 구매 고객
- 국내 항공사나 고급 백화점의 VIP 고객
- 연회비가 높은 신용카드 이용 고객

또 다른 예로 패션 브랜드를 홍보한다고 해보자. 그동안에는 타깃을 20대 여성, 캐주얼 의류 브랜드를 좋아할 만한 고객층으로 설정했다면 이제 타깃을 새롭게 정의해볼 수 있다.

- ○○브랜드처럼 트렌디한 스트리트 패션 감성을 선호하는 고객
- 인스타그램을 매일 1회 이상 습관적으로 방문하는 고객

여기서 더 정교하게 ○○ 브랜드의 에코 백을 검색하거나 해당 제품을 든 셀럽 혹은 인플루언서의 인스타그램 포스팅에 반응한 고객 등으로 좁힐 수도 있다.

뷰티 업계에서는 개인의 피부 타입과 피부 고민 등을 분석해 맞춤형 화장품을 추천하는 서비스를 제공하고, 금융 업계에서는 고객의 투자 성향, 소득수준 등을 분석해 맞춤형 금융 상품을 추천한다. 여행 업계에서는 고객의 여행 기록, 선호하는 여행 스타일 등을 분석해 맞춤형 여행 상품을 추천하는 서비스를 제공할 수도 있다.

AI 시대 마케팅의 핵심은 정교한 타깃 분석을 바탕으로 적중력을 높이고 재구매율을 높이는 것이다. 바다같이 넓디넓은 잠재 시장, 고객, 니즈 중 정확한 좌표를 설정해야 한다. 그리고 해당 고객이 바라볼 수 있는 곳에 등대를 설치해 그 고객이 무의식적으로 따르도록 방향을 잡아주어야 한다. 그 과정은 다음과 같다.

1. 데이터 분석: AI는 방대한 고객 데이터를 분석해 개인의 특성, 관심사, 행동 패턴 등을 파악한다. 마치 양궁이나 사격 선수가 바람의

세기, 거리 등을 정확하게 계산하는 것과 같다.
2. 맞춤형 메시지: 분석된 데이터를 바탕으로 개인에게 가장 적합한 메시지를 만들어 전달한다. 마치 양궁이나 사격 선수가 과녁의 위치와 거리를 고려해 조준점을 조절하는 것과 같다.

- 온라인 쇼핑몰: 고객의 구매 이력, 검색 기록을 분석해 개인에게 맞춤형 상품을 추천한다.
- 소셜 미디어 광고: 사용자의 관심사, 연령, 지역 등을 기반으로 특정 광고를 노출한다.
- 이메일 마케팅: 고객의 개인 정보를 활용해 맞춤형 이메일을 발송한다.

이를 통해 불필요한 광고를 줄이고 정확한 타깃에게만 메시지를 전달함으로써 마케팅 비용을 절감하고 효과를 극대화할 수 있다.

파레토 법칙과 롱테일 법칙

'20퍼센트의 상위 고객이나 인기 제품이 80퍼센트의 매출을 만든다.' 이 말을 들어본 적 있을 것이다. 바로 파레토의 법칙이다. 이 법칙은 전통적인 고객 타기팅 이론이다. 이는 전통적인 시장을 설명하는 데는 적합했다. 소수의 인기 상품과 VIP 고객이 전체 시장을 리드했기 때문이다.

그러나 전자상거래 시장이 등장하면서 이와 전혀 다른 롱테일The Long Tail 법칙이 나왔다. 롱테일 법칙이란 '80퍼센트의 고객이나 제품이 20퍼센트의 핵심 고객이나 인기 제품보다 더 뛰어난 가치를 창출한다'는 이론이다. 물류 시스템의 발달로 소량의 다양한 상품이 다양한 고객에게 가닿을 수 있게 되었다. 그러면서 소수의 고객이나 인기 상품이 아니라 다양한 상품과 다양한 취향을 지닌 소비자가 시장을 주도하게 되었다.

초개인화 AI 시대에는 어떻게 될까? 이제는 20퍼센트의 고객이 리드하느냐, 80퍼센트의 고객이 리드하느냐가 아니라 모든 고객이 각자 리드하는 시대가 될 것이다. 즉 파레토나 롱테일 법칙을 구분하는 것이 의미가 없어질 것이다. 롱테일 법칙이 통하는 이커머스 시대에 미처 발굴하지 못했던 초세밀화된 라이프스타일과 취향을 지닌 잠재 고객층까지 파악하고 맞춤형 마케팅을 할 수 있게 되었기 때문이다. 그래서 파레토 법칙의 영향력은 여전히 약화될 것으로 보인다. 반면 AI를 활용한 추천 시스템은 개인의 취향에 맞는 다양한 상품을 제시해 롱테일 효과를 극대화할 수 있다.

하지만 AI 알고리즘의 발전으로 개인 맞춤형 상품 추천이 더욱 정교해지면서, 파레토도 롱테일도 아닌 새로운 방식의 고객 타기팅이 필요해졌다. 바로 1:1로 개별 취향에 맞춘 제안, 초타기팅과 초개인화된 마케팅이다.

〈파레토 법칙과 롱테일 법칙〉

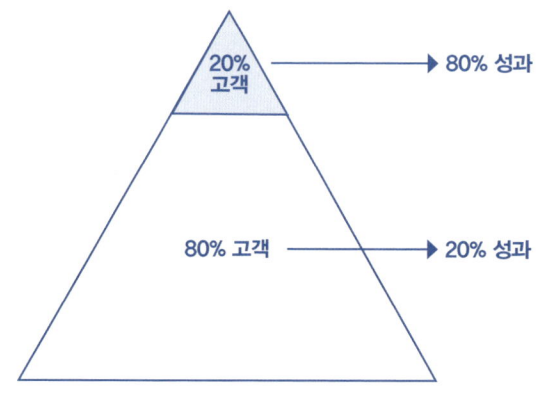

파레토 법칙: 상위 20% 고객이 80% 성과를 이끈다.

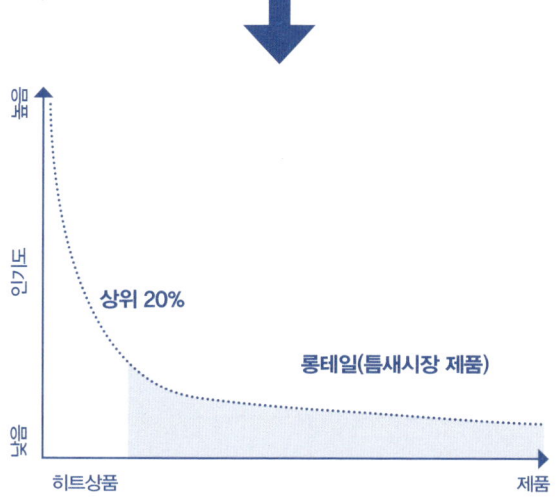

롱테일 법칙: 초반에 주목받지 않았던 80%의 고객과 상품이 주요한 매출을 이끈다.

고객 행동 예측이 가능한 AI

적절한 타이밍과 채널을 통해 적절한 메시지를 보내야 하는 마케팅 커뮤니케이션. '언제 누구에게 무엇을 어떻게 소통할 것인가' 하는 행동 타기팅에도 AI가 큰 도움을 준다.

배달 앱을 예로 들어보자. 고객 중 다수가 오전 9시에 출근해 12시에 점심을 먹고 오후 6시에 퇴근한다고 가정하자. 그러면 배가 가장 고프고 점심 메뉴를 고민해야 하는 오전 10~11시에 할인 쿠폰을 보낸다거나 퇴근을 앞둔 오후 5시 전후에 소소한 할인 혜택 정보를 발송할 수 있다.

배달의민족은 AI 분석을 통해 고객의 과거 주문 데이터를 분석해 선호하는 음식, 주문 시간, 결제 수단을 파악하고, 맞춤형 메뉴를 추천하며 고객의 위치와 시간대 및 주문 선호도에 맞게 타깃 광고를 실행하고 있다. 또 AI를 통해 특정 시간대, 요일, 지역별 주문량을 예측해 음식점 식재료와 인력 운영이 효율적으로 관리되도록 도와준다.

AI가 데이터를 모으고, 해석하고, 예측하는 복합적 사고와 추론을 하는데, 연산과 데이터 처리 속도가 빠를 뿐만 아니라 인간의 인지, 공감, 통찰 같은 정보를 처리하고 제안할 수 있다. AI가 활용하는 고객 정보는 과거, 현재, 미래에 대한 정보다. 기존에 확보한 과거 데이터와 현재 데이터를 기반으로 미래의 수요와 고객의 니즈를 예측하는 것이다.

이것이 개인화 마케팅과 다른 점은 무엇일까? AI는 구매와 직접 연결되지 않는 다른 지표까지 수집·분석해 고객의 취향을 해석하는 데 활용한다는 것이다. 기존 데이터에서 발견되는 패턴뿐만 아니라 고객의 행동을 예측하는 데 참고할 만한 다양한 추가적 데이터를 활용한다.

가까운 사람이 내가 다녀온 여행지에서 할 일을 추천해달라고 하면 어떻게 할까? 그 사람의 취향이나 선호도를 이해하고 있으니 그 사람이 싫어할 만한 것은 배제하고 좋아할 확률이 높은 것 위주로 취향에 맞게 추천해줄 것이다. 그 사람이 "이것을 하고 싶어"라고 구체적으로 말하지 않았지만, 그동안의 언어와 행동을 기반으로 나의 센스를 발휘해 추천해주는 것이다.

관심 있는 사람의 취향은 비교적 쉽게 맞힐 수 있지만 서로 잘 모르거나 관심이 없는 사람의 취향을 읽어내기란 어려운 일이다. 애초에 관심이 없는 사람의 취향이나 데이터가 될 만한 요소를 모으지 않았기 때문이다.

AI의 고객 예측 분석도 마찬가지다. 기업이 합법적으로 사용 가능한 범위 또는 고객이 제공에 동의한 데이터에 한해, 과거 데이터뿐만 아니라 추론할 수 있는 데이터를 기반으로 복합적 추측과 예측을 하게 된다.

이 모든 프로세스가 비교적 짧은 시간에 일어나고, 동시에 업무를 처리할 수 있다. 또 끊임없이 자료를 수집하고, AI의 학습된 통찰력으로 데이터를 해석한다. 그런 다음 이에 맞는 마케팅을 제안

〈소비자 행동과 AI 기술〉

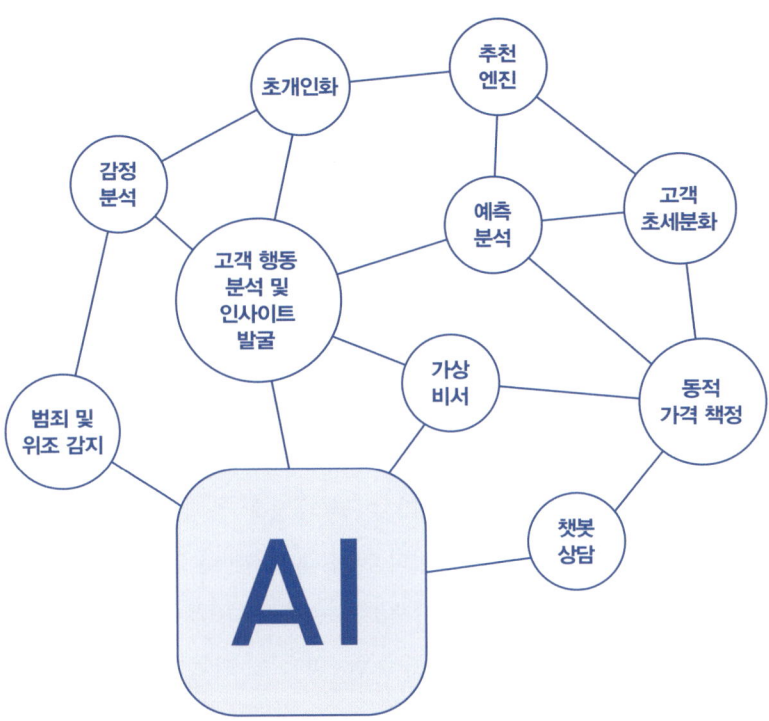

출처: Sprintzeal

해 고객 행동을 넛징nudging, 즉 유도할 수 있다.

잠재고객을 구매까지 연결하는 너처링

이제 잠재 고객을 단계적으로 교육하고 관계를 발전시켜 구매로 이끌어야 한다. 이를 '너처링nurturing'이라고 한다. 원래 '어린아이를 양육하거나 돌보는 것'을 의미하는 말인데, 마케팅 용어로는 잠재 고객에게 적절한 정보와 경험을 제공해 구매 의사 결정을 돕는 일련의 마케팅 활동과 노력의 과정을 의미한다. 마치 씨앗을 심어 물을 주고 햇빛을 비추며 키워나가는 것처럼 말이다.

너처링을 성공시키기 위해서는 잠재 고객과 관계를 행성해야 한다. 긍정적 브랜드 스토리텔링을 전달해야 하며 고객 혜택과 정보, 개인화된 경험을 제공해야 한다. 이런 과정을 통해 고객과 거리를 좁히고 신뢰를 쌓아나갈 수 있다. 직접적 '판매'나 일방적 '권유'가 아니라 친구처럼 늘 옆에 있어주고 도움을 요청할 때 필요한 정보를 제공하며 진정한 '소통'과 꾸준한 '믿음'을 만들어가는 것이 중요하다.

예를 들어 SNS 공식 채널에 매번 직접적인 쇼핑 정보를 올리는 것은 좋지 않은 방법이다. 그보다 공감할 만한 브랜드의 가치, 핵심 밸류, 이면에 숨겨진 이야기 등 흥미로운 콘텐츠가 필요하다. 고객은 기업에 돈을 벌어다 주는 대상이 되는 것보다 함께 지향점과 결이 비슷한 '친구'가 되고 싶어 하기 때문이다. 그런데 고객과 상업적인 소통만 한다면 고객은 이내 소진되거나 이용당한다는 느낌을 받을 수 있다.

따라서 고객에게 진짜 필요한 정보나 혜택, 매력 있고 흥미로운 콘텐츠를 제공해 관계를 지속해나갈 수 있는 매개체를 만들어야 한다. 쿠팡이 '쿠팡 와우 멤버십' 회원을 대상으로 쿠팡플레이라는 OTT 서비스를 론칭했을 때 뜬금없다는 반응이 많았다. 하지만 바로 이런 시도가 고객과의 장기적 관계를 만드는 초석이 된다.

회원이 되면 구매를 많이 하지 않더라도 쿠팡플레이에 올라오는 다양한 콘텐츠를 볼 수 있다. 비용 대비 누리는 혜택이 더 크다고 느끼면, 고객은 그 기업에 우호적인 인상을 받을 수 있다. 그래서 구독료가 조금 올라도 구독을 끊지 않고 유지하게 된다.

이것은 쿠팡의 본업인 전자상거래로 연결된다. 일상적으로 이용하기 때문에 필요한 물건이 생기면 다른 앱보다 쿠팡 앱에서 구매할 확률이 높아지는 것이다.

그래서 너처링은 장기적으로 진행해야 한다. 즉각적인 구매를 기대하기보다 기업에 우호적인 친구를 늘린다는 개념으로 운영해야 하기 때문이다.

초개인화, 비슷한 사람들이 아닌 오직 한 명

CHAPTER 10

한 명의 고객은 한 명 그 이상이다

초개인화 마케팅에서 고객은 비슷한 집단으로 묶이는 것이 아니라, 오직 한 명의 차별화된 개별 고객으로 구분된다. '나와 비슷한 사람'들이 필요로 하는 제품이 아니라, 오직 '나'에게 필요한 맞춤형 서비스를 제안하고 커뮤니케이션하는 것이다.

앞서 언급했듯 초개인화는 기존 개인화 마케팅 전략을 뛰어넘는다는 의미도 있지만, '개인'을 뛰어넘는다는 의미도 지니고 있다. 개인을 뛰어넘는 것은 다시 두 가지로 나눌 수 있다.

첫 번째는 구매 데이터 등과 같은 과거의 통계적 데이터베이스의

〈고객 세그멘테이션(세분화) 단계〉

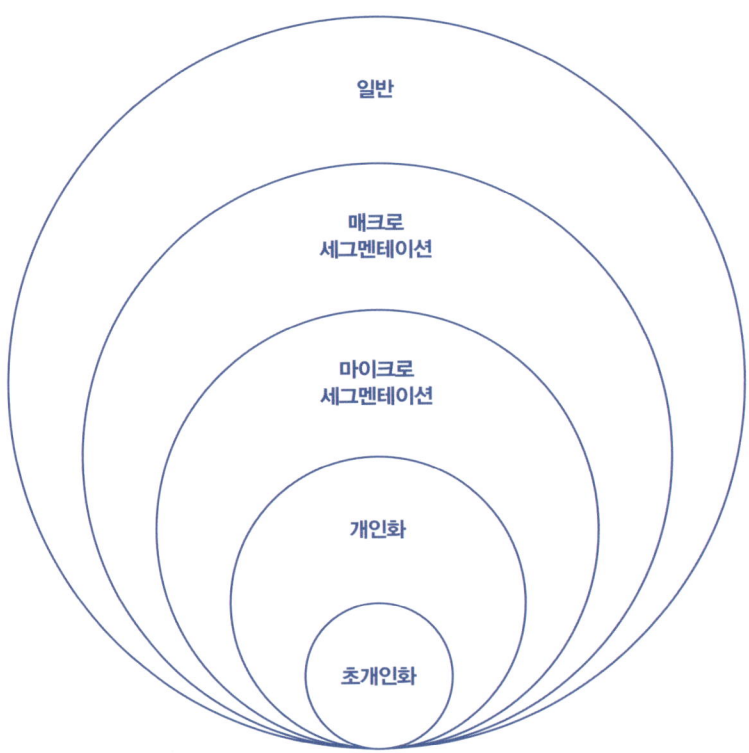

한계를 뛰어넘어 개별 고객의 소셜 미디어 활동, 감정, 숨겨진 요구, 복합적인 라이프스타일 등을 섬세하게 읽고, 미처 깨닫기 전에 고객이 원하는 것을 제안한다는 의미다. 잠재적 니즈를 고객보다 먼저 예측해 고객이 좋아할 만한 제품이나 콘텐츠, 서비스 등을 제안하는 것이다.

두 번째는 한 명의 개인 그 이상이라는 뜻이다. 이전에는 한 사람이 한 명의 고객이었다. 당연한 말 아닌가 싶을 것이다. 그런데 한 사람 안에도 다양한 자아와 사회적 역할이 있다. 시간과 장소, 상황에 따라 다양한 소비자의 얼굴을 띠는 것이다. 한 사람의 고객에게 '멀티 페르소나'가 있고, 개별 페르소나의 소비 목적과 결이 다를 수 있다는 사실을 인지해야 한다.

사실 1:1 고객 제안도 현실적인 마케팅 구조에서는 쉽지 않았다. 멀티 페르소나의 다양한 니즈를 해석하고 고객에게 제안한다는 것은 불가능에 가까웠다. 하지만 AI 덕분에 고객 데이터를 기반으로 끊임없이 해석하고 추론하며 콘텐츠를 만들 수 있게 되었다. 실시간으로 초개인화된 고객 경험을 제안할 수 있게 된 것이다.

흰 장갑을 끼고 고객을 맞는 프리미엄 마케팅

2024년 맥킨지는 AI 마케팅에서 가장 중요한 요소인 초개인화 전략에 대한 보고서 「개인 관리, 고객 케어와 초개인화The care of one:

Hyperpersonalization of customer care」를 발표했다. 앞으로 고객은 다수가 한데 묶여 관리되는 획일적인 서비스나 제품에 만족하지 않고, 1:1 맞춤화된 초개인화 경험을 원한다는 것이다.

따라서 기업은 한 사람 한 사람에 대한 프리미엄 서비스를 제공하는 마음으로 고객을 케어하는 초개인화 전략을 수립해야 한다. 고객 개개인의 니즈를 이해하고 존중하며, 모든 전략적 과정을 고객의 니즈에 맞춰야 한다. 또한 개개인이 경험하는 구매 여정을 섬세하게 설계해 고객과 진정성 있는 관계를 구축해야 한다.

보고서에서는 이를 빗대어 '화이트 글러브 서비스'라고 했다. 고급 레스토랑이나 명품 브랜드에서 고객을 대할 때, 고가의 미술이나 귀중품을 판매할 때 흰 장갑을 끼고 최고급 서비스를 제공하는 것처럼 고객 감동 서비스와 프리미엄 마케팅 전략을 펼쳐야 한다는 의미다.

2021년에 발표한 「개인화 그다음Next in Personalization 2021」이라는 맥킨지 보고서에 따르면 71퍼센트의 고객은 콘텐츠, 제품, 서비스를 이용할 때 개인화된 경험을 기대한다. 76퍼센트의 고객은 개인화된 경험을 느끼지 못했을 때 실망하는 것으로 나타났다.[1] 고객 친밀감을 잘 개발하고 그 관계를 지속적으로 관리해나가는 기업은 그렇지 않은 동종 업계 기업보다 더 빠르게 성장해 매출을 올린다.

코로나19 팬데믹 후 소비자는 빅테크 기업의 초개인화 서비스를 빠르게 경험했다. 싫든 좋든 코로나를 경험하면서 달라진 소비 환경으로 소비자의 4분의 3은 팬데믹 기간에 새로운 매장, 제품 또는 구매 방법을 경험하고 전환했다고 한다. 이는 고객의 기대 수준과 눈높이를 높였다.

포스트코로나 시대에도 높아진 기대, 고객 경험, 달라진 소비 습관은 여전히 유지되고 있다. 비단 온라인이나 모바일 환경에서뿐만 아니라 오프라인 리테일 환경에서도 초개인화를 원하는 소비자가 늘고 있다. 이에 따라 기업에는 초개인화 전환에 대한 압박이 가중되고 있다.

구매 이전부터 기업의 마케팅 활동에 적극적으로 참여하는 소비자는 기업과 영향력을 주고받는 쌍방향적인 '생산 소비자'가 된다. 이들은 소셜 채널에서 콘텐츠를 재생산하거나 홍보와 전파로 기업의 마케팅을 돕는 든든한 지원군이 되기도 한다. 이는 범위가 넓고 비효율적인 광고나 마케팅보다 훨씬 효과적이다.

개인화와 초개인화의 차이

그렇다면 기존 개인화 또는 맞춤형 마케팅과 초개인화의 차이는 무엇일까? 글로벌 CRM 기업인 세일즈포스에서 정의한 개인화는 '고객이 회사에 허락한 데이터와 정보를 기반으로 맞춤형 경험이나 커뮤니케이션을 하는 것'이다. 이와 달리 AI를 기반으로 한 초개인화는 데이터 분석, 자동화, 실시간 분석과 예측을 통해 맞춤형 콘텐츠, 제품 또는 서비스를 제안하는 마케팅 전략이다.

〈개인화와 초개인화 마케팅의 차이〉

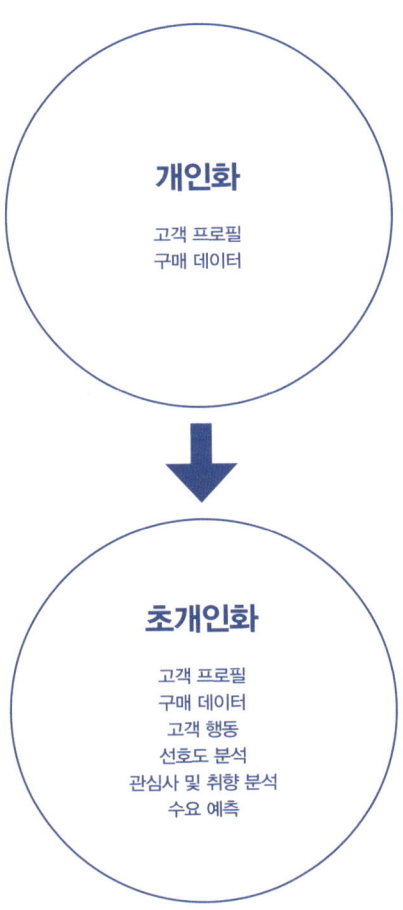

과거 개별 맞춤 제안과 큐레이션curation은 구매 데이터, 방문 기록 등의 데이터를 쌓고, 수집된 데이터를 분석해 고객에게 맞춤형 제안을 하기까지 시차가 있었다.

하지만 AI 기술을 통한 AI 초개인화 마케팅 전략은 실시간에 가깝게 개별적으로 소통하고 특화된 제안을 이어나갈 수 있다. 처리되는 데이터의 범위가 넓어지고 이해가 높아져, 적절한 타이밍에 맞춰 제안을 변주할 수 있다.

이처럼 고객의 반응을 다각도로 신속하게 살피면서 실시간 맞춤형 마케팅을 할 수 있는 게 초개인화이며, 구매 여정에서 고객이 보여주는 선호도, 감정, 요구 사항, 행동을 이해하고 쌍방향으로 소통할 수 있다.

AI 시대의 동적인 고객 멤버십, 다이내믹 로열티

이전에는 획일화된 혜택을 제공했다면 AI 마케팅에서는 1:1 고객 맞춤 제안 및 고객 충성도 관리가 가능해졌다는 차이가 있다. 아직 국내에서 많이 쓰이지 않지만 일반적인 멤버십 프로그램보다 한층 더 발전된 개념인 AI 마케팅 기술 기반 '다이내믹 로열티dynamic loyalty'도 등장했다.

이는 AI와 데이터 분석 기술을 활용해 고객의 행동, 선호도, 구매 패턴을 실시간 분석하고, 맞춤형 혜택과 결합해 고객의 충성도를

'동적'으로 관리하는 전략이다. 지금까지는 멤버십 혜택 관리나 고객 관리, 고객 충성도 관리가 일정한 조건이나 등급 수준에 도달해야 그다음 단계로 넘어가는 식이었다. 약간의 시차를 두고 티어tier나 밴드band별로 순차적으로 관리되었다면 앞으로는 AI의 동적 제안, 초개인화 마케팅에 따라 고객 멤버십 혜택, 고객 맞춤 제안, 고객 충성도 관리도 실시간으로 이루어질 것이다. 리텐션, 보상, 피드백이 즉각 이루어지는 역동적인 멤버십 운영, 보다 적극적인 고객 충성도 관리, 이탈 방지 프로그램이라고 할 수 있다.

AI 기반 개인화를 통해 로열티 프로그램은 훨씬 더 역동적이고 개별 사용자에게 맞춤화될 수 있다. 브랜드는 AI를 사용해 고객 데이터를 분석하고 패턴, 선호도 및 행동을 식별해 고도로 개인화되고 타기팅된 보상을 자동으로 생성할 수 있다. 새로운 제품이나 서비스에 대한 우선 경험 기회 제공, 초개인화된 브랜드 경험 및 고객과의 실시간 상호작용을 기반으로 즉각적으로 설정되는 1:1 맞춤 할인과 혜택을 제안할 수도 있다. 이를 마케팅 담당자가 일일이 관리하는 것은 불가능하겠지만 모든 것이 자동으로 생성되고, 즉각적으로 소통되고 운영되는 AI 기술이라면 가능하다.

맞춤형 추천 서비스와 협업 필터링

세계 최대 OTT 플랫폼인 넷플릭스Netflix에는 수십만 개의 콘텐츠가 등록되어 있다. 2023년 12월 기준 미국에만 약 1만 7,000개의 콘텐츠가 있고 190개국에서 10억 명을 대상으로 서비스하고 있다. 새롭게 쏟아지는 콘텐츠를 10억 명의 가입자에게 개인화된 콘텐츠로 실시간 추천해야 하는 셈이다.

AI 마케팅의 시작은 '협업 필터링'이라고 불리는 맞춤 추천 기능이었다. 고객 맞춤 큐레이션 서비스와 같이 다양한 고객의 행동을 기반으로 클러스터링clustering, 즉 분류해 추천하는 서비스다. 이처럼 고객 그룹별로 다른 콘텐츠를 제작하고 마케팅을 실행하는 큐레이션 마케팅이 초개인화의 전신이라고 할 수 있다.

협업 필터링을 통한 AI 큐레이션의 시작을 연 넷플릭스는 같은 아이디를 사용하는 여러 고객이 각자의 프로필을 만들 수 있게 해 이용자별로 맞춤형 콘텐츠를 추천한다. 좋아할 만한 콘텐츠를 알아서 보여주는 시스템은 넷플릭스에서 지난 몇 년간 빠르게 적용되었다.

이용자 개별 프로필은 그간의 시청 기록, 평점, 시청 시간, 검색 기록, 유사 콘텐츠 등을 분석해 해당 개인에게 가장 잘 맞는 영화나 드라마, 시리즈물을 추천하고 끊임없이 보여준다. 같은 영화나 드라마라도 섬네일 이미지가 이용자 개별 프로필에 따라 전혀 다르게 보인다.

AI 기술을 활용한 추천 시스템은 다른 문화와 언어권에서도 비교적 이질감이 적게 서비스를 제공하고 있다. 같은 나라 안에도, 같은 가족 단위 안에도, 서로 취향이 비슷하게 분류되는 두 사람 사이에도 한 뼘 다른 취향이 존재하기 마련이다. 그런 의미에서 이런 추천 기술은 영상 스트리밍 분야에서 빠르게 경쟁력을 확보하고 지속적으로 유지하는 힘이기도 하다.

이용자 프로필에 따라 노출되는 콘텐츠가 완전히 다른 것은 우리에게 익숙한 개인화 마케팅이다. 쇼핑몰 앱에서도 자주 사는 제품에 따라 관련 제품이 알고리즘을 타고 소개된다. 좋아할 만한 제품은 더 자주 보여주고, 니즈가 없거나 선호도가 떨어질 만한 제품은 점점 더 안 보이게 되는 것이다.

그러나 초개인화 시대에는 자주 사는 상품이나 서비스와 비슷한 것을 추천하는 수준을 뛰어넘어 개인의 취향과 행동까지 분석해 더욱 정교한 맞춤형 추천을 제공할 것이다. 음악 스트리밍 서비스 스포티파이Spotify는 음악 선호도, 스트리밍 기록을 바탕으로 좋아할 만한 노래 장르와 노래를 추천해 띄워주는 고객 행동 기반 클러스터링과 큐레이션 서비스에서 시작했다. 사용자의 취향에 맞는 새로운 아티스트나 곡을 발견할 수 있도록 추천해주는 서비스도 제공하고 있다.

또 다른 사례를 보자. 미국의 피앤지P&G에서 만든 스킨케어 브랜드 올레이Olay는 피부 진단 앱에서 AI를 활용해 개인 피부 타입별 스킨케어 솔루션을 제공한다.[2]

예를 들어 올레이 앱에 사용자가 화장하지 않은 맨 얼굴이나 피부 사진을 업로드하면 AI가 이미지를 분석해 피부 타입, 피부 고민, 피부 노화 정도 등을 정확하게 진단한다. 그리고 진단 결과를 바탕

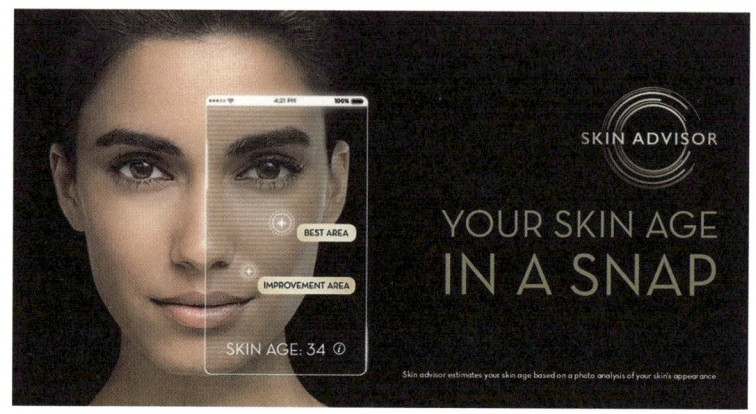

▶올레이는 고객의 피부 상태를 분석해 지금 가장 필요한 스킨케어 제품을 추천해준다.

으로 고객에게 가장 적합한 스킨케어 제품을 추천하고 상품을 보여준다.

과거에는 일괄적인 제품 카테고리별, 프로모션 우선 제품을 보여 줬다면 이제는 개인의 피부 타입과 스킨케어 중점 포인트에 따라 필요한 제품을 먼저 보여준다. 그리고 해당 제품을 사용하는 방법 등을 상세한 제품 설명과 함께 보여주는 방식이다. 그뿐 아니라 시간의 흐름에 따른 피부 변화를 추적해 이에 맞는 제품을 지속적으로 추천해준다.

미국 스타벅스는 마이크로소프트와 협력해 앱을 포함한 다양한 채널을 통해 고객에게 제품을 추천해주는 딥브루Deep Brew를 만들었다. 딥브루에는 마이크로소프트의 AI 클라우드 서비스 애저가 적용되었다.

딥브루는 어떻게 작동할까? 우선 에스프레소 머신에 장착된 센서로 에스프레소 샷을 내릴 때마다 기록해 기계 튜닝이나 유지 관리가 필요한 잠재적 영역을 평가한다. 또 IoT를 통해 고객 선호도, 고객 데이터, 다양한 외부 상황을 자동 학습한다. 이를 통해 커피 머신이 자동으로 고객 취향과 해당 매장의 실시간 상황에 맞춘 초개인화된 커피를 만든다.

이 플랫폼은 앞으로 더 많은 고객이 이용할수록 더 많은 데이터를 학습하며 발전할 것이다. AI 기술과 머신러닝을 통한 진정한 초개인화 마케팅이라고 할 수 있다.

취향을 꿰뚫는 쇼핑 초개인화

네이버쇼핑은 2021년 AI 기반 상품 추천 솔루션인 '에이아이템즈 AiTEMS'에 대규모 언어 모델인 '하이퍼클로바 X'를 결합해 더욱 정교하게 추천해준다. 여기에 고객 맞춤형 쇼핑 큐레이션 서비스인 '포유FOR YOU' 탭까지 신설했다.[3] 이는 과연 어떤 변화를 만들었을까?

기존에는 이용자 그룹별로 동일한 쇼핑 검색어가 순위별로 상단에 떠 있었다. 예를 들어 '20대 여성이 가장 많이 찾은 상품'같이 특정 연령대나 성별 등이 많이 찾는 제품을 검색 순위에 따라 보여줬다. 같은 그룹에 속하는 이용자에게 동일한 화면이 보인 것이다.

이제는 사람마다 맞춤 상품이 다르게 보인다. 이용자의 취향과 쇼핑 기록에 따라 맞춤 제안을 해주기 때문이다. 네이버쇼핑에 등록된 약 10억 개의 상품 중 이용자의 현재 관심사, 라이프스타일, 장바구니, 구매 이력 등을 바탕으로 쇼핑 테마와 맞춤 아이템을 '포 유' 탭에서 바로 볼 수 있다.

그러다 보니 기존에 늘상 상위에 노출되던 상품 판매량이 어느 날 갑자기 급감하기도 했다. 최상위 판매자 입장에서는 이러한 변화가 달갑지 않을 수 있다. 하지만 고객 입장에서는 검색 시간을 줄여주고 진짜 나에게 필요한 물건을 추천받을 수 있다. 그리고 다양한 판매자 입장에서도 진짜 그 제품을 사고 싶어 하는 고객에게 노출되므로 분명 이점이 있다. 특히 세분화된 상품을 취급하거나 소규모 판매자와 고객을 매칭해주기 때문에 상품이 타깃 고객에게 더 효과적으로 노출될 수 있다.

예를 들어 캠핑을 좋아하는 이용자에게는 각종 캠핑 장비를 보여줄 수 있다. 최근에 '솔캠(솔로 캠핑)'을 즐기는 사람이 작은 텐트를 구매했다고 해보자. 이 사람에게는 솔캠을 즐기는 데 필요한 작은 테이블, 초경량 캠핑 의자, 미니 사이즈 화롯대 등을 오늘의 쇼핑 큐레이션에 띄울 수 있다.

순위 위주로 상품을 노출할 때는 특정 판매자가 순위에 영향을 주는 트래픽을 조작할 가능성이 있었다. 예를 들어 매크로 프로그램을 사용해 상품 페이지를 반복적으로 클릭해 순위를 올리는 허위 클릭, 상품 설명이나 상품명에 인기 키워드를 많이 넣는 스터핑, 보이지 않는 링크를 숨겨두어 검색엔진에 상품 노출 횟수가 증가하게끔 하는 숨겨진 '링크' 같은 방식이다.

그렇기 때문에 네이버쇼핑은 이런 행위를 감지하는 AI 기반 시스템을 구축하고 제재를 가했다. 순위에 영향을 주는 리뷰를 거짓으로 작성하는 경우도 있어, 이러한 행위를 막기 위해 끊임없는 노력을 기울였다. 바뀐 구조에서는 순위 기준이 아니기 때문에 공정한 경쟁 환경이 조성되었다고 볼 수 있다. 수요와 공급을 투명하게 매칭해줄 수 있는 것이다.

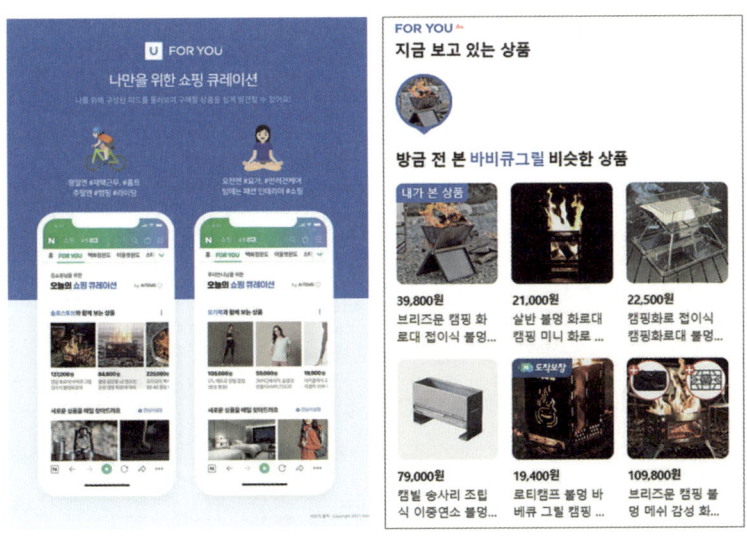

▶고객이 선호할 만한 상품을 추천해주는 네이버 포 유.

초공감, 진정성 있는 고객 공감이 답이다

CHAPTER 11

공감을 넘어 초공감으로

AI 마케팅 시대에도 가장 중요한 것은 공감과 진정성이다. AI가 제공하는 결과에 지배되지 않고, 이를 활용해 고객과의 관계를 깊이 이해하고 소통하는 것이 마케터가 갖추어야 할 중요한 역량이다. 모든 판단과 결정은 여전히 인간의 몫이기 때문이다.

AI는 개별 고객의 감정까지 분석해 그들이 겪는 어려움이나 필요를 예측하고, 이에 맞는 제품을 제공하도록 발전하고 있다. 앞서 말했듯 이제 AI는 방대한 데이터로 고객의 행동 패턴, 선호도, 관심사 등을 분석하고, 이를 바탕으로 더욱 세분화된 고객층을 설정해 맞춤형 마케팅을 수행할 수 있다. 그런데 단순히 데이터만 분석하는 것에 그치지 않는다.

여기서 중요한 개념이 '초공감hyper-empathy'이다. 공감은 다른 사람의 감정, 생각, 경험을 이해하고 공유하는 능력이다. 타인 입장에서 생각하고 그들의 감정을 느끼는 것이다.

기존 마케팅에서 공감은 주요 고객층의 일반적인 특징과 니즈를 파악해 제품이나 서비스를 개발하고, 광고 메시지를 전달하는 데 활용되었다. 그럼 초공감이란 무엇인가? 초공감은 타인의 감정을 이해하는 것을 넘어, 자신이 직접 경험하듯 깊이 공감하는 것을 말한다. 고객의 말투, 표정, 행동 등을 통해 감정을 파악하고, 마치 친구처럼 공감하며 소통할 수 있다. 상품이나 서비스를 판매하기 위한 단편적인 마케팅에서 한발 더 나아가 고객 개개인의 감정과 상

〈공감과 초공감의 차이〉

항목	공감	초공감
고객 이해 수준	일반적 특징과 고객 니즈 파악	개별 고객의 감정 상태까지 파악
마케팅 방식	세분화된 고객층을 대상 맞춤형 마케팅	1:1 개별 고객에게 초개인화된 브랜드 경험 제공
고객 반응	제품, 서비스에 대한 호감도 증가, 구매 의사 결정 촉진	높은 브랜드 충성도로 연결, 바이럴 마케팅 효과 증대
마케팅 성공 가능성	높음	매우 높음

황을 이해하고 공감한다. 그리고 이에 알맞은 서비스나 상품을 제안한다.

예를 들어 고객이 불만을 표현하면 감정을 읽어내고 분석하는 AI 솔루션을 통해 고객의 목소리나 글에서 말투, 표정, 행동 등을 분석해 감정을 파악한다. 그런 다음 AI 챗봇이 위로와 해결책을 건네는 것이다.

감정을 읽고 분석하는 AI

AI 시대에는 고객의 마음을 더 잘 읽어야 한다는 말을 종종 듣는다. AI가 모든 것을 해주는 것이 아니고 설계와 가설, 심층적 고민은 인간의 몫이다. 따라서 AI의 데이터 분석을 넘어 고객을 심층적으로 이해하기 위한 노력을 기울여 고객의 가치관, 신념, 감정을 이해하고 공감할 수 있는 포인트를 찾아야 한다.

전통적인 마케팅에서는 고객이나 사용자의 감정을 이해하기 위해 설문 조사, 인터뷰, 사용자 관찰 등의 조사를 실행했지만 이제는 AI를 활용해 보다 쉽고 빠르게 감정을 분석할 수 있다.

댓글과 공유, SNS 포스팅, 온라인 설문 조사 등 고객이 남기는 텍스트 기반 의견을 분석하고 의미를 파악해 직관적으로 표현해주는 기능은 비즈니스 의사 결정에 도움을 준다. 브랜드에 대한 객관적 인식, 고객의 목소리 등을 파악해 개선할 수 있기 때문이다.

이처럼 고객이 남긴 의견을 분석해 그 텍스트에 담긴 감정을 표현해주는 서비스를 '감정 분석sentiment analysis' 또는 '오피니언 마이닝opinion mining'이라고 한다. 고객의 감정을 긍정, 부정, 중립 등과 같이 표현할 수 있고, 더 다양한 지표를 추가해 구체적인 감정을 파악하는 것도 가능하다. 또 이 솔루션을 통해 여론 모니터링뿐 아니라 마케팅 활동에 대한 고객의 인식도 파악할 수 있다.

네이버의 클로바 센티먼트CLOVA Sentiment도 그 예다. 텍스트를 입력하면 감정을 분석해주는 무료 서비스다. 지금까지 담당자는 정기적으로 SNS에 남긴 고객 댓글을 읽어보고 화면을 캡처해 SNS 운영 리포트를 만들었을 것이다. 하지만 이제는 손쉽게 고객의 만족도를 심층적이고 다각도로 분석할 수 있다. 빠른 시간에 쏟아지는 많은 언론 기사를 한 번에 정리하고 긍정적이거나 부정적인 요소를 체계적으로 분석할 수도 있다. 만약 우리 상품이 인기를 끌었다면 우연히 디지털상에서 입소문이 나 최초에 입소문을 낸 사람의 계정과 글도 바로 찾을 수 있다.

또 다른 고객을 만드는 긍정의 힘

디자인을 할 때도 감정 분석이 필요하다. 아론 월터Aarron Walter의 『감정 디자인Designing for Emotion』은 사용자의 감정을 이해해 제품 디자인에 반영하는 구체적인 방법을 소개한다.[4] 긍정적 감정은 유발하고 부정적 감정은 최소화하는 디자인 전략을 설명하고, 다양한 디자인 분야에서 어떻게 접목할지 보여준다.

　이를 위해 긍정적 감정을 디자인과 연결하는 열쇠인 미적 매력, 감정적 연결, 의미 있는 경험, 신뢰 구축 등 네 가지에 대해 설명한다. 미적 매력은 호기심, 아름다움, 만족감, 즐거움 등 긍정적 감정을 불러일으킨다. 디자인에 적용된 스토리텔링, 모티브, 상징성, 캐릭터 등과 같은 감정적 연결 고리는 공감을 불러일으킨다. 이는 차별화된 의미 있는 경험을 제공하고 고객과의 신뢰를 증폭한다. 제품 디자인뿐만 아니라 브랜드 경험 디자인도 이렇게 긍정적 감정을 유발하는 방향으로 설계해볼 수 있다.

　코카콜라는 고급 안면 인식 기술인 '모프캐스트MorphCast'의 이모션 AIEmotion AI를 적용하고 아티스트 DJ 마시멜로Marshmello와 협업해 캠페인을 전개했다.5 '코카콜라×마시멜로Coca-Cola x Marshmello' 캠페인은 고객이 코카콜라 앱에 들어가 자신의 표정을 인식할 수 있게 카메라 접근을 허용하면서 시작된다. 참여한 사람이 코카콜라의 새로운 한정판 탄산음료 맛을 느끼는 순간, 안면 인식을 통해 고객의 표정을 분석하고, AI가 음악과 고객의 표정 및 반응을 융합해 3D 아트 작품으로 만든다. 이 짧은 캠페인을 통해 5만여 개 이상의 3D 아트 작품이 탄생했다. 표정과 감정, 반응과 공감을 활용해 코카콜라와 고객 간의 정서적 연결을 시도한 것이다.

　이것은 고객의 표정과 반응만으로 손쉽게 시도할 수 있는 초경험 마케팅 사례다. 코카콜라는 처음 탄생한 138년 전부터 '행복'이

▶ 고객과 상품의 정서적 연결을 목표로 한 코카콜라의 캠페인.

라는 주제로 마케팅을 해왔다.6 이모션 AI 캠페인 역시 공감할 만한 경험을 제공하면서 행복이라는 감정을 잘 풀어낸 사례다. "이 음료를 마시면 행복해집니다"라고 주입하는 게 아니라 고객 스스로 자연스럽게 행복한 감정을 느끼도록 한다. 그래서 코카콜라를 떠올리면 그때 느낀 행복한 감정이 긍정적으로 연결되게 한 것이다.

최근 중국의 한 온라인 쇼핑몰에서 판매자가 고객에게 원피스 리뷰 사진을 내려달라고 요청한 사례가 있었다. 고객은 긍정적 리뷰와 함께 원피스를 입은 자신의 사진을 올렸다. 긍정적인 리뷰인데 뭐가 문제였을까? 업체 측에서는 고객의 '똥배' 때문에 제품이 덜 매력적으로 보인다며 삭제를 요구한 것이다. 물론 비판이 빗발쳤다.7

인간은 논리를 뛰어넘어 감정적으로 이끌리는 경향이 있다. 디자인에는 이러한 감정을 불러일으키는 힘이 있다. 긍정적 감정은 사용자의 참여와 만족도 및 충성도를 높여준다. 반대로 한 번이라도 부정적 감정이 발생하면 정반대 결과로 이어질 수 있다.

한 고객의 부정적 경험과 감정이 지닌 힘의 전파력은 매우 강력하다. 중국 온라인 쇼핑몰 사례처럼 한 명의 고객이 느낀 부정적 감정은 삽시간에 전 세계로 퍼지고, 지워지지 않는 기록이 된다.

모니터링과 리스크 관리

마케팅과 홍보에서 중요한 한 축이 리스크 매니지먼트다. 부정적 요소가 발견된다면 빠르게 찾아 적절한 조치와 응대를 하는 게 중요하다. 그렇다고 해서 담당자가 24시간 모니터링할 수는 없는 노릇이다. 이때 AI 마케팅 솔루션을 이용하면 브랜드와 관련된 기사나 SNS를 실시간 모니터링해 부정적 요소가 발견될 때 알려줄 수 있다.

이런 기능을 갖춘 솔루션으로는 브랜드24Brand24 등이 있다. 그중 하나인 클리오Clio는 다양한 채널에서 수집한 고객 피드백 데이터를 분석해 고객의 감정을 파악하고 개선 방안을 찾는 프로젝트를 롯데백화점, 이마트, 현대백화점, 네이버페이 등과 함께 진행했다.

롯데백화점은 온라인 쇼핑몰 고객 리뷰 중 부정적 의견을 집중적으로 분석했다. 이를 바탕으로 제품 디자인, 품질, 배송 등 다양한 측면에서 개선점을 찾았다. 또 긍정적 의견을 분석해 고객 만족도를 높이는 데 기여한 요소를 파악하고, 이를 확대 적용했다. 덕분에 고객 만족도를 크게 향상하고 브랜드 이미지를 개선할 수 있었다.

이마트는 온라인 쇼핑몰 고객 리뷰를 분석했다. 특히 고객 리뷰 중 부정적 의견을 분석해 제품 개선 및 고객 서비스 향상 방안을 마련했다. 현대카드는 카드 혜택 개선, 카드 가입 프로세스 간소화, 고객 지원 강화 등 다양한 개선 방안을 만들었다.

가상 페르소나로 읽는 고객의 진짜 속마음

일본의 광고 회사 '하쿠호도博報堂'는 고객이 남에게 이야기하지 않는 내밀한 감정을 이해하기 위해 가상 소비자와 가상 페르소나를 생성하는 AI를 개발했다. 가상 고객들로부터 다양한 데이터를 파악해 클라이언트사의 마케팅과 광고 업무에 적용하는 것이다.[8]

하쿠호도는 매년 7,000명을 대상으로 소비자 조사 데이터베이스인 '해비트HABIT'를 운영하고 있다. 여기서 기본 프로필, 가치관, 라이프스타일 등 고객 정보를 모으고, 이를 바탕으로 생성형 AI를 통해 7,000명의 또 다른 가상 소비자를 만든다.

가상 소비자를 만드는 이유는 무엇일까? 실제 고객이 말하지 않는 진짜 숨은 니즈를 파악하기 위해서다. 가상 소비자는 SNS에서 다양한 활동을 하고 가상 라이프스타일을 구가하면서 자신의 생각을 솔직하게 표현한다. 지속적으로 교류하면서 시간과 장소, 비용의 제한 없이 각 구매 여정에서 드러나는 고객의 솔직한 속마음을 간접적으로 들을 수 있는 것이다. 브랜드는 가상 소비자의 감정을 이끌어내는 메시지를 보내고, 고객의 라이프스타일과 선호도를 분석하고, 가상 고객 간의 대화를 관찰하면서 금융, 화장품 브랜드의 UI^{User Interface}(사용자 인터페이스)나 UX^{User Experience}(사용자 경험) 디자인을 최적화하는 데 반영한다.

시범적으로 운영하고 있는 이 서비스는 새로운 소비자 조사 방법론이자 시스템이다. 마케팅, 제품 개발, 조직 운영, 아이디어 도출, 고객 리서치, 워크숍 등 다양한 분야에서 이런 시스템을 활용할 수 있을 것이다.

▶ 하쿠호도는 가상 페르소나를 통해 고객이 말하지 않는 니즈를 파악한다.

초개인화된 경험을 만들어주는 공감

소비자 행동과 구매동기를 이해하기 위해서는 니즈needs와 필요wants 그리고 수요demands의 차이를 알아야 한다. 먼저 니즈는 살아가는 데 필요한 기본적 사항을 충족해주는 필수적인 것들이다. 배가 고프면 식사를 해야 하고, 추우면 따뜻한 옷을 입어야 하고, 아프면 병원에 가야 한다. 두 번째로 필요는 배가 고프니 식당을 찾고, 추우니 패딩 재킷을 꺼내 입고 싶고, 아프면 알맞은 병원을 찾아가 치료를 받고 싶은, 더 구체화된 니즈다.

마지막으로 수요는 구체적인 구매력과 구매 의사가 뒷받침된 욕구다. 사고 싶은 니즈와 살 수 있는 경제적 여건이 맞아떨어질 때 수요가 발생한다. 수요는 생산 비용, 경쟁 현황, 소득수준, 시장 상황 등의 영향을 받아 수요와 공급 사이에서 적정 수준으로 형성된다.

기업 활동을 세 단계 소비자 니즈로 요약하면, 시장이나 소비자의 필요를 찾고 그 필요가 수요로 연결되도록 경쟁력 있는 제품이나 서비스를 만드는 일이다.

예를 들어 '잠을 푹 자고 싶다'는 니즈는 빨리 잠들고 숙면할 수 있도록 도와주는 기능성 베개가 필요하다는 구체적 니즈인 필요가 된다. 어디 좋은 베개가 없나 찾아보던 중 우연히 홈쇼핑에서 적당한 베개를 보았다. 그 정도 가격에 그 기능이면 사고 싶다는 생각이 들어 홈쇼핑 앱을 열어 주문한다. 이렇게 되면 구체적 수요가 발생한 것이다.

초개인화 마케팅을 당장 눈에 보이는 수요뿐 아니라, 고객이 앞으로 필요하다고 느낄 수요를 고객보다 한발 더 빠르게 예측하고 제안할 수 있어야 한다. 불면을 겪는 사람에게 기능성 베개를 딱 맞춰 제안할 수 있어야 하는 것이다.

그런데 기능과 가격만 구매 결정 기준이 되는 것은 아니다. 발전하고 싶은 마음, 소유욕, 신뢰, 소속감, 호기심, 불안감, 우월감, 사회적 관계, 긍정적 기여를 하고 싶은 마음 등이 다양하게 작용한다.

AI가 많은 일을 대신한다고 해서 우리 감정이 사라지는 것은 아니다. 오히려 누구나 마케팅을 실행할 수 있는 AI 마케팅 시대에 더욱 주목해야 하는 것이 고객과의 '공감대 형성'이다.

초개인화로 정제된 목록을 받는다고 하더라도 고객은 정보 탐색 단계를 거치고 후기를 읽으면서 남들이 어떻게 썼고, 어떻게 느꼈는지 공감한다. 특히 자신과 상황이 비슷한 사람이 남긴 후기가 구매에 영향을 미친다. 예를 들어 가벼운 유모차를 구매하려는 사람이 '제가 무거운 걸 잘 못 드는 편인데, 이건 초경량 제품이라 편했어요'라는 후기를 읽었다면 구매 가능성이 한 단계 높아질 수 있다. 물건을 사기 전에 유튜브를 찾아 구매 후기 영상을 보기도 한다. 영상을 통해 간접경험을 할 수 있기 때문이다.

AI 마케팅 시대에 공감이 더 중요해진 것은 소비자와 브랜드, 그리고 기업이 비슷한 가치관과 감성을 공유하는 것이 브랜드에 대한 신뢰를 쌓고 제품을 선택하게 만드는 계기가 되기 때문이다. 특히 생활에 밀착되어 있고 습관적, 반복적 구매가 일어나는 저관여

제품의 경우에는 더욱 그렇다. 이는 AI가 스스로 학습해 반영하기는 아직 어려운 지점이다.

소비자 구매동기를 설명하는 욕구 이론

스웨덴의 의사이자 통계학자 한스 로슬링Hans Rosling은 『팩트풀니스』에서 세계 여러 나라가 지역이나 문화, 시대적 환경에 따라 생활이 달라지는 것이 아니라, 경제적 발전 단계에 따라 다른 생활상을 보여준다고 했다. 언제, 어떤 지역에 속해 있든 1인당 소득이 증가하면서 의식주 환경이 달라진다는 것이다.[9]

세계의 경제 발전과 생활상은 네 단계로 나뉜다. 1단계는 절대 빈곤 단계, 2단계는 생존 단계, 3단계는 성장 단계, 4단계는 부유 단계다. 이 기준으로 보면 우리나라는 1960년대에는 1단계였고 지금은 선진국인 4단계로 고속 성장했다. 그렇기에 1단계를 경험한 세대와 4단계를 경험한 자손이 함께 생활하고 있을 수도 있다. 세대 간의 갈등이 생기는 이유다.

인간의 욕구에도 단계가 있다. 미국의 심리학자 에이브러햄 매슬로Abraham Maslow는 인간의 욕구를 5단계로 나누었다. 우선 생리적 욕구와 안전에 대한 욕구가 충족되면 소속의 요구, 그리고 자존에 대한 욕구를 느끼게 된다. 이를 묶어서 '결핍 욕구'라고 한다. 결핍 욕구가 충족되면 더 고차원적인 자아실현의 욕구를 지니게 된

〈매슬로가 제시한 욕구 위계 8단계〉

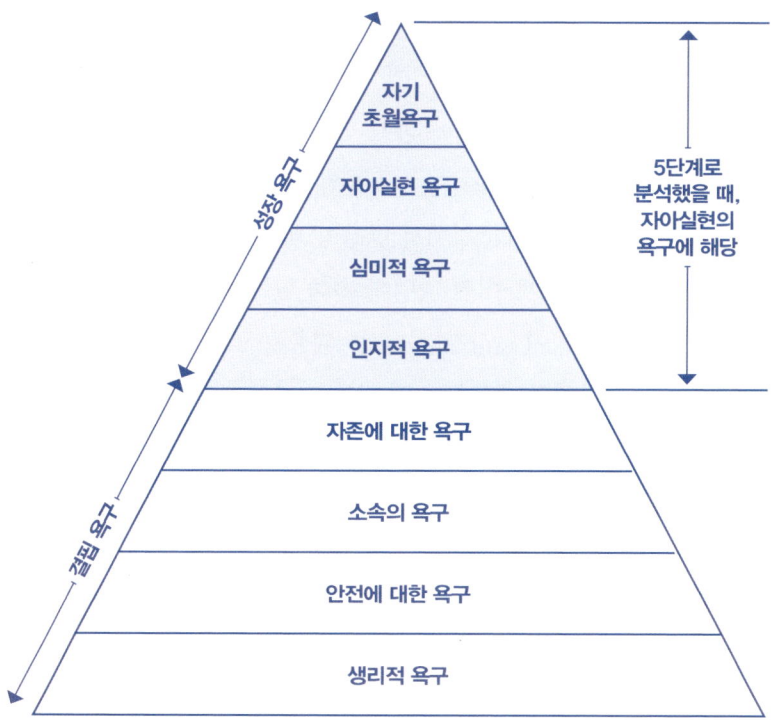

다. 그런데 자아실현 욕구는 다시 네 가지로 나눌 수 있다. 인지적 욕구, 심미적 욕구, 자아실현 욕구, 자기 초월 욕구이며 이들을 '성장 욕구'라고 부른다.

여기서 가장 상위에 있는 자기 초월 욕구는 나 혼자만의 욕구가 아니라 타인을 돕거나 자신이 중요하게 생각하는 가치, 외부와의 연결을 원하는 단계다.

앞의 경제성장 단계에서 보면, 1단계 국가에서는 생존에 대한 욕구가 성장 욕구보다 더 클 것이다. 그러나 4단계인 우리나라에서 오늘날을 살아가는 사람들은 결핍 욕구도 있지만 성장 욕구도 공존한다.

이것을 소비자 구매 행동의 관점에서 보면, 구매동기가 결핍 욕구에만 머무르지 않는다는 데 주목해야 한다. 사회적 가치를 추구하는 자기 초월 욕구 역시 소비를 통해 표현되는 시대인 것이다.

매슬로의 욕구 이론을 수정하고 새롭게 정의한 이론이 바로 심리학자 클레이턴 앨더퍼Clayton Alderfer의 ERG 이론이다. 매슬로는 욕구가 윗단계로 상승하는 개념으로 봤다면, 클레이턴은 크게 세 가지 범주의 욕구가 있으며, 그 세 욕구가 상호 보완적으로 공존한다고 봤다. 그 세 가지는 존재 욕구existence needs, 관계 욕구relatedness needs, 그리고 성장 욕구growth needs다. 한 명의 고객이 구매하는 동기에도 세 가지 욕구가 동시에 존재할 수 있다. 이것이 매슬로 이론보다 오늘날 소비자의 심리와 구매동기를 더 잘 설명한다.

⟨ERG 이론으로 살펴본 세대별 욕구 차이⟩

	알파 세대 (2010년 이후 출생)	Z 세대 (1990년대 중반~ 2010년대 초반 출생)	밀레니얼 세대 (1980년대 초~ 1990년대 중반 출생)	X 세대 (1965년~ 1980년대 초반 출생)
존재 욕구	안전하고 편안한 환경을 추구하며, 디지털 기기에 익숙해 디지털 기기를 통한 욕구 충족에 능숙함.	안정적인 삶과 일과 삶의 균형을 중요시하며, 개인의 행복을 추구함. 다양한 경험을 통해 자기 자신을 발견하고 성장하고 싶어 함.	안정적인 직업과 경제적 자립을 중요시하며, 다양한 경험을 통해 삶의 만족도를 높이고 싶어 함.	경제적 안정과 사회적 지위를 중요시하며, 가족을 부양하고 안정적인 삶을 살고 싶어 함.
관계 욕구	다양한 문화와 배경을 지닌 사람들과의 소통을 중요시하며, 온라인 커뮤니티를 통해 관계를 형성하는 경향이 강함. 개성을 존중하고 다양성을 추구함.	온라인 커뮤니티를 통해 다양한 사람들과 소통하며, 개인의 가치관을 공유하는 사람들과의 관계를 중요하게 생각함.	팀워크를 중요시하며, 동료들과의 협력을 통해 목표를 달성하고 싶어 함. 사회적 책임감을 가지고 있으며, 사회문제 해결에 기여하고 싶어 함.	조직에 대한 충성심이 강하며, 회사를 통해 소속감을 느끼고 싶어 함.
성장 욕구	어릴 때부터 다양한 경험을 추구하며, 창의성과 자기 표현 능력을 중요하게 생각함. 사회 문제에 관심이 많고, 지속 가능한 미래를 만들기 위한 노력에 적극적으로 참여함.	지속적인 학습과 자기 계발을 통해 성장하고 싶어 하며, 사회적 기업이나 비영리단체에 대한 관심이 높음.	지속적인 학습을 통해 자기 계발을 하고, 새로운 것을 배우는 것을 즐김. 워라밸을 중요시하며, 일과 삶의 균형을 맞추고 싶어 함.	직업적 성취를 통해 자기 가치를 증명하고 싶어 하며, 리더십을 발휘하고 싶어 함.

1. 존재 욕구: 물질적인 소유보다 경험 자체를 중요시하는 경향이 강하다. 가상현실, 메타버스 등 새로운 경험에 대한 욕구가 높으며, 개인 맞춤형 서비스를 통해 자신만의 독특한 경험을 추구한다.

2. 관계 욕구: 온라인 커뮤니티를 통해 전 세계 사람들과 소통하며, 소속감을 느끼는 것을 중요하게 생각한다. 또 브랜드와의 공감대 형성을 통해 관계를 맺고, 가치관이 일치하는 브랜드를 지지한다.
3. 성장 욕구: 자기 계발에 대한 열망이 강하며, 끊임없이 새로운 것을 배우고 경험하려는 욕구가 높다. AI 기술을 활용해 스스로 성장하고 발전하는 것을 추구한다.

심리적 구매 유발 요인

소비심리학에서 이야기하는 심리적 구매 트리거trigger는 크게 두 가지로 나뉜다. 이성적 구매 유발 요인과 심리적 구매 유발 요인이다. 이는 의식적인 것도 있고 무의식적으로 일어나는 것도 있다.

이성적 구매 유발 요인에는 합리적 가격 비교, 전략적 선택, 투자 목적, 경제적 판단 등이 있다. 그리고 심리적 구매 유발 요인에는 감정적 요소, 사회학적 행동, 심리적 만족감, 집단 심리 등이 있다.

심리적 구매 유발 요인을 좀 더 자세히 살펴보면 다시 긍정적 트리거와 부정적 트리거로 나눌 수 있다. 구매를 유발하는 심리는 꼭 긍정적 감정이나 트리거와 연결되는 것만은 아니다. 약품처럼 불편감이나 건강에 대한 위험 요소를 대비하거나 해결하는 데 도움을 주는 제품이라면 '이럴 때는 어떡하지?'라는 심리를 기반으로 제품을 어필한다. 그리고 자동차보험, 상조 서비스, 암 보험 등의 서비스는 미래에 대한 걱정, 불안, 책임감 등과 같은 트리거에서 출발하는 경우도 있다.

심리적 구매 유발 요인은 소비자가 의식적 판단 없이 구매하도록 유도하는 데 효과적이다. 이때 초개인화된 경험을 제공하는 것이 중요하다. 개인의 취향, 관심사, 행동을 분석하고 이에 맞는 제품, 서비스, 콘텐츠를 제공해야 한다.

실시간 마케팅, 추천 시스템, 개인화된 메시지 등을 활용해 고객과의 관계 역시 강화해야 한다. 고객이 직접 의견을 내고 참여할 수 있도록 해서 고객이 남기는 반응을 트래킹 자료나 마케팅 관련 지표에 반영하고, 쌍방향적 대화로 만들어야 한다. 이런 과정을 통해 고객은 '이 브랜드가 나를 특별히 잘 케어해준다'는 느낌을 받게 된다.

이러한 과정을 매우 솔직하게 수행해야 한다. 스마트한 고객들은 어디까지가 팩트이고 어느 정도가 과장된 광고인지 알고 있다. 실수를 했을 경우에는 빠른 응대와 소통, 진심 어린 케어가 필요하다. 이를 위해서는 제도적 방안과 함께 담당자에게 어느 정도의 재량권을 주어야 한다.

브랜드와 친구가 되고 싶어 하는 고객

오늘날에는 제품과 서비스에 대한 소개나 반복적 세뇌형 광고보다 공감을 바탕으로 고객과 지속적이고 상호적인 관계를 구축해 나가는 시스템을 만드는 게 중요하다. 전략적으로 기획되고 설계된 시스템을 통해 소비자는 브랜드의 메시지와 가치관에 공감하고, 브랜드와 유대감을 느낀다.

브랜드의 차별화된 가치가 삶에서 체감될 때 고객 충성도가 높아진다. 고객은 자신의 삶을 도와주는 브랜드와 친구가 되고 싶어 한다. 고객 팬덤과 지지, 브랜드에 대한 믿음은 하루아침에 만들어지지 않는다. 고객 충성도는 친구를 만드는 것처럼 조심스럽게 공감의 시간을 쌓아 올려야 형성된다. 선택권이 폭넓은 세상이기에 더욱더 고객의 마음을 헤아리고 움직이는 진정한 공감 기술이 필요하다.

바쁜 고객은 일상이 피곤하다. 기업이나 브랜드에 이용당하거나 수익 창출을 위한 도구가 되고 싶어 하지 않고, 자신의 삶을 건강하고 행복하게, 편리하고 여유롭게, 안전하고 든든하게 지켜주는 파트너를 찾는다. 기업 홈페이지, 브랜드 스토리텔링, 브랜드 철학과 가치, ESG(환경, 사회, 지배 구조) 운영이 중요한 이유다.

내가 특정 브랜드 제품을 쓰는 것은 그 브랜드를 지지한다는 표현이기도 하다. 가족이나 친구처럼 브랜드와의 관계도 신뢰와 공감에서 시작된다. 주변에서 내가 따르고 싶고 신뢰하는 사람들이 이 브랜드를 지지하는지 여부도 중요하다.

이렇게 달라진 마케팅 환경에서 AI 기술과 초개인화는 고객의 마음을 읽고 정다운 친구가 되는 과정을 설계하는 도구다. AI를 단지 물건을 쉽게 팔기 위한 도구로 사용해서는 고객의 신뢰와 공감을 얻기 어렵다.

고객과 의미 있는 소통을 시도한 브랜드

브랜드 경험은 단순히 물건이나 서비스를 사고 즐기고 사용하는 데 그치지 않는다. 예를 들어 커피 브랜드라면 커피 산지에 대한 궁금증, 커피 원두에 대한 공부, 브랜드 철학, 창업자 이야기, 보이지 않는 곳에서 기울이는 노력, 브랜드의 가치를 만들기 위해 함께하는 사람들의 비하인드 스토리 등 다양한 이야기를 전하는 것이 브랜드 경험이다.

비교적 짧게 내용을 전달해야 하는 마케팅 콘텐츠에는 충분한 정보를 담기 어렵다. 그러나 인스타그램이나 브로슈어에 쓰인 글을 꼼꼼히 읽는 요즘 고객들은 짧은 내용에 그치지 않고 더 자세한 브랜드 스토리를 알고 싶어 한다. 특히 Z 세대는 지속적인 학습과 자기 계발을 통해 성장하고 싶어 하며, 사회적 기업이나 비영리단체에 대한 관심도 높다.

블루보틀이 국내 론칭을 준비하면서 가장 먼저 기획한 것은 고객에게 정갈한 한국어로 브랜드 철학, 커피에 대한 이야기, 블루보틀이 전하고 싶은 커피 문화와 미학을 전하는 것이었다. 해외에서 블루보틀을 경험한 사람이 많았지만 국내 고객들과 조금 더 의미 있

▶커피 문화와 미학을 전하는 블루보틀의 브랜드 북.

게 소통하고자 했다.

　그 일환으로 브랜드를 깊이 있게 다루는《매거진B》와 협업하기도 했다. 국내 론칭과 동시에 매거진이 발행될 수 있도록 사전에 충분한 시간을 들여 브랜드 북을 기획했고 미국 현지 취재도 했다. 브랜드 북 표지에는 연한 회색 바탕에 브랜드 이름과 BI(Brand Identity)를 흰색으로 얹어 여백의 미를 구현했다. 이는 극도로 심플한 블루보틀의 인테리어 디자인 철학과도 맞닿아 있었다.

고객의 소비에는 신념과 가치가 깃든다

　고객을 쉽게 구분해 타기팅하는 방법 중 하나는 무언가를 싫어하는 사람이나 특별히 좋아하는 사람들을 모으는 것이다. 예를 들어 이제 막 문을 연 작은 샌드위치 가게에서 민트 초코 샌드위치를 판다고 해보자. 그러면 민트 초코를 좋아하는 고객이 찾아올 것이다. 가게는 작아도 SNS에서 입소문을 타서 일부러 찾아오는 고객이 있을 수 있다. 물론 민트 초코는 호불호가 강한 것으로 알려져 있다. 하지만 무색무취 메뉴보다는 확실한 콘셉트로 손쉽게 우호적인 고객을 모을 수 있다.

개인의 취향뿐만 아니라 사회적 이슈도 호불호 대상이 될 수 있다. 특히 MZ 세대는 개인의 가치관을 다른 사람들과 공유하는 사회적 관계망을 중요하게 생각한다. 또 사회에 작은 보탬이 되는 일을 하거나 사회문제 해결에 기여하고 싶어 한다. 코즈cause 마케팅은 이러한 고객의 욕구를 반영한다. 환경, 보건, 빈곤 등 사회적 이슈를 기업의 이익 추구를 위해 활용하는 것이다. 신발 하나를 사면 다른 신발 한 켤레를 아프리카에 기부하는 탐스, 환경을 위해 옷을 사지 말아달라는 광고 캠페인을 한 의류 브랜드 파타고니아의 마케팅이 대표적이다.

에그슬럿도 코즈 마케팅을 진행했다. 한국에 오픈하면서 몇 달 동안 고객들이 줄을 서는 풍경이 이어졌는데, 줄 서는 시간을 의미 있는 시간으로 바꾸기 위해 '소셜라인업social line-up'이라는 캠페인을 기획했다. 고객의 대기 시간을 금액으로 자동 환산해 아침 식사를 거르는 아이들에게 간접 기부하게 한 것으로, 대기 시간을 나를 위한 기다림일 뿐 아니라 다른 사람을 위한 특별하고 의미 있는 경

▶에그슬럿은 고객의 대기 시간을 지루한 시간이 아닌 특별한 시간으로 바꿨다.

험으로 만들었다.

또 하나의 예로 '돈쭐낸다'는 신조어를 들 수 있다. '돈으로 혼쭐낸다'의 줄임말로 '소비로 칭찬한다'는 뜻이다. 치킨이 너무 먹고 싶어 밖에서 쳐다만 보고 있던 아이에게 치킨을 무료로 준 어느 치킨집 이야기가 소개되면서 배달 가능 지역이 아님에도 전국에서 치킨 주문이 몰렸다. 고객들은 소비를 통해 자신의 가치를 표현하고, 그러한 가치를 지키기 위해 노력하는 기업이나 단체를 지원한다.

이처럼 소비 행위 등을 통해 개인의 신념이나 가치관을 표출하는 것을 '미닝 아웃meaning out'이라고 한다. 미닝 아웃은 소비를 통한 긍정적 자기표현이기도 하다.

같은 맥락에서 불매운동과 보이콧은 아무리 제품이 좋아도 비윤리적인 기업 활동이 발견되면, 사지 않는 행위로 사회적 압력을 행사하는 방식이다. 나만 사지 않는 것이 아니라 다른 소비자도 불매에 동참하도록 소셜 미디어에 알리고 전파해 적극적으로 불매운동을 벌이기도 한다. 고객의 소비가 단지 구매가 아니라 또 하나의 신념과 가치를 표현하기 때문이다.

초경험, 고객의 감정을 움직이는 경험을 제공하라

CHAPTER 12

고객에게 선사하는 가장 특별한 경험

초경험hyper-experience은 초공감을 바탕으로 고객에게 잊지 못할 특별한 경험을 제공하는 단계다. 이는 고객과 브랜드의 관계를 친밀하게 만들고, 재방문이나 구매 고려 가능성을 높여주며, 브랜드에 대한 충성도를 높이는 역할을 한다.

이를 위해서는 고객의 감정과 니즈를 이해하고 이를 바탕으로 개인화된 브랜드 경험을 제공해야 한다. 다양한 산업 분야와 브랜드에서 풍성하고 복합적인 경험과 개인화된 경험을 만들기 위해 AI뿐 아니라 가상현실 기술, 증강 현실 기술을 활용해 제품을 직접 체험해볼 수 있도록 하거나 1:1 개별 브랜드 경험을 제공할 수 있다.

> **로망을 현실로, 1:1 브랜드 체험**

현대자동차는 2023년 신형 싼타페 출시와 함께 생성형 AI를 사용한 글로벌 마케팅 캠페인 '오픈 포 이매지네이션Open for Imagination'을 전개했다.10 먼저 생성형 AI를 활용해 자동차 광고 영상을 만들었다. 광고 콘셉트를 구성하고 만들고 싶은 영상을 표현할 수 있도록 텍스트 기반 명령어에 해당하는 프롬프트를 넣어 텍스트 몇 줄로 광고 영상을 제작했다.

판타지 영화의 한 장면처럼 하늘 위 분홍색 마시멜로 사이에 떠 있는 견고하고 박시한 신형 싼타페 이미지가 돋보인다. 뉴 싼타페의 '오픈 포 모어open for more' 콘셉트에 맞춰 큼직하고 대담한 디자인, 아웃도어 여행과 모험을 꿈꾸게 하는 SUV 외관, 넓은 실내 공간을 하늘을 나는 싼타페라는 몽환적 이미지로 표현했다.

이렇듯 현대자동차는 다양한 생성형 AI 기술을 활용해 뉴 싼타페 출시를 알리는 광고를 제작했을 뿐 아니라 고객의 참여를 높이고 다채로운 브랜드 경험을 만들어냈다. 현대자동차의 공식 인스타그램 계정에 '헤이 산타페Hey Santa FE'라고 써서 다이렉트 메시지Direct Message, DM로 계정에 말을 걸면 1:1 브랜드 체험이 시작된다. 고객이 사막, 정글, 폭포, 해변, 숲 등 공간의 키워드를 고르면 생성형 AI

▶생성형 AI를 활용해 구현 불가능한 상상을 이미지화한 뉴 싼타페 광고.

▶고객은 원하는 장면을 마음껏 이미지로 만들 수 있다.

AI 시대를 사로잡는 여섯 가지 마케팅 전략 : 157

로 이미지를 만들 수 있다. 모험을 떠나고 싶은 배경에 나만의 자동차가 주차된 맞춤형 이미지가 완성된다. 누구나 각자 꿈꾸는 모험 가득한 여행지를 시각화할 수 있도록 연출한 것이다.

일주일 만에 전 세계적으로 20만 명이 방문해 자기만의 자동차 이미지를 만들었다고 한다. 현대자동차는 매주 다양한 생성형 이미지를 캠페인 마이크로 사이트에 게시하며 다른 고객들과 공유했다. 고객들의 상상력과 희망하는 모험 장소로 생성된 이미지와 함께 새로워진 싼타페의 디자인과 SUV의 기능성을 돋보이게 했다.

사기 전에 경험해보는 쇼핑 어시스턴트 플랫폼

가구를 보러 가기 전에 집에서 기존 가구나 짐을 걷어내고 새로운 가구를 어디에 배치할지 미리 시뮬레이션해보고 싶지 않은가? 글로벌 홈퍼니싱 기업 이케아IKEA는 이런 사람들의 니즈에 착안했다. 이용자는 AI 툴 '이케아 크리에이티브IKEA Kreativ'를 통해 공간을 스마트폰이나 컴퓨터 카메라로 비추면 장면 스캐너로 실제 공간을 빠르게 스캔한다.

그런 다음 3D 공간으로 만들어 원하는 제품을 놓아볼 수 있도록 했다. 3D 쇼룸 갤러리에서 이케아의 다양한 제품 카탈로그를 둘러보고 선택한 후 가구를 가상으로 놓아볼 수 있다. 기존 가구나 인테리어와 잘 어울리는지도 확인할 수 있다. 여기에는 가상현실, 공

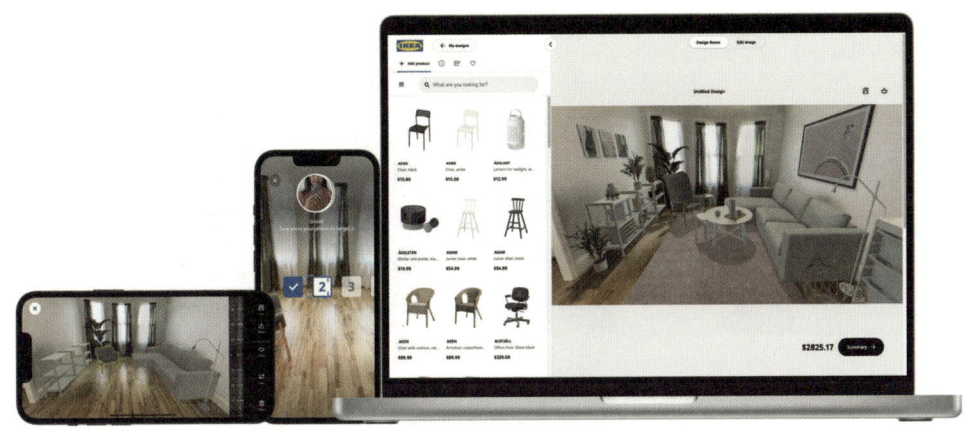

▶이케아 크리에이티브에서는 빈방 이미지를 제공하며, 실제 사용자의 방을 스캔해 가구를 놓아볼 수 있도록 했다.

간 컴퓨팅, 3D 혼합 현실 기술이 결합되어 있다.[11]

고객 입장에서는 직접 줄자로 치수를 재지 않고도 원근감과 치수 정보를 바탕으로 실제 공간에 제품이 놓였을 때 얼마나 많은 공간을 차지하고 어떤 느낌으로 연출되는지 확인할 수 있으니 너무나 편리하다. 1센티미터만 어긋나도 놓을 수 없는 가구의 특성상 이런 시뮬레이션은 고객의 시간과 에너지를 아껴줄 수 있다.

중국 전자상거래 회사 알리바바Alibaba는 AI를 통한 개인 맞춤 가장 시착 서비스인 아웃핏애니원 AIOutfit AnyOne AI를 만들었다.[12] 앱에서 마음에 드는 옷을 고르고 내 사진을 올리면 마치 직접 입어본 것처럼 가상 시착을 할 수 있다. 내 사진을 올리지 않더라도 앱에서 다양한 체형과 헤어스타일의 모델을 고를 수 있기 때문에 나와 비슷한 모델을 선택해 그 옷을 입었을 때 어떤 느낌인지 확인할 수 있다.

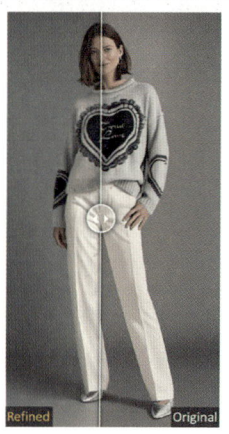

▶다양한 체형에 옷을 입혀볼 수 있는 아웃핏애니원 AI.

다양한 변주로 생활에 밀착된 브랜드 경험

의류는 2D 사진만으로 판단하기 어렵다. 원단 재질, 몸의 곡선에 따른 핏감, 의상을 조합해 입었을 때의 느낌, 어떤 신발이나 헤어스타일과 어울리는지 등 복합적인 사항을 고려해야 한다. 매번 매장에 가서 입어보거나 제품을 온라인으로 주문해 입어보고 반품하는 과정 또한 번거롭다.

　구글은 2023년 가상 시착 서비스를 출시했다. 모델은 한 가지 사이즈가 아니라 다양한 체형을 고를 수 있게 했다. 그리고 보정 기능이 있어 모델이나 자기 사진에 옷을 입힌 상태에서 한 번 더 옷이 몸에 밀착되도록 보정해준다. 진짜 옷을 입었을 때처럼 몸의 굴곡을 반영해 옷이 입체적으로 입혀지는 것이다. 또 최대한 사실적인 옷의 느낌을 시뮬레이션해볼 수 있도록 배경 색상, 조명, 밝기 등을 조정 가능하게 해 원단 질감, 절개선, 색상과 디자인 패턴 등을 더 잘 볼 수 있다.

　AI를 통한 개인화된 경험은 바로 이렇게 많은 변주가 가능해야 한다. 그리고 나와 밀착된 브랜드 경험을 할 수 있어야 한다. 날씬한 모델이 입은 사진을 보고 주문해서 입어봤더니 전혀 다른 느낌이 나서 실망한 경험이 있을 것이다. 이런 쇼핑 경험은 고객과 브랜드 사이를 멀어지게 만든다. 나에게 꼭 맞는 쇼핑 경험은 긍정적인 고객 참여와 구매동기를 이끌어 '찐' 고객을 모을 수 있는 훌륭한 솔루션이 될 것이다.

　고객 참여를 높이려면 고객 자신과 관련성이 있는 콘텐츠를 보여줘야 한다. 그리고 그 콘텐츠가 대량생산, 배포된 것이 아니라 나와 유기적으로 연결되어 있다고 느껴지게 해야 한다. 예를 들어 아이폰만 사용해 모든 디바이스가 아이폰과 연결된 고객에게 삼성 갤럭시 광고를 띄운들 구매로 연결되기는 어렵다.

좋아하는 것을 더 좋아하도록, 패션 스타일 추천 서비스

패션 업계에서 사용자가 업로드한 사진을 분석해 개인의 스타일을 파악하고 맞춤형 패션 아이템을 추천하는 서비스가 점차 확산되고 있다. 이러한 서비스는 AI 기술을 활용해 사용자의 패션 취향을 정확하게 파악하고, 개인 맞춤형 쇼핑 경험을 제공한다.

대표적인 사례로 미국의 패션 스타일 구독 서비스 스티치 픽스Stitch Fix는 패션 스타일링 서비스와 AI 알고리즘을 결합해 옷 추천 서비스를 제공한다. 고객은 자신의 스타일, 사이즈, 예산 등을 입력하고, AI 스타일리스트는 이 정보와 AI 분석 결과를 바탕으로 옷을 골라서 보내준다. 고객은 추천 옷을 다 입어본 뒤 마음에 드는 것만 구매하고 나머지는 반품할 수 있다.

온라인으로 옷을 구매하기 위해 하루 종일 폭풍 검색하고 사이즈, 스타일, 핏감을 꼼꼼하게 살펴보며 구매했지만, 막상 물건을 받아보면 어울리지 않거나 사이즈나 핏감이 완전히 다른 경우가 있다. 그런데 이런 추천 서비스를 이용하면 나에게 맞는 옷을 구매하는 데 쓰는 시간을 아낄 수 있다. 집에서도 마치 개인 스타일리스트가 있는 것처럼 다양한 스타일을 입어보고 구매할 수 있다.

국내 패션 플랫폼에서도 AI 기반의 스타일 추천 시스템을 도입해 개인 맞춤형 쇼핑 경험을 제공한다. 에이블리는 사용자가 좋아하는 스타일의 옷을 저장해두면, 새로운 상품이 출시될 때마다 해당 스타일과 유사한 상품을 알림으로 받아볼 수 있게 했다. 무신사 역시

AI를 활용해 개인화된 상품 추천 서비스를 제공한다. 사용자의 구매 이력, 검색어, 관심 상품 등을 분석해 취향을 파악하고, 맞춤형 상품을 추천해준다.

알고리즘과 챌린지 마케팅

비건 챌린지, 키토제닉 식단 챌린지나 특정 춤을 따라 하는 틱톡 댄스 챌린지, 좋아하는 아이돌의 안무를 따라 하는 커버댄스 챌린지, 노래를 따라 하는 커버송 챌린지, 먹방 ASMR 챌린지, 삐끼삐끼 춤이나 한강 고양이 챌린지처럼 재미있는 표정과 단순한 동작으로 이루어진 특정 밈meme을 따라 하는 챌린지, 아이스 버킷같이 사회적 의식을 일깨우는 챌린지 등 수많은 챌린지가 있다.

각종 SNS에서 유행하는 챌린지는 국경 구분 없이 알고리즘을 타고 확산된다. 소위 '알고리즘의 선택'을 받은 사람들, 즉 해당 콘텐츠를 가장 좋아할 타깃에게 실시간으로 반복 노출된다. 이를 통해 새로운 '밈'과 '트렌드'를 유도하고 그 안에서 새로운 마케팅을 풀어나갈 수 있다. AI가 사람들 간의 연대와 지지를 더욱 강화하는 연결 고리 역할을 한다고 볼 수 있다.

AI 기술은 SNS 챌린지 마케팅과 결합해 더 개인화된 챌린지를 만들고, 가장 많은 관심을 가질 만한 고객에게 알고리즘을 노출하며, 실시간 챌린지 트렌드를 분석해 참여율이 높은 콘텐츠를 제안할 수도 있다.

1. 개인화된 챌린지 생성: AI는 개인의 관심사, 행동 패턴, 과거 참여 데이터를 분석해 맞춤형 챌린지를 제안한다. 이는 참여율을 높이고 고객의 만족도를 향상시킨다.
2. 실시간 트렌드 분석: AI는 실시간으로 SNS 트렌드를 분석해 챌린지 주제를 선정하고, 참여율이 높은 콘텐츠를 예측한다.
3. 효과적인 측정: AI는 챌린지 참여 데이터를 분석해 성과를 측정하고, 다음 캠페인에 반영할 개선점을 도출한다.

성공적인 챌린지 마케팅의 사례로 나이키의 '#저스트두잇#JustDoIt' 챌린지가 있다. 나이키는 AI 기반 센서를 활용해 운동 데이터를 수집하고, 이를 바탕으로 개인 맞춤형 운동 계획을 제공한다. 또 SNS를 통해 운동하는 모습을 공유하고 서로를 응원하는 챌린지를 진행하며, 운동을 즐기는 사람들 간의 공동체 의식을 높여주는 효과도 있었다.

고객의 기대감을 조성하고 그것에 도달하는 법

코로나19 팬데믹 기간 오프라인 매장을 방문하는 대신 온라인으로 고도화된 서비스를 이용한 고객들의 기대치는 팬데믹이 끝난

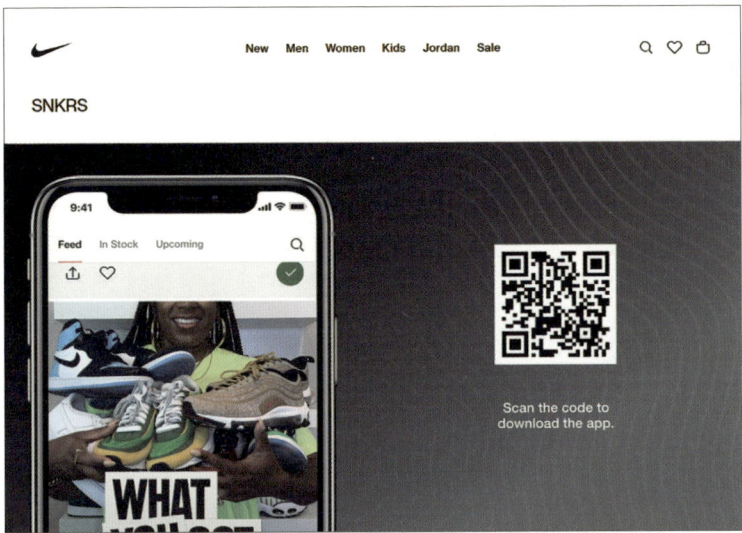

▶나이키의 SNKRS 앱은 한정판 제품을 더욱 편리하게 구매하고 즐길 수 있도록 돕는다.

이후에도 내려갈 줄 모른다. 오히려 브랜드에 기대하는 수준이 더욱 높아지고 있다. 브랜드 경험, 개인화된 콘텐츠, 1:1 맞춤 서비스, 실시간 소통과 고객 의견 반영에 대한 기대가 커져 기업 입장에서는 따라가기 벅차다고 느낄 정도다.

이제 고객이 스스로 인지하는 기대까지 뛰어넘어야 한다. AI를 활용해 고객의 잠재적 니즈를 파악해 고객이 기대하는 것 이상으로 브랜드 경험을 제공해야 한다. 고객이 원하는 상품을 예측해 추천하고, 빠르고 정확하게 배송하고, 고객의 의견을 24시간 듣고 함께 반응해주는 것이다.

또 제품이나 서비스를 출시하기 전에 고객이 높은 기대감을 갖도록 유도하는 마케팅 전략이 필요하다. AI 기술은 이러한 기대감을 조성하고 증폭하는 데 매우 효과적인 도구다. 개인화된 경험, 상호작용 콘텐츠, 데이터 기반 예측 등을 통해 소비자의 기대감을 극대화하고, 브랜드 충성도를 높여 성공적인 마케팅을 이끌어낼 수 있다.

나이키는 스니커즈 출시 전 소셜 미디어 채널을 통해 제품 디자인을 먼저 공개하고 랜덤 추첨 방식으로 판매해 희소성을 부여한다. 사고 싶어도 쉽게 살 수 없기 때문에 스니커즈를 구매할 계획이 없던 고객도 호기심을 가지고 한정판 스니커즈 구매를 위해 노력하게 된다.

또 '스니커즈SNKRS' 앱으로 AI를 활용해 소비자와의 소통을 강화하고, 맞춤형 마케팅으로 브랜드 충성도를 높이는 등 다양한 시도를 하고 있다. 개인의 구매 이력, 선호하는 스타일, 최근 트렌드 등을 분석해 맞춤형 제품을 추천할 뿐 아니라, 해당 고객이 좋아할 만한 한정판 스니커즈 구매 기회를 미리 제공한다. 희소성을 강조해 수집 욕구를 자극하는 것이다. 그래서 제품이 출시되었을 때 빠르게 판매되도록 유도한다.

운동을 좋아하는 사람에게는 운동화 광고를, 패션에 관심이 많은 사람에게는 스타일리시한 스니커즈 광고를 보여주는 식으로 개인에게 최적화된 광고를 제작한다.

초맥락, 고객의 상황까지 읽는 섬세한 제안

CHAPTER 13

맥락으로 읽는 고객의 취향

AI는 고객의 상황을 파악하고, 가장 적절한 시기에 맞춤형 메시지를 전달해 효과를 극대화하게 도와줄 수 있다. 이처럼 다양한 맥락과 고객의 감정까지 읽어 섬세한 제안을 하는 단계가 바로 '초맥락hyper-context'이다.

고객이 항상 같은 니즈를 가지고, 같은 감정을 느끼고, 같은 상황에 있는 것이 아니다. 시간, 장소, 처한 상황이나 기분 등 다양한 상황에 따라 다른 니즈를 느끼게 된다. 같은 고객이라도 하루 중 어느 시간대에, 어디에 있는가에 따라서도 감정과 니즈는 달라진다.

앞에서도 언급했듯 넷플릭스는 콘텐츠의 내용이나 장르, 스토리, 스타일, 등장인물, 콘텐츠를 보는 동안 느끼는 감정과 정서를 기반으로 1:1 맞춤형 콘텐츠를 추천해주는 초개인화 마케팅을 선두적으로 펼쳐왔다. 초기에는 사람이 모든 영상을 직접 보고 감정, 장르적 특징, 취향을 분류할 수 있는 태그를 일일이 달았다. 이제는 AI 기술을 통해 보다 정확하고 빠르게 전 세계 콘텐츠를 분류하고 1:1 맞춤 제안을 해준다. 이를 통해 이탈률을 막고 고객 만족도를 높였다.

제작 비용이 많이 들어가는 '넷플릭스 오리지널' 콘텐츠 제작에도 AI를 활용해 선호도 높은 콘텐츠에 대한 투자를 이어가고 있다. 이는 고객 만족도뿐 아니라 제작 효율성을 높여준다.

KT는 광고계열사인 나스미디어와 협업해 AI 문맥 맞춤 광고 서비스를 개발했다.[13] AI 문맥 맞춤 광고는 방문 기록이 아닌 콘텐츠의 키워드와 문맥으로 고객의 관심사를 파악하는 서비스다. 고객이 보는 콘텐츠에 담긴 단어, 내용, 맥락을 이해하고 고객이 관심을 가질 만한 콘텐츠를 AI가 찾아서 추천해주는 것이다. 고객을 비슷한 주제, 정서, 내용을 좋아하는 고객 단위로 새롭게 타기팅할 수 있고, 유사성이 높은 새로운 제품과 서비스를 큐레이션해 추천해줄 수 있다.

또 KT 통신사는 와이더플래닛과 협업해 타겟팅게이츠Targeting Gates에서 KT 데이터를 활용한 초개인화 타기팅 서비스도 출시했다.[14] KT통신사를 이용하는 고객 중에서 개인 정보 활용에 동의한 고객 1,200만 명의 데이터를 활용한 것이다.

휴대폰으로 IPTV를 보고, 전화를 쓰고, 광고를 보고 클릭하거나 상품을 구매하며 발생하는 데이터를 머신러닝이 분석하고 AI 모델링을 한다. 그리고 가설과 모듈별로 다변화된 테스트 광고를 진행하면서 고객의 반응 정보를 얻어 고객의 라이프스타일과 니즈를 이해한다. 이를 통해 17개 카테고리와 166개의 업종 카테고리별 고객을 세분화해 타기팅할 수 있다.

마음을 흔드는 기분 좋은 제안

광고 메시지는 부드럽고 자연스러워야 한다. "'아' 다르고 '어' 다르다"라는 말이 있듯 고객과 소통하는 언어는 늘 긍정적이어야 한다. 예를 들어 쇼핑몰 앱에서 '50대 플러스 사이즈를 위한 맞춤 제안'이라는 광고가 뜨면 자신이 플러스 사이즈라도 선뜻 구미가 당기지 않는다. 나를 플러스 사이즈 고객으로 분류한 것이 오히려 기분 나쁠 수도 있다. 같은 표현이지만 '활동성 좋고 여유 있는 옷을 찾는 당신을 위한 추천'이라고 하면 어떨까? 간혹 타기팅 광고라고 해서 '몇 년생 이후 주목', '30대는 주목!'이라는 식의 광고 메시지가 뜬다. 하지만 사람들은 이처럼 성의 없는 자동화 메시지를 좋아하지 않는다.

인공지능은 고객과 관련된 콘텐츠나 광고를 자동으로 수정하고 고객이 좋아할 다양한 버전의 콘텐츠로 변경한다. 레이아웃도 개별 고객의 선호도에 따라 자동으로 바꿔주며, 머신러닝을 통해 처리된 데이터에서 특정한 사실을 찾아내 고객의 선호도를 설명하거나, 선호도에 영향을 주는 요소를 찾아낸다. AI의 개인화 엔진은 많은 데이터를 고객 한 사람 한 사람의 관심사나 선호도에 맞게 수정하고, 고객을 매칭하고 실행할 수 있게 해준다.

독거노인 AI 서비스

통계청에 따르면 2024년 기준 한국에 혼자 사는 65세 이상 노인은 220만 명으로 추정된다고 한다. 이에 반해 사회복지사는 2023년 기준 약 5만 6,000명으로 추정된다. 턱없이 부족한 인력으로 혼자 사는 노인들에게 일일이 전화를 걸어 안부를 묻고 챙기는 것은거의 불가능하다.

경기도에서는 노인 1,000명을 대상으로 AI를 통해 안부를 확인하고 관리해주는 '노인 말벗 서비스'를 개시했다. KT는 AI 기술을 기반으로 한 'AI 케어' 서비스를 출시했고, SKT에서도 AI 기반 음성 비서 '누구NUGU'를 통해 독거노인에게 안부 전화를 정기적으로 걸어 혼자 사는 노인들의 건강과 안부를 체크하는 '돌봄 케어콜' 서비스를 시작했다. 음성인식 AI가 말동무가 되어주는 공감 서비스 캠페인이었다.[15] 자연스러운 언어를 구사하는 AI로 노인 전용 상담 서비스를 운영해 다양한 건강 문제, 우울증 같은 정서적 케어를 하고 생

▶노인의 신체적 안전과 정서적 안정을 위한 누구 비즈콜.

활에 어려움을 겪는 노인들이 도움을 받을 수 있게 연계했다. 날씨나 교통 상황, 의료 및 생활 관련 도움이 될 만한 정보도 들려주고, 생활 상담을 받을 수 있도록 기관에 연결해주기도 한다. 그리고 위급 상황이 발생했을 때는 자동으로 전화를 걸어 도움을 받을 수 있도록 자동 긴급 콜 서비스를 지원한다.

앞으로 지역별 사투리를 사용하거나 대상에 맞게 학습된 AI 음성비서도 등장해, 오래 알고 지낸 사람처럼 심리적 안정감을 줄 수도 있다. 변화는 사람에게 필요한 서비스가 무엇인지 고민하는 것에서 시작된다.

여러 기업에서 진행하는 이러한 서비스는 우리가 만들고자 하는 '인간 중심 기술'을 CSR(기업의 사회적 책임) 마케팅 캠페인으로 잘 풀어낸 사례. 또 이는 AI 마케팅의 방향성을 보여준다.

뉘앙스를 읽는 토큰화

광범위한 딥러닝을 통해 훈련된 대규모 언어 모델은 정보에 대한 학습뿐만 아니라 문법, 표현 방식, 단어 선택, 뉘앙스 같은 언어적 특징을 학습하고 따라 할 수 있다. 이에 따라 질문에 대한 응답, 텍스트 요약, 톤 앤드 매너에 따른 텍스트 작성, 목적에 맞는 콘텐츠를 생성하는 것이 가능하고 사람과 대화하는 것처럼 쌍방향 소통을 할 수 있다. 더욱 놀라운 것은 인간의 신경망 구조와 방식을 모방함으로써, 새로운 학습과 작업 수행이 가능하다는 점이다.

이렇듯 사람처럼 이해하고 생각하도록 훈련하는 AI를 구현하기 위해 중요한 것이 자연어 처리다. 자연어 처리 과정에서 가장 중요한 것이 토큰화tokenization다. 토큰화는 주어진 텍스트를 의미 있는 단위로 잘개 쪼갠 토큰으로 분해하는 과정이다. 토큰화 방식은 언어마다 다르다. 한국어와 영어의 토큰에는 크게 다른 몇 가지 특징이 있다.

영어는 단어가 하나의 토큰화인 단어 기반 토큰화를 사용한다. 띄어쓰기로 단어가 분리되어 토큰화된다. 한국어에 비해 형태소 변화가 적기 때문에 단어를 기반으로 토큰이 나뉜다. 그리고 토큰 개수가 비교적 적은 편이다.

이와 달리 한국어는 문자 단위로 형태소를 나누고, 형태소마다 품사를 부여해 토큰화 작업을 한다. 예를 들어 '나는 사과를 먹었다'라는 문장은 '나, 는, 사과, 를, 먹-, -었-, -다'와 같이 나눈다. '는'

이나 '를'도 조사로 하나의 품사를 가지고, '먹-'이라는 동사 어간과 '-었-', '-다'라는 어미도 각각 다른 품사를 가지기 때문이다.

또 한국어에서는 영어 blue라는 단어 하나에도 해당하는 단어가 매우 다양하다. 푸르다, 파랗다, 퍼렇다, 새파랗다, 시퍼렇다 등 미묘한 뉘앙스 차이가 있고 정확하게 동일한 단어는 존재하지 않는다. 그래서 최근에는 토큰화보다 더 잘게 단위를 나누고 음소, 음절 단위로 나누는 초미세 토큰화 방식을 적용한다. 네이버 등 국내 IT 기업에서 개발하는 자연어 처리 데이터 세트인 코퍼스corpus로 학습된 한국어 토큰 개수는 정확하지는 않지만 최소 1만 개 이상이라고 한다.

한국 시장에서 한국어 특성에 특화된 자연어 처리 기술은 마케팅 분야에도 변화를 가져올 것으로 기대된다. 특히 한국어 기반 초거대 AI가 개발되면 한국어만이 전달할 수 있는 미세한 정보와 감정의 차이까지 읽어낼 수 있을 것이다.

실시간 챗봇 상담

맥락을 읽고 한국어의 뉘앙스까지 파악하는 인공지능은 고객을 가장 잘 이해하고 기억하며 도와주는 쇼핑 도우미가 될 수 있다. 고객의 쇼핑 패턴과 니즈, 취향을 이해하고 단지 가격뿐만 아니라 고객이 중요하게 생각하는 가치를 이해하고 제안한다. AI 기반 챗봇은 소비자의 다양한 질문에 즉각적으로 답변해 모든 궁금증을 바로 해결해 구매 과정을 수월하게 해주고 결정적 구매로 이어지게 한다.

월마트Walmart는 AI 서비스를 통해 쇼핑에 필요한 검색과 구매에 소요되는 시간을 줄이고 고객 편의를 높였다. 오픈AI의 오픈소스를 함께 커스터마이징한 월마트의 생성형 AI 검색 서비스를 통해 고객이 쉽게 질문하고 필요한 정보를 빠르게 얻을 수 있다. 필요한 상품 이름을 떠올리고, 관련된 제품 리스트를 찾고, 제품별 정보검색과 가격 비교를 하고, 구매 고객 만족도 및 리뷰 비교 등에 소요되는 시간과 노력을 획기적으로 줄여준다.

예를 들어 "가족과 함께 딸아이의 열 번째 생일을 축하하는 홈파티에 필요한 제품을 추천해줘"라고 입력하면 파티에 필요한 용품, 식재료, 선물 후보 등의 목록을 빠르게 화면에 띄워준다.

또 월마트는 언제나 1:1 상담이 가능한 챗봇으로 고객의 반응과 만족도를 체크한다. 실시간 소비자 반응을 살피면서 자동으로 마케팅을 수정하고 반영할 수 있다.

이런 과정을 통해 구매만 촉진하는 것이 아니라 고객의 브랜드 경험을 풍부하게 만들어준다. 쇼핑이 하나의 콘텐츠가 되는 것이다.

진화하는 챗봇

그렇다면 브랜드마다 고유한 언어와 용어를 사용하는 챗봇을 쉽게 만들 수는 없을까? 가능하다. 챗봇이 브랜드 톤 앤드 매너와 언어, 브랜드만의 고유한 용어(워딩)를 구사할 수 있도록 '미세 조정' 과정을 거치면 된다.

브랜드 언어가 반영된 답변을 입력하여, 브랜드와 관련된 고유 단어나 언어를 익히게 한다. 그리고 브랜드와 관련 웹사이트를 학습시킨다거나 시나리오별 질문, 답변을 훈련해 미세 조정한다. 브랜드 특유의 언어를 고객과 상호작용하면서 자연스럽게 구사하면 브랜드의 정체성과 브랜드 경험을 일관되게 유지할 수 있다.

또 다른 예로 미국의 멕시코 요리 전문점 '타코벨'의 챗봇은 특유의 젊고 캐주얼한 언어와 위트가 담긴 대화 방식을 구현한다. 스웨덴의 패션 브랜드 'H&M'의 챗봇은 최신 트렌드, 패션 스타일 용어, 세련되고 현대적인 브랜드 언어를 반영해 패션 정보와 큐레이션 서비스를 제공한다.

외국어 학습 애플리케이션 듀오링고Duolingo는 전 세계 3억 명의 사용자가 94개 언어로 이용하는 언어 학습 지원 챗봇 서비스다. 성인 이용자뿐만 아니라 처음 이용하는 아이들도 금세 친근하게 느끼고 언어를 즐겁게 학습할 수 있도록 장난기 있는 말투로 미세 조정했다.

재미있는 점은 아이들이 좋아할 여러 직업의 챗봇 캐릭터를 만들었다는 것이다. 체육 교사 에디, 고양이를 키우는 할머니 루시, 분홍색 히잡을 쓴 소녀 자리 등 여러 캐릭터의 챗봇이 있어 아이들이 선호도에 따라 챗봇 캐릭터를 선택할 수 있다. 이렇게 해서 아이들

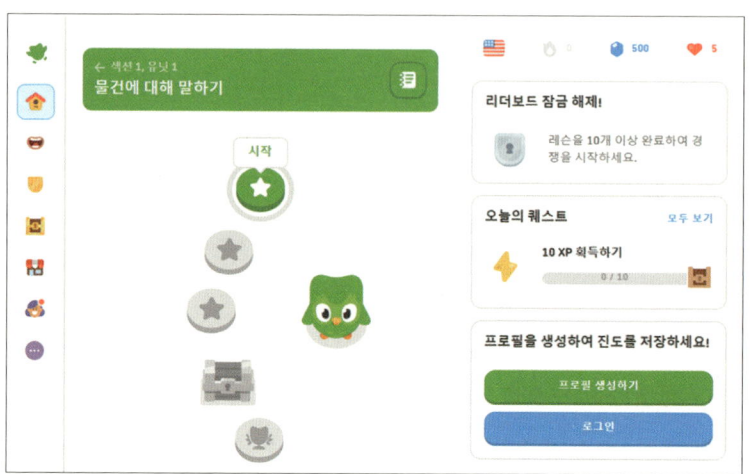
▶듀오링고에서는 국적과 직업이 다양한 챗봇 캐릭터와 함께 학습할 수 있다.

의 마음의 벽을 낮추고, 신나고 친근한 말투로 다양한 캐릭터와 즐겁게 학습할 수 있도록 했다.

  구글은 누구나 대규모 언어 모델의 언어 학습에 참여할 수 있도록 허용한 오픈소스 '젬마Gemma'를 배포했다. 젬마는 '제미나이 Gemini'를 오픈소스로 이용할 수 있도록 가볍게 만든 경량 언어 모델 sLLM이라고 할 수 있다. 대규모 데이터와 딥러닝을 활용해 구글의 대규모 언어 개발에 좀 더 광범위한 대화 시나리오와 적용 사례를 학습시켰다. 이 오픈소스는 AI의 대중화와 발전에 더욱 기여할 것으로 보인다.

초소통, 고객의 마음을 어루만지다

CHAPTER 14

그냥 소통으로는 부족하다

　DB손해보험은 자동차 사고 접수 이후 보상 절차와 치료 방법을 AI 아나운서가 안내해주는 서비스를 제공한다. 보험 제도와 유의사항 등은 변경될 수 있어 빠른 업데이트와 안내가 필요하다. 또한 안내가 필요한 고객에게만 자동으로 발송되도록 해야 한다.

　AI 아나운서는 다양한 고객의 상황에 따라 필요한 내용만으로 구성해 영상을 보낸다. 이를 통해 고객에게 즉각적으로 응대할 수 있다.

　AI 챗봇은 고객의 질문에 실시간으로 답변하고, 필요한 정보를

▶AI 아나운서가 보험 서비스를 소개하고 있다.

제공하며, 고객의 감정까지 이해할 수 있다. 이를 통해 고객과의 관계를 더욱 강화하고, 충성도를 높일 수 있다. 이처럼 고객과 더욱 효과적으로 소통하는 것을 '초소통hyper-communication'이라고 한다. 언제 어디서든 고객과 브랜드가 1:1로 즉각 소통하고 실시간으로 그 결과가 반영되는 것을 의미한다.

"헤이 카카오!"라고 말하면 카카오의 AI 음성인식 서비스가 응답한다. 카카오엔터프라이즈는 AI 플랫폼인 '카카오 i'를 현대·기아차에 지원했다. 주행 중에도 운전자가 오직 말로 내비게이션을 조작하거나, 궁금한 점을 물어보거나, 전화나 카카오톡을 할 수 있다. 자연어 처리 기술을 활용해 기존 음성인식 서비스보다 훨씬 더 직관적이고 자연스러운 대화가 가능하다.

카카오는 헬멧에 카카오 i의 음성 서비스 인터페이스를 적용한 스마트 헬멧도 만들었다. 라이딩을 하면서 버튼을 누를 필요 없이 "카카오톡 메시지 읽어줘", "음악 틀어줘" 하는 식으로 지시할 수 있다. 카카오톡과 연동된 챗봇도 쉽게 만들 수 있다. 챗봇과 대화 흐름을 쉽게 설계하고 수정할 수 있다.

그리고 기업 고객을 대상으로 챗봇, 콜봇, 상담사 보조봇을 통합 지원하는 '365일 24시간 AI 고객 센터'인 '카카오 i 커넥트 센터'를 오픈했다. 기존에 명절 선물 배송, 금융 상품 판매, 서비스 예약 등 고객에게 제공해온 'AI 전화 음성 봇'은 전화 성공률을 95퍼센트까지 높이기도 했다.16

카카오 i는 이러한 콜봇의 기능을 강화하고 챗봇 등의 기능을 추가했다. 대화하는 고객의 성별이나 방금 전 통화했던 고객의 정보를 기억해 자연스럽게 대화를 이어나갈 수 있다.

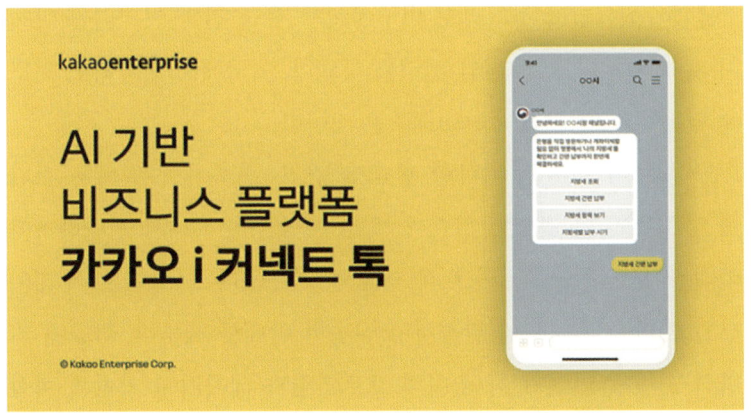

▶AI가 24시간 상담을 지원하는 카카오 i 커넥트 톡.

24시간 지치지 않고 감정 노동을 하는 챗봇

　고도화된 AI 챗봇을 통해 맞춤형 고객 상담이 이루어지고 있다. 상담 전화의 경우 전화를 걸고 상담원에게 연결되는 시간이 꽤 길고 지루하다. 언제 연결될지 모르니 계속 전화기를 잡고 있어야 한다. 겨우 상담원이 연결되면 문의 사항을 설명하고 적절한 안내를 받는다. 전화를 끊었는데 추가 질문이 생기면 다시 전화를 걸어 하염없이 기다려야 한다. 다시 연결되어도 아까와 다른 상담원이기 때문에 문의 사항을 다시 설명해야 한다. 짬을 내 전화를 하면, 마침 고객 상담 센터가 점심시간이거나 퇴근한 후다.

　상담원의 고충은 또 어떤가? 하루 종일 전화기를 통해 설명하고 안내하는 반복 업무를 해야 한다. 팬데믹 기간에는 마스크까지 착용하고 통화 업무를 하느라 고객과 소통하기가 한층 더 어려웠다.

　불과 10년 전만 하더라도 미국에서는 상담 전화 인건비를 아끼기 위해 인도에 고객 상담 센터를 두었다. 미국에서 전화하면 인도에 있는 상담 센터에서 안내해주는 것이다.

　그러나 AI 챗봇은 기다릴 필요도 없고, 전화가 연결되는 시간에 맞춰 전화할 필요도 없으며, 문의 사항을 반복해서 설명하거나 안내를 들으며 급하게 노트에 적을 필요도 없다. 24시간 고객 데이터를 기반으로 챗봇이 깔끔하고 신속한 안내를 해준다. 확률에 기반한 일반적 안내가 아닌 나의 프로파일과 데이터에 기반해 적절한 답변을 해준다. 마치 옆에서 같이 이야기하는 것처럼 실시간으로 빠르게 소통할 수 있다.

사실 고객 문의의 70~80퍼센트는 단순 문의다. 소상공인은 상담 센터가 따로 없기 때문에 일일이 상담해야 해서 품이 많이 들어간다. 비슷한 질문에 계속 답변해야 하는 데다, 답변이 늦어지면 고객은 화를 내며 떠난다.

네이버 클로바의 챗봇 '톡톡'은 친구 추가 없이 고객과 1:1 채팅으로 대화할 수 있다. 사업자가 부재중일 때도 네이버 챗봇으로 자동 응답을 설정해놓으면 간단한 응대가 가능하도록 했다. 또 사용자가 챗봇의 말투와 응답 내용을 쉽게 수정할 수도 있고, 스크립트를 직접 작성해 자주 묻는 질문에 대해 원하는 답변을 하도록 만들 수 있다.

동적인 고객 데이터 플랫폼, CDP

AI 마케팅 시스템의 관건은 동적인 마케팅 시스템 구조를 만드는 것이다. 그러기 위해서는 섹터마다 고유한 특성을 기반으로 실시간으로 움직이는 고객 데이터를 빠르게 통합하고 해석해야 한다. 또 이를 반영한 개인화된 마케팅 콘텐츠를 자동으로 생성하고 실행해야 한다. 여기서 새롭게 생겨난 고객 피드백을 지속해서 업데이트해 계속 확장되는 유기적인 구조를 만들어야 한다.

고객 데이터의 원천도 확장되고 동적으로 움직이고 있다. 달라진 고객과 마케팅 환경에서 AI 마케팅 프로세스를 잘 구축하기 위해서는 새로운 고객 데이터 플랫폼, 즉 CDP를 살펴볼 필요가 있다.

CDP와 CRM은 어떻게 다를까? 기존에 우리가 익숙하게 알고 있는 CRM은 흔히 고객 데이터베이스로 통용되었다. 보통 마케팅, 프로모션, 영업 활동, SNS 활동 등을 통해 얻은 고객 리스트와 같은 것이다. 회원 가입 정보, 구매 기록 등이 이에 속한다.

CRM을 개발하기 위해 새로운 이벤트, 프로모션, 마케팅 캠페인, 영업 리드 개발, 오프라인 행사, 제휴, 컬래버레이션, 광고 등을 해야 한다.

반면 우리가 알아두어야 하는 새로운 개념인 CDP는 더 복잡한 고객 데이터의 유기적인 연결 정보 같은 것이다. CDP는 여러 시스템의 자료를 통합하는데, 여기에는 비정형적이고 구조화되지 않은 데이터도 포함된다. 이를테면 고객 상담 음성 파일에 담긴 데이터는 고객 구매 기록과는 다른 비정형적인 데이터다.

CDP는 선호도, 라이프스타일, 취미, 온라인 활동 사항, 구매 및 가입 데이터 등과 관련된, 동일하지 않은 형태로 다양한 채널에 흩어져 있는 소스를 모은다. 그리고 이를 한 사람의 고객과 매칭하는 작업, 즉 어트리뷰션attribution을 한다. 이처럼 고객 한 명 단위로 통합된 정보를 단일 고객 뷰Single Customer View, SCV라고 한다. 쉬운 예로, 여러 개의 이메일 주소로 흩어진 고객 정보를 하나로 연결할 수 있다.

이렇게 여러 시스템에서 데이터를 캡처하고, 동일한 고객과 관련된 정보를 연결하고, 시계열에 따른 행동 추적을 통해 각 고객에 대

〈CDP의 고객 데이터 활용 방법〉

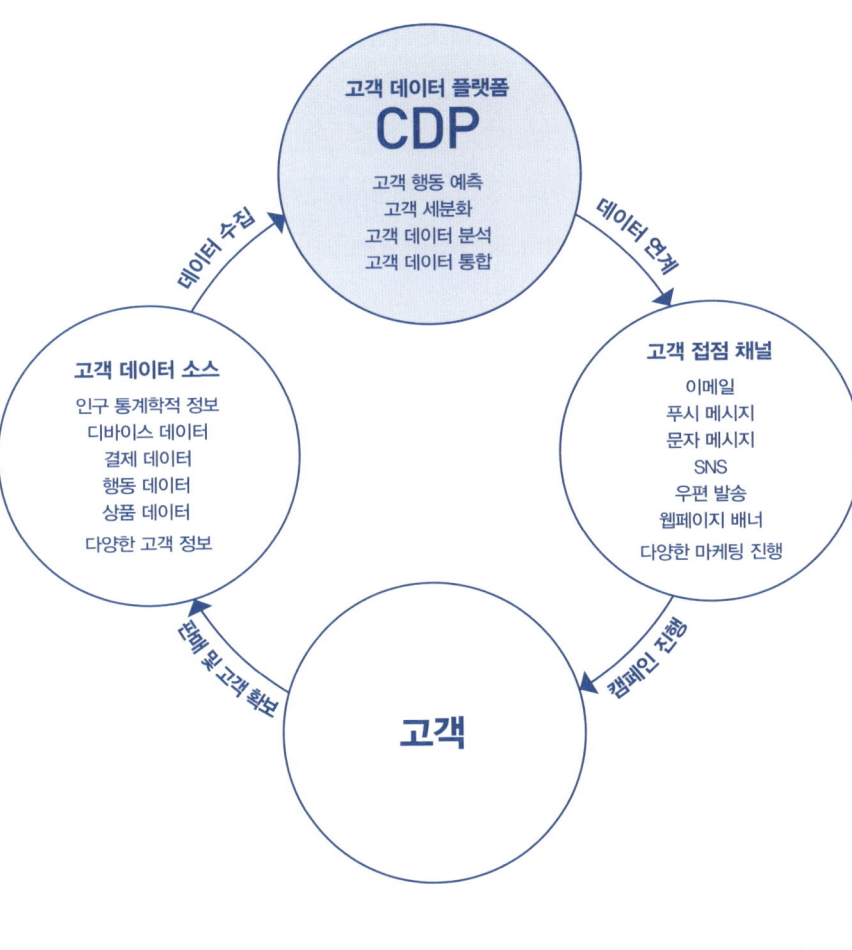

출처: NHN 데이터

한 포괄적 뷰를 만든다. 이렇게 단일 고객 뷰를 갖추면, 초개인화된 마케팅과 광고 메시지를 개발할 수 있도록 고객마다 식별 태그를 단다. 일종의 고객 메타 데이터 같은 것이다.

이렇게 CDP에 저장된 데이터 분석은 고객 상호작용 관리를 위해 다른 시스템에서도 사용할 수 있다. 개인화된 고객 메시지, 배너 광고, 프로모션, 앱 푸시, 이메일, 쿠폰 발송 등이 가능하다. 고객을 초세분화할 수 있으며 이를 통해 마케팅 믹스, 상향 판매up-selling, 교차 판매cross-selling, 멤버십 서비스 최적화 등이 가능하다.

부서 간 흩어진 고객 데이터를 잇다

뉴욕 컨설팅 회사 닌오팔NeenOpal에 따르면 CDP는 고객에 대한 인사이트를 얻을 수 있는 단일 정보 소스다. 모든 접점과 소스의 데이터를 찾고 고객 데이터와 매칭해 분석하는 조금 더 복잡한 고객 데이터라고 할 수 있다.

국내 기업이 활용하고 있는 대표적인 CDP 솔루션으로는 어도비의 오디언스 매니저Audience Manager, 세일즈포스의 데이터 클라우드Data Cloud, 오라클의 블루카이BlueKai, 샙SAP의 커스터머 데이터 플랫폼, 엔에치엔 데이터NHN DATA의 다이티Dighty 등이 있다.

어도비의 오디언스 매니저는 알려진 데이터와 익명의 데이터를 연결한다. 그리고 다양한 채널에서 활용할 수 있는 고객의 프로필

▶파편적인 고객의 데이터를 하나로 모으는 어도비의 오디언스 매니저.

을 실시간으로 업데이트한다. 네이버, 쿠팡, LG전자, 롯데홈쇼핑, 카카오 등 다양한 국내 기업이 이를 통해 실시간 맞춤 광고, 고객 분석 등을 하고 있다.

이제는 고객의 데이터를 잘 읽어 실시간으로 고객 중심의 비즈니스를 만들어야 한다. 실시간 고객 분석 및 데이터베이스 관리는 캠페인 참여, 브라우징 행동, 구매 내역 등을 바탕으로 엄청난 양의 고객 데이터를 수집하고 분석하는 데 도움을 준다.

보통 고객 데이터는 부서별 또는 업무 내용이나 범위에 따라 다르다. 예를 들어 고객 상담 센터에서는 고객 상담과 관련된 데이터가 있고, 앱을 관리하는 부서에서는 앱에 가입된 고객 정보를 가지고 있다. 마케팅 부서에서는 팝업 스토어 참석을 예약한 고객의 이메일 주소를 갖고 있다. 각 부서 간에 서로 다른 정보를 갖고 있지만 이를 서로 연결하거나 공유해 관리하지 않는다. 특히 고객 개인 정보와 관련된 사항은 합법적으로 획득한 범위에서만 다루고, 보안을 각별히 관리하기 때문에 같은 회사라고 해도 공유하지 않는다.

CDP는 이러한 부서 간 정보 차이, 단일 고객에 대한 파편적인 정보를 하나의 데이터로 모아준다. 그리고 합법적으로 허용된 범위에서 데이터에 접근할 수 있는 시스템을 갖추고 유기적으로 통합 관리해준다. 그 때문에 데이터를 지속적으로 업데이트하며 새로운 정보를 통합하고 다이내믹한 고객 데이터와 패턴을 해석할 수 있다.

이를 통해 마케팅 인사이트 도출, 타기팅, 마케팅 전략 개발을 지속적으로 수행할 수 있다. 그래서 CDP를 적용한다면 이론적으로는 한층 더 수준 높은 개인 맞춤형 마케팅과 고객 경험을 만들어나갈 수 있다. 다만 각 국가의 제도와 개인 정보 가이드를 준수하는 것이 전제되어야 한다.

온라인 마케팅 및 최적화 전문가인 게리 리(Garry Lee)에 따르면, 광범위한 CDP의 정의는 비즈니스 전반에 걸친 소스에서 데이터를 가져오는 것이다. 온라인 데이터, 이메일 트래킹뿐만 아니라 웹, 모바일, 온라인 채널, 고객 프로파일, 매장에서 얻은 고객 데이터, 콜센터 챗봇에서 얻은 데이터 등이 여기에 포함된다.

초개인화된 고객 경험을 만들기 위해 여러 시스템과 플랫폼의 더 많은 데이터를 통합하고 적용하는 방안을 모색할 가능성도 있다. 통합한다 하더라도 데이터는 계속 늘어나고 변화한다. 그렇기 때문에 비정형적인 고객 데이터를 유기적으로 통합해 고객을 관리하는 것은 쉽지 않은 일이다. 사실 CRM을 개발하고 고객과의 관계를 유지하는 것만으로 벅찬데, 거기에 새로운 방법을 모색하는 것은 어려울 수도 있다.

하지만 어려운 것을 쉽게 적용할 수 있도록 도와주는 것이 AI 기술이다. AI 기술이 비용과 인력을 줄여주는 역할을 해준다면 언젠가는 제도적 안전장치 아래에서 방대한 데이터를 통합하고 고객 취향과 행동을 예측할 수 있을 것이다. 이제 비교적 적은 비용으로 중소기업도, 스타트업도, 1인 기업도 체계적인 AI 마케팅을 할 수 있는 시대가 되었다.

고객과 직접 만날 필요가 있다

AI 툴은 개별 고객의 특성을 분석해 맞춤형 콘텐츠, 광고, 프로모션 등을 기획하도록 도와준다. 개별 고객에 맞춘 광고 배너를 디자인하고 광고 카피를 쓰고 영상까지 만들어준다. 고객 특성에 맞게 마케팅이나 프로모션을 동시다발적으로 실행할 수도 있다. 그뿐 아니라 결과까지 한눈에 파악할 수 있다.

데이터는 한눈에 볼 수 있고, 빅데이터도 요약 버전으로 빠르게 체크할 수 있다. 하지만 데이터에서 드러나지 않는 고객 니즈는 고객과 직접 만나야만 발견할 수 있다. 사용하는 과정에서 고객이 기대하고 느끼는 감정과 의견, 바람 등은 몇 줄의 댓글로는 알 수 없는 경우가 있다. 특히 고객 리뷰는 다수에게 노출되는 걸 감안해서 남기는 글이기에 속내가 온전히 담기지 않을 수 있다.

오프라인 매장을 운영하는 브랜드라면 AI로 사무 업무 시간이 줄어든 만큼 실제 고객이 많은 곳이나 매장을 보다 더 자주 방문할 수 있다. 매장에서 판매를 도우면서 실제 고객들이 구매하는 과정을 관찰하고 이야기를 들어보는 것이다.

혹은 누구나 편하게 앉아 쉬어 갈 수 있도록 회사 공용 공간이나 매장 내부에 고객 휴식 공간을 만들 수도 있다. 고객이 오래 머물면서 브랜드와 제품, 서비스에 대해 담당자와 편하게 이야기를 나눌 수 있는 공간을 마련하는 것이다. 온라인 브랜드라면 거창한 팝업 스토어가 아니어도 소소한 오픈마켓이나 작은 이벤트를 지속적으로 열 수도 있다.

이처럼 적극적으로 고객과 소통하다 보면 AI가 읽어내지 못한 고객의 감정과 숨은 니즈까지 발견할 수 있을 것이다.

PART 3

당장 시작해보는 AI 마케팅 실전

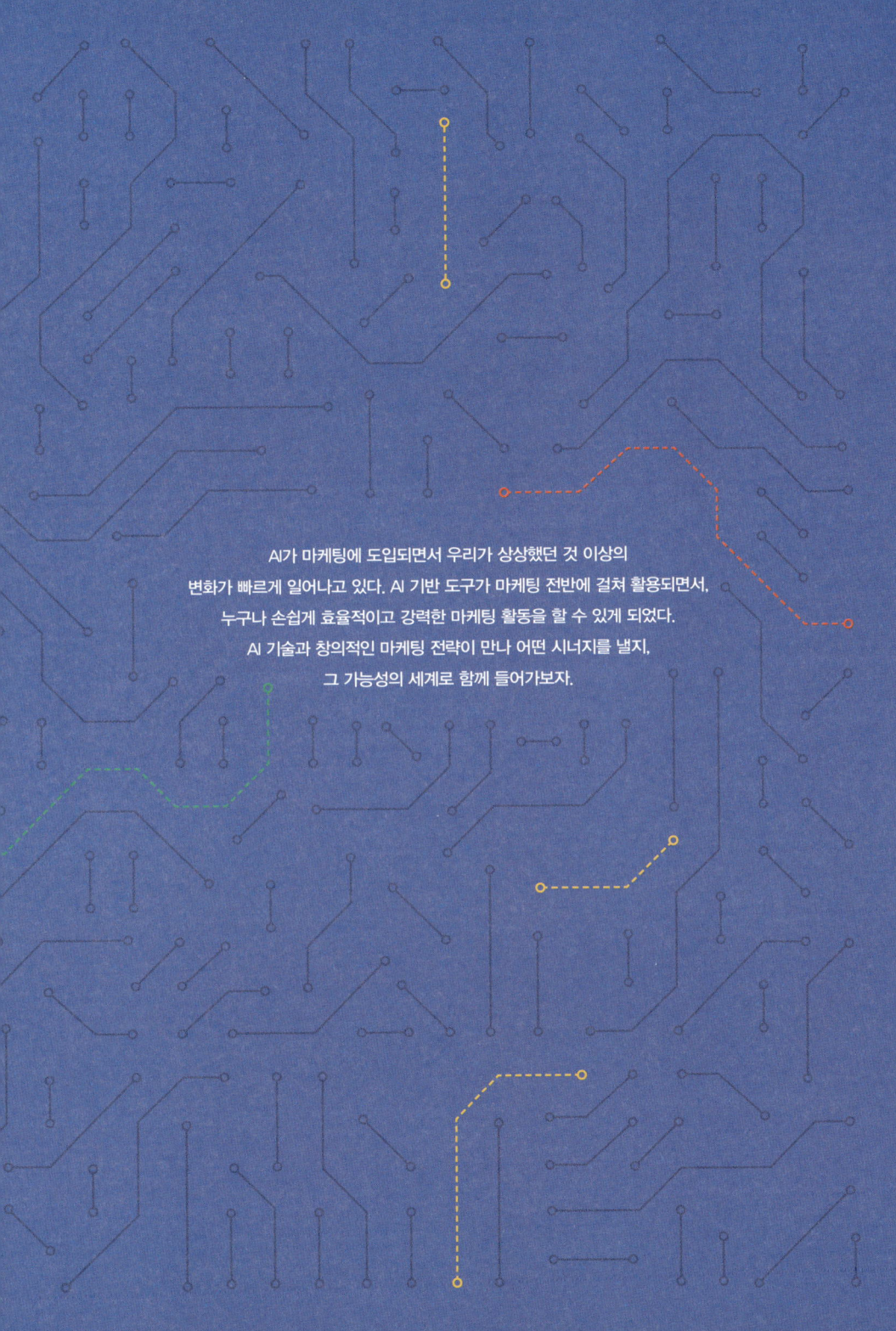

AI가 마케팅에 도입되면서 우리가 상상했던 것 이상의 변화가 빠르게 일어나고 있다. AI 기반 도구가 마케팅 전반에 걸쳐 활용되면서, 누구나 손쉽게 효율적이고 강력한 마케팅 활동을 할 수 있게 되었다. AI 기술과 창의적인 마케팅 전략이 만나 어떤 시너지를 낼지, 그 가능성의 세계로 함께 들어가보자.

광고와
예술의 경계를
넘나드는
AI 시대

CHAPTER 15

완전히 새로운 형태의 광고

2024년 국내 영화계에 새로운 형태의 영화가 등장했다. 단돈 1,000원에 극장에서 볼 수 있는 손석구 주연의 영화 〈밤낚시〉다. 2013년에 한국인 최초로 칸 영화제 단편 경쟁 부문에서 황금종려상을 받은 문병곤 감독의 독창적인 스토리텔링과 조형래 촬영 감독의 독특한 촬영 기법, 배우 손석구의 몰입감 있는 원맨 연기를 볼 수 있는 12분 59초짜리 초단편영화다.[1]

숏폼처럼 신선한 형식을 취한 이 영화는 SF 스릴러다. 2024년 6월 CGV 단독 개봉해 상영관이 많지 않음에도 4주 만에 누적 관객 수

4만 명을 돌파하는 흥행을 거두었다. 누가 13분도 안 되는 영화를 보기 위해 영화관까지 가겠나 싶지만, 이 새로운 포맷에 관객들은 빠르게 입소문을 내며 영화관에 다녀갔다.

팬데믹을 거치며 영화관은 위기를 맞았다. OTT가 많아진 탓도 있지만 2시간가량 영화에만 집중하는 것을 힘들어하는 관객도 늘었다. 〈밤낚시〉는 이처럼 달라진 영화 관람 형태와 관객의 라이프스타일을 반영해 새로운 방식을 실험적으로 도입한 것이다.

이 영화의 파격은 하나 더 있다. 바로 현대자동차와 협업해 장소와 소재를 메인으로 영화를 풀어나갔다는 것이다. 동시에 현대자동차의 브랜드 PPL로 영화 제작비의 많은 부분을 충당했다. 영화 티켓 판매에서 광고 스폰서로 수익 모델을 바꾼 것이다. 관객 수가 특히 중요한 영화 산업에서 발상의 전환을 보여준 셈이다.

이 영화의 제작사는 주식회사 스태넘과 현대자동차 그리고 이노션이다. 이노션은 유명한 종합 광고대행사다. 〈밤낚시〉는 한 편의 짧은 영화이기도 하지만, 한 편의 긴 광고이기도 한 것이다. 이처럼 스마트한 전략 덕분에 티켓 가격을 1,000원으로 설정할 수 있었다. 관객들은 혜택을 누렸기 때문에 협찬 광고 자체를 이해하고 영화에 빠져들 수 있었다. 관객은 아주 저렴한 가격에 영화를 즐길 수 있고, 감독은 양질의 영화가 세상에 나올 수 있게 투자받을 수 있다. 그리고 광고주는 타깃 고객들에게 광고를 보여줄 수 있는 윈윈win-win 전략인 것이다.

> **미적 감각을 구현하는 데 한계가 없다**

그런가 하면 AI는 과거의 감성을 현대적으로 재해석할 수 있는 강력한 도구가 되어, 디자이너와 크리에이터가 다양한 스타일을 손쉽게 구현할 수 있게도 한다. 셀린 송Celine Song 감독의 영화 〈패스트 라이브즈〉는 첫사랑의 기억, 만남과 이별, 재회, 인연에 대해 이야기하는 감성적인 로맨스 영화다. 제58회 전미 비평가 협회상에서 작품상을 수상했으며 제96회 아카데미 시상식에선 작품상과 각본상 후보에 올랐다.

이 영화는 서정적이고 따뜻한 정서를 전달하기 위해 '파나비전 파나플렉스 밀레니엄XL2 Panavision Panaflex Millennium XL2' 카메라로 촬영했다. 특히 디지털카메라가 아닌 35밀리미터 필름 카메라를 써서 과거를 추억하게 하는 아련한 영상미를 보여주었다.[2] 필름 카메라는 영상을 찍고 편집하는 과정이 훨씬 어렵지만 영화적 표현력을 차별화하는 시도였다.

영화 감독 데이미언 셔젤Damien Chazelle도 2016년 개봉작 〈라라랜드〉, 2018년 개봉작 〈퍼스트맨〉, 2023년 개봉작 〈바빌론〉을 모두 35밀리미터 필름으로 찍었다고 한다. 세계적 거장 감독이 필름을 고집하는 것은 종종 볼 수 있는 데 반해 이 두 젊은 감독의 필름 사용은 이례적이다.

이처럼 사람들은 여전히 아날로그 감성을 좋아하고 그리워한다. 그런데 물리적으로 옛날 카메라를 사용하지 않아도 이 감성을 AI로

살릴 수 있다. 예를 들어 생성형 AI에 "필름 카메라 스타일로 만들어줘"라고 하면 필름 카메라 특유의 감성을 담아준다. 더 구체적으로 "라이카 미니룩스 블랙 스타일로 만들어줘"라고 하면 해당 카메라와 렌즈의 특징을 살려 표현해준다.

대표적인 생성형 AI인 미드저니 V.6^{Midjourney V.6}는 총 32가지 예술적 스타일을 제공해 사용자가 다양한 감성의 이미지를 생성할 수 있게 돕는다. 앞으로는 더 다양한 스타일과 기능이 추가될 것으로 기대된다.

대규모 초개인화 마케팅

글로벌 전략 컨설팅 회사 베인&컴퍼니^{Bain&Company}에서 한 통신 회사의 초개인화 마케팅 실행 결과를 분석했다. 초개인화를 추진하는 기업에 대해서는 고객의 73퍼센트가 기술적으로 앞서 나간다는 인상을 받는다고 한다. 또 회사 경영진의 80퍼센트는 초개인화 마케팅 전략이 매출을 30퍼센트 이상 올려준다고 답했다.

과거에는 잘 만든 광고나 마케팅 캠페인 내용을 기반으로 고객 그룹별, 채널별로 어떻게 효과적으로 볼 수 있게 하는가가 중요했다. 일단 마케팅이나 광고 콘텐츠를 만들면 콘텐츠는 고정이었기에 고객과 채널을 어떻게 믹스할지 고민했다. 이미 만든 이미지나 내용, 마케팅 메시지는 개별 변경하기 어려웠기 때문이다.

그러나 초개인화의 게임 체인저인 생성형 AI와 멀티 모달이 개발되면서 대규모 고객 데이터베이스를 이용해 초개인화 마케팅을 실행할 수 있게 되었다. 대량으로 진행해야 하는 이메일 마케팅이나 푸시 메시지 마케팅, 프로모션 및 마케팅 캠페인 커뮤니케이션, B2B 영업 및 광고, 홍보 등을 할 때 각 고객 이름이 들어간 메시지, 고객이 좋아할 만한 광고 디자인과 이미지, 맞춤형 광고 문구와 고객 소통, 맞춤형 영상 등을 대량으로 동시에 만들 수 있다. 고객에게 발송하기 전에 담당자가 최종 검토해 대량으로 1:1 마케팅과 프로모션을 진행한다.

고객이 보이는 행동이나 반응에 따라 실시간 타이밍에 맞는 마케팅을 제안하는 것도 가능하다. 과거에는 회원 가입 시 할인 혜택 쿠폰을 보내주고, 미리 설정된 고객의 생일이나 특별한 날 축하 메시지와 할인 쿠폰을 보내주었다. 혹은 멤버십 등급별 목표에 달성했을 경우 프로모션 메시지를 보내주는 정도였다. 그러나 이제는 고객 행동 데이터에 기반한 실시간 제안이 가능해진 것이다.

이를 통해 내 마음을 알아주고 내 이야기를 잘 들어주고 내 삶을 도와주는 친구 같은 커뮤니케이션이 이루어져 마케팅 활동의 효과성과 수익성을 높여준다. 그렇게 되면 비효율적인 마케팅 활동을 줄이고 타율 높은 마케팅 활동을 펼칠 수 있다. 잠재 고객의 숨은 니즈를 발견해 고객이 좋아할 내용을 제안하므로 새로운 고객과 시장을 확대해나갈 수 있다.

콜드 스타트를 어떻게 극복할 것인가

그런데 데이터 부족이나 추천 알고리즘의 단순함 때문에 고객에게 적절한 상품이나 콘텐츠를 추천하지 못하는 현상이 나타날 수 있다. 이것을 '콜드 스타트cold start'라고 한다. 원래 콜드 스타트는 컴퓨팅에서 시스템 또는 그 일부가 생성되거나 정상적인 작동을 하지 않는 것을 의미한다. 이것이 AI와 추천 시스템에서의 문제를 가리키는 말로 쓰이고 있다.

알다시피 AI 알고리즘은 사용자 개인의 취향에 맞게 수많은 제안과 콘텐츠를 보여주어야 한다. 애초에 추천할 콘텐츠가 많지 않거나 추천 알고리즘 자체가 단순하면 사용자 취향이 성글게 구분된다. 그래서 취향에 관계없이 인기가 많거나 이전에 봤던 콘텐츠와 유사한 종류만 추천하게 된다. 계속 비슷한 콘텐츠를 추천하는 '폐쇄 루프closed loop'에 갇히면 사용자 입장에서는 지루할 수밖에 없다. 결국 이것이 서비스 이탈로 이어질 수 있다.

티빙의 경우 콜드 스타트를 해결하는 데 중점을 두었다고 한다. 그래서 〈정년이〉, 〈선재 업고 튀어〉, 〈환승연애〉, 〈술꾼도시여자들〉, 〈우씨왕후〉 등과 같은 자체 제작 드라마와 예능 프로그램을 늘리는 노력을 했다. 거기에 아마존 AWS 솔루션과 서비스를 활용해 6개 추천 모델로 취향에 따라 다양한 콘텐츠를 추천할 수 있도록 했다. 예를 들어 이전에는 추천 시스템이 시청 기록을 기반으로 구성되어 있었지만 이제는 딥러닝 기술을 적용해 개인의 취향에 더 잘 맞는 다양한 콘텐츠를 추천하는 방식으로 바꾸었다.

조금 더 쉬운 사례로 카페 메뉴 큐레이션이 있다. 날씨 또는 개인의 취향에 따라 앱 첫 페이지를 초개인화할 수 있다. 날씨와 고객의 취향, 니즈에 따라서 각 사용자에 맞게 다른 화면이 자동으로 생성되고 제안되는 것이다.

그런데 만약 메뉴가 다양하지 않다면 이렇게 해도 실제 화면 구성은 비슷해질 수 있다. 예를 들어 메뉴가 아메리카노, 라테, 과일 기반 음료와 에이드, 차라고 해보자. 유당불내증이 있어 우유를 마실 수 없는 고객에게 제안할 수 있는 음료는 우유를 넣지 않은 커피류, 차, 과일 기반 음료, 에이드뿐이다. 비 오는 날씨에 제안할 수 있는 따뜻한 음료는 아메리카노, 차 등으로 더욱 좁아진다.

결국 계절과 날씨, 시간대 같은 외부 요소의 변주만큼 다양한 제안을 할 수 없게 된다. 그렇기에 콘텐츠의 다양성, 즉 메뉴의 다양성이 중요하다.

데이터 기반의 신규 고객 발굴

고객은 어쩔 수 없이 받는 광고 성격의 콜드콜cold-call이나 이메일, 문자 등에 피로를 느낀다. 낚시성으로 영업을 당한다는 기분이 들 때도 있다. 보험이나 여러 연계 상품을 제안하는 전화, 수많은 상업성 이메일 등은 더욱 그렇다. 그래서 스팸 전화를 차단하거나,

다른 고객들이 평가한 정보를 바탕으로 전화를 받지 않기도 한다.

이런 환경에서 어떻게 새로운 고객을 발굴할 수 있을까? B2B 마케팅에서 '리드lead'는 우리 서비스에 관심이 있지만 아직은 고객으로 전환되지 않은 잠재 고객을 의미한다. 특히 B2B 영업에서 리드를 개발한다는 것은 고객으로 전환될 가능성이 높은 새로운 거래처와 고객을 발굴하는 것을 의미하며, 단순히 타기팅 광고뿐만 아니라 직간접적인 다양한 잠재 고객 개발 활동 등이 있을 수 있다. 예를 들어 의료 및 바이오 관련 업계에서 해당 잠재 고객이 관심을 둘만한 분야의 콘퍼런스, 업계 화두가 될 만한 뉴스레터 공유 등과 같은 새로운 잠재 고객과의 접점을 넓힐 수 있는 영업 활동을 개발해야 한다. 이때 각 활동에 대한 고객 반응과 고객 개발의 실제 성과를 측정해 리드 스코어링lead scoring으로 점점 더 효과가 좋은 신규 고객 개발 프로그램을 지속해서 개발해야 한다. 리드 스코어링 시스템 또는 리드 스코어링 모델은 새로운 영업 활동에 대한 효과성을 측정하는 방법론이다. 고객마다 포인트(점수)가 일정 수준 쌓이면 구매 가능성이 높은 의미 있는 잠재 고객이 되며, 스코어링 모델에서 가장 높은 점수를 받은 리드 중심으로 콘택트해볼 수 있는 것이다.

이제는 새로운 리드를 확보하고 생성하며 1:1 커뮤니케이션을 실행하는 영업 업무를 AI가 자동으로 대규모 실행해 적은 비용과 노력으로 보다 더 높은 효과를 거둘 수 있다. 사람은 단순히 특정 사이트에 등록된 회원 정보, 지난 콘퍼런스 참여 등록 데이터 베이스 등으로 접근하겠지만 AI 기술을 통해 보다 빠르고, 정확하게, 다양하게 동시에 실행할 수 있고 효과도 빠르게 분석할 수 있어 새로운 영업 활동의 효과를 높일 수 있다.

AI 마케팅 솔루션은 새로운 리드를 지속적으로 개발해주고, 고객에게 알맞은 영업 프로그램을 제안해준다. 예를 들면 A라는 리드 그룹에 어떤 방식의 영업 활동을 하라든가, 다른 리드 그룹에게 어떤 영업 프로그램을 짜서 진행해보면 좋겠다고 제안한다. 해당 화면에서 B2B 고객에게 보낼 메시지를 작성하고, 승인 버튼을 누르면 자동 발송해준다. 고객 이름별로 수신자 이름을 바꾸고, 영상 메시지에서도 개별 고객의 이름으로 바꿔준다. 담당자는 메시지를 하나만 작성하면 AI가 그것을 기반으로 빠르게 맞춤화해 실행하는 것이다.

대개 B2C(Business to Consumer)(기업과 소비자 간 거래)보다 구매 거래 단가가 높은 B2B 리드 마케팅에서 특히 중요한 것이 '리드 스코어링'이다. 즉 효과를 측정해 적중률이 높은 리드를 실행하는 것이다. 이때 각 영업 활동에 대한 결과 분석 또한 AI가 도와준다. 리드별로 점수를 매기고, 성과를 분석해 계약 성사율을 높여준다.

고객 리텐션을 집중적으로 관리해주는 툴도 있다. AI가 최근성, 빈도, 금액에 기반한 RFM 모델링을 해주고, 자동으로 측정하고 분석해준다. 이를 통해 이탈 가능성이 높은 고객 리스트를 추리고 관리가 필요한 고객을 빠르게 찾아준다.

또 고객 이탈 방지를 도와주는 활성화 마케팅을 고객 특성에 맞게 제안하고, 현황을 한눈에 볼 수 있게 도표로 표현해준다.

AI로 깊어지는 고객과의 교감

CHAPTER 16

오픈 공사 때부터 고객과의 만남을 시작하다

　브랜드가 고객의 감정을 이해할 때 고객과의 관계가 돈독해진다. 초개인화되어가는 AI 마케팅 시대에 고객은 브랜드와 친구가 되고 싶어 한다. 브랜드에서 느끼는 차별화된 가치를 삶에서 경험할 때 고객의 로열티는 더욱 높아진다.

　쉐이크쉑은 국내 론칭을 몇 달 앞두고 특별한 공공 미술 마케팅을 펼쳤다. 매장 공사를 하는 동안 공사 가림막에는 'Meet up! Power up!(우리 만나자! 힘내자!)'이라는 알파벳 모양을 본떠 다양한 의자를 만들었다. 누구나 편히 앉아 쉬거나 누군가를 기다릴 수 있

▶길을 오가는 시민들의 쉼터이자 만남의 장소가 된 쉐이크쉑 1호점 공사 현장.

는 장소로 만든 것이다.

쉐이크쉑이 고객과 가장 처음 만나는 접점이 공사 가림막이었고, 늘 붐비는 강남역 주변에 막상 앉을 공간이 부족하다는 점에 착안했다. 의자마다 다양한 기종의 휴대폰 충전기를 설치해 편의도 제공했다. 야간에는 교통량이 많은 점을 고려해, 브랜드를 상징하는 컬러로 네온사인 라이팅을 넣어 밤에도 잘 보이는 대형 옥외광고물 역할을 하도록 했다.

원래 공사 가림막은 공사 현장을 외부와 차단하고 근처를 지나는 시민들의 안전을 확보하기 위해 설치하는 것이다. 그런데 가림막 자체를 공공의 편의 시설이자 공공 미술, 포토 존으로 만든 것이다. 이를 통해 잠재 고객에게 오픈 소식을 미리 알릴 수 있었다.

AI가 데이터 수집, 분석, 해석, 예측, 그리고 대규모 자동 실행을 지원하지만, 궁극적으로 고객을 이해하는 일은 사람이 해야 한다. 시스템을 만드는 것은 사람이기 때문이다. AI 마케팅 시대에 고객의 마음을 이해하고 움직이려면, 단순 데이터 분석을 넘어 고객의 가치관, 신념, 라이프스타일, 다양한 감정의 트리거까지 고민해야 한다. 그리고 고객의 다양한 이야기를 경청하고 이를 반영할 수 있는 마케팅 시스템을 구축해야 한다. 고객과 공감하고, 고객과 함께 차별화된 가치를 만들어가는 초개인화 마케팅을 고민해야 할 때다.

고객과의 공감을 만들어가는 법

앞에서 살펴봤듯 공감은 고객과 소통하고 잠재 고객의 마음을 이끌어내는 중요한 요소다. AI 마케팅에서 고객의 공감을 이끌어내고 그 공감을 비즈니스에 반영하기 위해 활용할 수 있는 방법이 몇 가지 있다.

첫째, 고객 데이터 분석이다. 먼저 고객의 구매 패턴, 웹사이트 방문 기록, 소셜 미디어 활동, 오프라인 활동 등을 분석해 고객의 욕구와 관심사를 파악해야 한다.

둘째, 고객의 반응과 감정 분석이다. 예를 들어 고객의 리뷰나 SNS 게시글 등을 분석해 고객의 다양한 감정과 불편 지점을 파악한다.

셋째, 개인 맞춤형 콘텐츠 제작이다. 자동으로 개별 맞춤 콘텐츠를 만들기 위해서는 먼저 특정 매개변수를 설정하고, 자동으로 콘텐츠의 이미지나 텍스트, 레이아웃 구성, 프로모션 제안 등이 다르게 설계되도록 유기적인 구조를 짠다.

넷째, 고객 참여 강화다. 잘 설계된 초개인화 맞춤형 콘텐츠는 각 고객에게 특별한 1:1 브랜드 경험을 제공할 수 있다. 내 마음을 알아주는 마케팅 제안이라면 고객 참여는 당연히 높아지게 마련이다.

고객의 활발한 참여와 피드백은 브랜드와 고객의 거리를 좁히는 또 다른 데이터가 된다. 잠재 고객과의 작은 공감 포인트가 연결되면 고객 참여와 브랜드 경험 강화, 그리고 고객 확대로 이어지며 선순환 확장되는 것이다.

때로는 아날로그가 통한다, 공감 지도

고객과의 공감 포인트를 정리하는 데 도움이 되는 전통적인 프레임 워크가 있다. 아날로그 방식의 프레임 워크인 '공감 지도'다. 공감 지도는 1970년대에 디자인 협업 프레임 워크의 일환으로 만

〈공감지도〉

들었는데, 광고뿐만 아니라 다양한 마케팅에 활용할 수 있다. 특히 UI나 UX 디자인에서 사용자의 태도와 행동을 시각화하는 데 유용하다.

고객의 생각과 느낌, 영향력, 발언, 경험, 고충, 비전 등 여러 요소를 정리해 공감 지도를 만들어보면 새로운 관점에서 고객에 대한 인사이트를 발견할 수 있다. 혼자보다 여러 사람이 모여 자유롭게 토론하며 함께 공감 지도를 만들어보자. 각자의 관점과 경험이 다르기 때문에 새로운 통찰을 얻을 수 있을 것이다.

그동안 굳은 생각을 공감 지도를 통해 리프레시하다 보면 고객에 대한 이해를 높일 수 있다. 당연하게 생각했던 것을 새롭게 바라보면서 AI에 창의적 질문을 하고 새로운 마케팅 가설도 만들어볼 수 있다.

공감을 불러일으키는 스토리텔링

공감을 형성하는 핵심은 꾸준하고 진정한 브랜드 스토리텔링이라고 할 수 있다. 예를 들어 블루보틀 커피는 브랜드에 담긴 소박하지만 진정성 있는 창업 스토리를 고객과 공유한다. 이를 통해 고객과의 관계를 형성하고 브랜드 고유의 가치를 전달한다.

블루보틀 창립자 제임스 프리먼James Freeman은 원래 오케스트라의 클라리넷 연주자였다. 유럽 순회공연을 하면서 자연스럽게 다양

▶창업 일화를 통해 고객에게 브랜드 가치를 전달하는 블루보틀.

한 커피의 매력을 느끼게 되었고, 좋은 커피를 알리고 싶다는 열정 하나로 작은 창고를 빌려 커피 사업을 시작했다.

블루보틀 커피라는 브랜드명은 유럽에 처음 커피가 전해진 일화에서 영감을 얻어 지었다. 17세기 폴란드의 귀족 콜시츠키는 전쟁 중에 튀르키예 병사가 남긴 '파란색 커피 자루'에 담긴 커피를 우연히 맛보았고, 빈에 돌아와 유럽 최초의 커피 하우스를 열었다.

파타고니아도 남다른 브랜드 스토리텔링을 일관적으로 보여준다. 뉴질랜드 양털로 만든 가볍고 편안한 러닝화를 판매하는 올버즈도 친환경에 대한 진정성 있는 브랜드 스토리로 전 세계적으로 많은 고객의 공감을 이끌어냈다. 제품 디자인뿐 아니라 포장재도 근거리의 재활용 소재만 써서 포장재 물류 과정을 단축하기도 했다.

이처럼 AI 마케팅 시대에 고객과 공감의 연결 고리를 만들어주는 것은 일관적이고 지속적인 브랜드 스토리텔링이다. 유행을 좇아 만드는 것이 아니라 지속적으로 소통하고 모든 영역에서 실천할 수 있는 브랜드 스토리텔링이 되어야 한다. 남들이 모르는 이야기 가운데 잊힌 이야기나 낡은 가치라고 생각했던 창업주의 철학도, 브랜드의 위기와 실패담도 충분히 브랜드 스토리텔링이 될 수 있다.

AI 마케팅 시대에 사람들이 원하는 것은 기술이나 혁신뿐 아니라 진짜 이야기이고, 공감을 함께 나누고 연대할 수 있는 사람들이다. 사람들은 억지로 꾸미거나 포장된 이미지보다 진짜 이야기를 좋아한다. 고객은 솔직하게 드러내는 브랜드 스토리에 공감과 진정성을 느낄 것이다. 고객이 느끼는 감정적 공감, 연대, 지지, 신뢰, 응원을 한 번에 쌓기는 어렵지만 꾸준히 관계를 만들어가면 브랜드에 중요한 자산이 된다.

국경을 초월한 공감 마케팅

누구나 공감할 수 있는 주제로 마케팅 차별화 포인트를 만들고 공감 마케팅을 펼친다면, 처음부터 전 세계 고객을 대상으로 마케팅을 펼치는 것과 같다. 언어나 문화, 종교나 국경을 떠나 모두가 중요하게 생각하는 가치에 대한 소신이나 철학을 지닌 브랜드라면 더 쉽게 홍보될 수 있다.

한국에서 개발된 빈티지 패션 디지털 옷장 앱 '에이클로젯Acloset'에는 내가 가진 옷을 한눈에 볼 수 있는 나만의 디지털 옷장 만들기 기능이 있다. 옷장 속 깊이 박혀 있어 잊고 있는 옷으로 날씨에 맞게 옷을 코디해주거나, 스타일 화보를 찾아 내 옷으로 비슷한 코디를 제안해준다.

이용자는 옷장에 있는 옷을 파악하고 믹스 매치할 수 있기 때문에 새 옷을 사지 않더라도 패셔너블한 스타일이 가능하다. 또 에이클로젯은 더 이상 입지 않는 옷은 판매할 수 있는 채널로 연결해주기도 한다. 한마디로 스마트하고 지속 가능한 패션 생활을 도와주는 시스템이다.

에이클로젯은 출시 20개월 만에 100만 명의 사용자를 확보했다. 재미있는 것은 그중 60만 명이 유럽 고객, 18만 명이 북미 고객이고 한국 고객은 9만 명으로 오히려 적다는 사실이다. 왜 이런 현상이 일어났을까? 패스트 패션에 대한 문제의식, 업사이클 패션과 공유경제에 대한 니즈가 있던 유럽과 미국 젊은 여성 고객 중심으로 반향을 일으켰기 때문이다.

해마다 쌓여가는 의류 폐기물, 빠르게 소비되고 버려지는 신상품 옷, 365일 동안 한 번도 입지 않고 구석에서 공간만 차지하는 옷, 옷을 만들기 위해 사용되는 자원을 생각하면 덜 사고, 이미 있는 것을 활용하는 게 좋다. 하지만 유행은 계속 바뀌고 트렌드를 따라가기 위해 끊임없이 옷을 산다.

'지금 내 옷장 안에 있는 옷을 잘 입어 지구환경에 작은 보탬이 되

▶에이클로젯은 지구환경 보호와 패션에 대한 니즈를 모두 충족하도록 돕는다.

자'라는 에이클로젯의 소신은 센스 있는 코디를 제안해주는 추천 시스템으로 구현되었다. AI 기술은 고객 각자의 옷과 개성을 바탕으로 나만의 스타일을 완성하는 데 조력자 역할을 한다. 특히 '나만의 옷장 만들기' 같은 코디 콘테스트를 열어 고객이 자신의 이미지와 콘텐츠로 주변 사람들과 소통할 수 있게 했다. 이러한 마케팅 이벤트는 자연스럽게 브랜드 스토리와 앱을 알리는 효과를 낳는다.

이처럼 비교적 덜 알려진 브랜드라도, 새로운 시장을 개척할 마케팅 리소스가 없더라도 고객의 공감을 이끌어낼 수 있는 딱 하나의 '공감 포인트'만 있다면 전 세계 시장에서 브랜드를 빠르게 차별화할 수 있다. 공감 포인트를 꾸준히 실천해나가면 진정성 있는 브랜드로 여기며 지지해주는 고객들과 함께 성장할 수 있다.

누구나 호기심을 가지게 하는 스토리의 힘을 지닌 영화가 전 세계 시장에서 반향을 일으키듯, 누구에게나 유쾌한 웃음을 주는 '밈'

이 전 세계에 삽시간에 퍼지듯, 작은 의미라도 보편적으로 공감 가는 브랜드 스토리텔링 한 줄이 강력한 울림을 주는 마케팅 전략이 될 수 있다.

CHAPTER 17

마케터의 모든 상상이 실현되는 생성형 AI

AI를 활용한 IMC 마케팅

　AI는 모든 업계와 가치 사슬에서 마케팅 업무의 변화를 생각해야 할 전 세계적인 흐름이다. 이런 환경에서 다양한 마케팅 이니셔티브를 기획하고 새로운 AI 기반 마케팅을 시도할 필요가 있다. 더 이상 노동력을 갈아 넣지 말고, 고정관념에서 탈피해 새로운 변화에 몸을 실어야 한다. AI를 통한 다른 접근 방식으로 차별화하고 내가 속한 곳에서 혁신을 만들어나가야 한다.

　패션 업계에서도 AI를 활용한 다양한 마케팅 이니셔티브가 일어나고 있다. 미국의 쇼핑몰 리볼브Revolve는 2023년 AI로 만든 화보로 마케팅 캠페인을 진행했다.3 AI 스튜디오 메종 메타Maison Meta와 협업해 미래지향적이고 스타일리시한 화보를 만들었다. 모델을 고용하고, 옷을 입히고, 해외 로케이션 촬영을 하고, 편집하는 과정은 없었다.

패션 업계는 보통 S/S(봄/여름)와 F/W(가을/겨울)로 나누어 신상품을 출시한다. 일부 브랜드는 1년에 두 차례 정기 컬렉션 외에도 미니 컬렉션에 해당하는 캡슐 컬렉션을 발표하기도 한다. 음악으로 치면 미니 앨범이나 싱글 앨범 같은 것이다. 그러나 전자상거래의 등장과 SPA 브랜드의 대두로 신상품을 내는 주기가 빨라졌다. 계절의 변화에 따라 구분한 1년의 두 번 컬렉션으로는 한 달 또는 2주 단위로 신상품을 기대하는 글로벌 패션 트렌드를 반영하기 어렵기 때문이다.

정기적인 컬렉션 없이 수시로 신상 디자인을 소개하는 경우도 많은데 여기에는 많은 노력과 비용이 들 수밖에 없다. 콘셉트에 맞는 모델을 섭외하고, 장소를 섭외하고, 스튜디오나 야외촬영을 위해 해외 로케이션을 할 수도 있다. 그런 다음 최고의 포토그래퍼와 스타일리스트를 고용해 멋진 사진을 찍어야 한다. 이제는 이 모든 일을 AI로 대체할 수 있다. 디자인 스케치나 실제 옷 사진만 흰 바탕에 찍어 이미지 생성 AI에 학습시키고 디자인의 주요 특징, 소재, 분위기 등을 자세하게 프롬프트에 입력한다. 이것만으로 원하는 분위기의 사진을 연출할 수 있다.

앱과 웹페이지, SNS, 매거진 광고, 전자상거래 플랫폼에 적용할

▶리볼브는 AI 기술을 사용한 화보와 옥외광고를 통해 혁신적인 패션 브랜드로 포지셔닝했다.

다른 구도의 사진과 상세 페이지, 브로슈어 등을 만들기 위해 수백 장의 사진을 찍고 편집하지 않아도 된다. 대신 여러 스타일의 모델이 의류를 입고 있는 이미지를 디지털 이미지로 창작하면 된다.

게다가 리볼브는 AI가 구현한 옥외광고를 올렸다. 유명한 음악 페스티벌인 코첼라 개최 시기와 페스티벌 장소로 가는 LA의 어느 고속도로 길목에 광고를 걸어 페스티벌에 참가하는 패션 피플들에게 새로운 AI 마케팅 이니셔티브를 알렸다. 타깃 고객의 동선과 타이밍을 딱 맞췄고, AI 광고와 전통적인 옥외광고를 결합해 혁신적인 패션 브랜드로 포지셔닝한 것이다. 또 AI 캠페인과 함께 한정판 캡슐 컬렉션을 제작해 자사 사이트에서 판매했다. 이처럼 리볼브는 패션 화보 촬영에 투자되는 막대한 자본의 기존 공식을 깨고, AI가 만든 광고를 온·오프라인으로 연결했다.

5분 만에 제작하는 240개의 광고 비주얼

미국의 광고 대행 및 소셜 미디어 매체 운영사 디자인 택시Design Taxi는 미드저니를 이용해 단 5분 만에 다양한 콘셉트의 240개 비주얼을 만들어냈다. 이 프로젝트로 만든 구찌, KFC, 윔블던, 네스프레소, 콜게이트 등 10개 브랜드 광고를 애드 인텔리전스AD Intelligence에 실었다.

디자인 택시는 AI에 공상 영화 톤의 '사이파이sci-fi', '누아르noir,

'시네마틱cinematic' 같은 장르를 키워드로 제시했다. 그러자 AI는 키워드에 기반한 브랜드 광고를 브랜드당 10개씩 생성했다.[4]

이 프로젝트는 AI가 광고와 디자인 업계에 미치는 임팩트를 가시적으로 보여주기 위해 진행된 것이다. 이제 크리에이티브한 브랜드 광고 이미지를 만들기 위해 상상력 있는 몇 줄의 텍스트만 있으면 된다.

2024년 프랑스의 광고 페스티벌 칸 라이언즈에 약 3,000편의 광

▶생성형 AI를 통해 구현한 KFC의 광고 이미지.

▶다양한 콘셉트로 생성된 하인즈 케첩 이미지.

고 작품이 출품되었는데, 그중 약 20건이 AI 기술을 이용한 광고 캠페인으로 추정된다. 크리에이티브 이펙트니스 부문에서 그랑프리를 받고 크리에이티브 스트레티지 부문에서 브론즈상을 받은 하인즈Heinz의 '케첩 AI' 캠페인은 생성형 AI의 특징을 역으로 이용했다.

AI에 '케첩'이라는 단어를 입력해 그려달라고 하면 온통 하인즈를 연상시키는 제품 이미지를 만들어준다는 게 이 광고의 내용이다. 케첩 르네상스, 케첩 스트리트 아트, 케첩 타로 카드, 케첩 아메리카 등 '케첩'과 다른 단어를 무작위로 섞어 디자인을 요청하면, 하인즈의 패키지와 라벨을 연상시키는 르네상스풍 하인즈, 스트리트 아트풍 하인즈 등을 그려내는 과정을 광고에 담았다. 그만큼 하인즈가 케첩의 대명사라는 메시지를 전달한 것이다.

상상을 시각화하다, 상품 디자인 렌더링

　이케아의 독립 연구소 겸 디자인 랩 스페이스10^{Space10}은 비디오 저널리스트 조스 퐁^{Joss Fong}, 아트 디렉터 애런 필키^{Aron Filkey}와 협업해 실험을 진행했다. 이미지 생성 AI인 스테이블 디퓨전^{Stable Diffusion}에 1970년과 1980년대 이케아의 가구 카탈로그 이미지를 학습시킨 뒤 가구를 디자인하도록 한 것이다. 그러자 스테이블 디퓨전은 1970~1980년대 스타일을 담은 새로운 가구 디자인을 만들어냈다.

　콘셉트 카 디자인이나 상품 디자인 렌더링, 건축 도면 등도 생성형 AI를 이용해 만들 수 있다. 손으로 그린 것처럼 상품 디자인을 스케치할 수 있고, 캐드를 이용한 것처럼 도식적인 도면을 만들 수도 있다. 자동차 렌더링 디자인처럼 깔끔하게 완성된 제품 렌더링 이

▶1970~1980년대 이케아 스타일을 담은 새로운 가구 디자인.

미지도 만들 수 있다.

혼다는 스테이블 디퓨전을 활용해 '서스테이나-C$^{Sustaina-C}$'라는 콘셉트 카를 디자인했다. 현대자동차는 스타트업 나니아랩스의 '아슬란 GD'라는 생성형 AI를 이용해 자동차 개념을 설계하기도 했다. 목표 성능을 입력하면 최적의 설계안을 실시간으로 만들어주거나 기업의 설계, 해석, 실험 데이터를 유기적으로 통합해준다. 3D 합성 데이터를 생성해 디자인을 빠르게 제시할 수도 있다.

또 다른 생성형 AI 툴인 '나이트카페 크리에이터$^{NightCafe\ Creator}$'의 공식 페이지에는 해당 툴로 만든 미국 포드의 상징, 머스탱의 클래식한 디자인과 유기적으로 융합된 미래지향적인 이미지를 보여주는 렌더링 이미지가 여럿 올라왔다.

▶나이트카페 크리에이터 툴로 구현한 포드의 머스탱이미지.

미드저니를 이용해 만드는 디자인 이미지 옵션 중에는 분석적 도면 옵션도 있다. 상품 디자인 초기 스케치를 제품 렌더링 이미지처럼 연출해주는 것이다.

AI를 활용한 렌더링 작업은 상품을 기획하거나 아이디어를 설명할 때도 유용하다. 디자인은 말로 설명하는 것보다 이미지로 소통하는 게 훨씬 편하기 때문이다.

디자인과 관련된 소통을 자주 해야 하는 마케팅 업무에서도 아이디어가 표현된 렌더링 이미지를 손쉽게 만들 수 있다면 매우 유용할 것이다. 1인 기업이나 비교적 적은 인력으로 마케팅 업무를 해야 하는 기업, 디자인 작업물에 투자하기 어려운 소상공인의 경우에도 많은 도움을 받을 수 있을 것이다.

▶미드저니는 디자인 초기 스케치를 제품 렌더링 이미지로 연출해준다.

더욱 고도화되는 광고와 디자인

퀄리티의 차이는 있겠지만 누구나 어떤 이미지든 만들 수 있는 시대가 되었다.

그럼 디자이너나 아트 디렉터, 감독, 크리에이티브 담당자 등은 일자리를 잃는 걸까? 그렇지 않다. 좋은 도구가 없어 그림을 못 그리는 게 아닌 것처럼 똑같은 AI 툴을 사용해도 똑같은 결과물을 만들 수는 없기 때문이다.

상상력과 창의력, 전문성을 바탕으로 AI에 어떤 주문을 하느냐가 결과물에 큰 차이를 만들 것이다. AI를 길들이고, 학습시키고, 명령어를 입력하고, 수정하기 위해서는 정교한 아웃풋을 상상하고, 입력값을 주고, 선택하고, 수정하는 작업이 필요하기 때문이다. 무엇을 만들지, 어떤 이미지 만들지 요청하는 구체적인 프롬프트와 결과값에 대한 스크리닝, 검증, 재요청 등 모든 과정에는 전문적인 지식과 정확한 용어를 사용한 명령어가 필요하다.

그러므로 AI가 도입된다고 해도 전문가들이 사용하는 툴이 업그레이드되고 업무가 더 고도화되는 것뿐이다. 차별화된 크리에이티브를 만드는 것은 결국 사람의 전문성과 역량에 따라 달라질 것이다.

디자이너는 한결 더 편하게 디자인 이미지 렌더링을 만들 수 있고, 더 심화된 작업물을 간단하게 만들 수 있다. 광고대행사는 일반 이용자나 담당자가 만드는 AI 광고 영상보다 한층 더 정교하고 복잡한 작업을 할 수 있을 것이다.

생성형 AI로 광고 이미지 쉽고 빠르게 만드는 법

텍스트 기반 이미지 생성형 툴로는 어도비 파이어플라이Adobe Firefly, 마이크로소프트 달리, 스테이블 디퓨전, 미드저니 등이 있다.

11번가는 미드저니를 활용해 웹 배너 광고 이미지를 만들고, 그 과정도 소개했다. 새로운 방식의 광고 제작 자체가 고객에게 혁신적인 이미지를 전달해주기 때문이다. 또 제작 과정과 방법을 알고 싶어 하는 고객과 소통할 수 있다고 판단했기 때문이다.[5]

이 광고는 바캉스 시즌에 11번가의 여행 프로모션을 알리기 위한 것이다. 우선 두 가지 주요 콘셉트를 잡았다. 하나는 행복한 가족의 단란한 분위기를 전달하는 비주얼, 다른 하나는 바캉스 관련 주요 제품을 볼 수 있는 비주얼이다.

미드저니의 프롬프트 맨 앞에 디폴트로 쓰여 있는 단어는 '/

▶미드저니로 만든 11번가의 여행 프로모션 광고 이미지.

imagine'이다. 상상하는 그 어떤 이미지이든 만들어준다는 의미다. AI에 일을 시키는 프롬프트의 시작은 '상상해봐'인 것이다.

11번가의 경우 이 프롬프트에 다음과 같은 명령어를 입력했다.

three people playing on the beach, summer, blue sea, desert island, shopping + Pixar, advertising, simple, minimal, 3D, illustration, --1000('해변에서 놀고 있는 세 명, 여름, 파란 바다, 무인도, 쇼핑 + 픽사, 광고, 심플, 미니멀, 3D, 일러스트레이션, --1000)

이 명령어를 하나하나 뜯어보면, 크게 주제와 배경, 표현 방식을 입력했다는 것을 알 수 있다.

주제: 해변에서 노는 세 사람
배경: 여름, 파란 바다, 무인도
표현 방식: 픽사 애니메이션 스타일, 단순하고 미니멀한, 3D 일러스트

그런 다음 다양한 키워드를 입력했다. 먼저 '쇼핑'은 쇼핑과 관련된 요소를 포함한다는 의미다. 쇼핑몰 광고이기 때문에 인물만 나오는 게 아니라 주제와 관련된 쇼핑 아이템, 오브제가 한 장면에 같

이 자연스럽게 표현되도록 한 것이다.

'+ Pixar'는 애니메이션 영화를 만드는 '픽사Pixar'라는 회사의 애니메이션 화풍과 스타일처럼 만들라는 뜻이다. 'advertising'은 광고적 요소를 포함한다는 것으로 광고 디자인을 그려달라는 뜻이다. 그리고 'simple, minimal'은 단순하고 미니멀한 스타일, '3D'는 3D 일러스트레이션 이미지를 뜻한다.

완성도 높은 표현을 위해서는 프롬프트 길이가 조금 더 길어지는 고급 프롬프트를 쓸 수 있다. '/imagine' 다음에 스타일을 참고할 만한 URL를 넣고, 상상하는 이미지에 대한 설명을 넣을 수 있다. 그다음에는 화면 비율, 렌더링 이미지의 품질, 특정 프로그램의 표현 기법, 특정 카메라 종류나 렌즈 스타일, 조명 등의 이미지를 조정해주는 다양한 매개변수, 즉 파라미터를 더 구체적으로 쓴다.

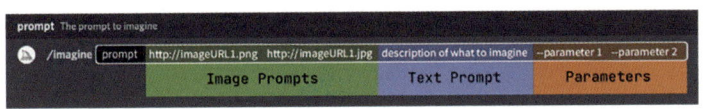

맨 끝에 있는 '--숫자'는 이미지의 가중치로, 특정한 요소의 중요도를 나타낸다. 11번가는 프롬프트에 입력된 사항이 최대한 정교하게 표현되도록 최대치인 1000으로 입력한 것이다. 0과 1000 범위에서 '--1000'으로 설정해 스타일과 표현력을 최대치로 요구한 것이다.

이렇게 해서 여러 버전의 이미지가 바로 생성되었다. 그 위에 포토샵을 이용해 '지금, 바캉스를 준비할 때. 여름휴가를 위한 바캉스 필수템!'이라는 텍스트를 작성하니 배너 광고가 완성됐다.

그리고 관련 상품을 직접적으로 보여주는 두 번째 비주얼도 살펴보자. 이번에는 다음과 같은 명령어를 입력했다.

summer, beach, palm tree, beach ball, Tube + Pixar, advertising, simple, minimal, Octane, Unreal Engine 5, 3D, illustration

이렇게 해서 여름 해변과 야자수를 배경으로 비치 볼, 비치 튜브 등의 소품이 등장하는 픽사 애니메이션 스타일을 살렸다. 고품질의 사실적 이미지를 생성하는 데 사용되는 '옥테인 렌더Octane Render'와 실시간 3D 렌더링 엔진인 '언리얼 엔진 5Unreal Engine 5'를 이용해 심플한 스타일의 고품질 3D 일러스트레이션 이미지를 렌더링하라고 명령했다.

참 간단하지 않은가? 원하는 스타일과 참고 이미지가 있다면, 간단한 단어만 입력하는 것만으로도 창의적인 콘텐츠를 얼마든지 만들 수 있다.

누구나 홈페이지와 상세 페이지를 만들 수 있다

마이크로소프트에서 내놓은 '마이크로소프트 디자이너Microsoft Designer'는 디자인 작업을 간단한 인터페이스 화면에서 직관적으로 이용할 수 있도록 도와주는 툴이다. '마이크로소프트 365'를 이용하는 사람이라면 함께 이용할 수 있도록 마이크로소프트 365 서비스에 포함되어 있다.

그래픽 디자인 플랫폼으로는 '캔바Canva'가 있지만, 마이크로소프트 디자이너는 한층 더 이용하기 쉬운 직관적인 인터페이스를 갖추었다. 캔바에는 디자이너가 아닌 일반인을 위한 명함, 디자인, 홍보물, 디자인 템플릿, 무료 소스 등이 많다. 그래서 비전문가와 소규모 비즈니스를 운영하는 사람들이 친근하게 쓸 수 있다.

이에 비해 마이크로소프트 디자이너는 비전문가뿐만 아니라 전문적인 디자이너까지 더 직관적으로 작업할 수 있도록 도와준다. 물론 일반인이 사용하기에도 쉽게 되어 있다. 1억 개 이미지와 고품질 영상 자료도 있어 영상을 만들기도 쉽다. 모션 그래픽 서비스도 있고, SNS에 바로 업로드하거나 공유할 수도 있다. 한 화면에서 여러 작업을 할 수 있는 것이다.

쇼핑몰을 만들어주는 서비스도 많다. 국내에서 운영 중인 '블로그페이' 같은 툴을 이용하면 쇼핑몰이나 웹사이트를 만들 줄 몰라도, 블로그 페이지를 만들듯 원하는 쇼핑몰을 쉽게 구축할 수 있다.

'제디터Geditor', '드랩아트Draph Art', 'SNS마켓SNS Market' 등을 활용하면 상세 페이지도 1분 만에 만들 수 있다. 예를 들어 작은 빈티지 옷 가게를 운영한다고 해보자. 마네킹에 걸린 옷을 스마트폰으로 찍은 다음 드랩아트 앱을 통해 원하는 콘셉트, 배경, 분위기의 사진으로 만들 수 있다.

▶드랩아트에서는 제품의 이미지에 맞게 사진을 변환할 수 있다.

▶드랩아트로 마네킹 사진을 모델 사진으로 변환했다.

 사진의 지저분한 배경을 제거하는 것도 간단하게 작업할 수 있다. 마네킹을 사람 이미지로 바꾸어주는 'AI 사람 변환 서비스' 베타 버전도 출시했다. 이 기능을 사용하면 마네킹 사진 하나를 1분 안에 모델 사진으로 바꿀 수 있다. 마치 스튜디오에서 촬영한 것처럼 깔끔한 상품 이미지와 상세 페이지를 순식간에 만들 수 있다.6

하루가 다르게 새로운 상품이 올라오는 전자상거래 환경에서는 빠른 제품 이미지 생성이 중요하다. 드랩아트는 쿠팡, CU 등과 서비스 공급 계약을 체결하고, 제품이나 음식 이미지에 맞게 사진을 변환하는 서비스를 제공할 예정이다.7

어도비 포토샵의 제너레이티브 필Generative Fill 기능을 사용하면 이미지의 특정 부분을 AI가 자동으로 채워 넣거나, 이미지를 변경하거나, 새로운 요소를 추가해준다. 이전에는 사용자가 그물 도구를 써서 영역을 섬세하게 지정하고, 이미지 편집 기능을 지정해서 하나씩 작업했다. 이제 업그레이드된 포토샵에서는 편집 기술이 별로 없어도 간단히 이미지를 보정할 수 있다.

〈AI 상품 이미지 생성 툴〉

종류	특징
드랩아트	AI 기술을 활용해 사진 촬영과 편집 과정을 자동화하는 서비스를 제공하는 플랫폼.
어도비 포토샵 제너레이티브 필	제너레이티브 필 기능으로 배경 이미지를 빠르게 수정·편집할 수 있다.
런웨이 ML(Runway ML)	이미지 생성, 편집, 애니메이션 등 다양한 기능을 제공하는 종합적인 AI 플랫폼.

실전 Tip 새로운 프롬프트 만들기

같은 툴을 쓰더라도 배경지식이 있으면 훨씬 깊이 있고 차별화된 결과물을 만들 수 있다. 그러기 위해서는 다른 많은 프롬프트 예시를 해석하고 스터디해보는 것을 추천한다. 게티 이미지Getty Images에서 제공하는 '프롬프트 라이브러리'라는 사이트에는 상업적 사용이 가능한 아이폰용 미드저니 이미지 소스와 프롬프트의 다양한 예시가 있다. 다음과 같이 해보자.

1 프롬프트 라이브러리 사이트(promptlibrary.org)에 들어간다.
   검색창에 내가 찾고자 하는 키워드를 입력한다.

2 내 업무와 비슷한 이미지를 찾는다.

3 이미지를 클릭하면 오른쪽에 'Full Prompt'라는 항목이 있고,
   어떤 프롬프트를 써서 이런 이미지가 나왔는지 알 수 있다.
   그 프롬프트에서 원하는 부분만 수정해 나만의 이미지를 만든다.

4 프롬프트를 이해하기 어렵다면, 복사해서 챗GPT 같은
   텍스트 기반 생성형 AI에 요청한다.

예) 프롬프트 'The International de Seguros box stands out against a minimalist green background, typical of modern packaging designs. Inside the box, there are only two items: a green bracelet, and a frame that houses a digital photo. —ar 1:1 —stylize 750'를 번역해줘.

그러면 챗GPT가 다음과 같이 번역해준다.

예) International de Seguros 상자가 현대적인 패키지 디자인의 전형인 미니멀한 녹

색 배경에서 두드러집니다. 상자 안에는 녹색 팔찌와 디지털 사진을 담고 있는 프레임, 이렇게 두 가지 아이템만 있습니다. —비율 1:1 —스타일화750

5 디자인과 스타일, 기법, 참고 스타일을 표현할 수 있는 단어를 알면 프롬프트를 입력할 때 편리하다. 예를 들어 다음과 같은 것들이 있다.

시네마틱, 팝아트, 아르데코, 사이키델릭, 사이버펑크, 포스트모더니즘, 글리치 아트, 큐비즘, 미드센추리 모던, 미니멀리스트, 바우하우스, 아르누보, 유리 형태주의, 트롱프뢰유, 스칸디나비아, 콜라주 스타일의 다다, 인상주의, 하프톤, 보케….

이처럼 여러 프롬프트를 살펴보고, 나만의 프롬프트도 입력해보자. 결국 차이와 깊이를 만드는 것은 기초적인 배경지식과 창의력이다.

당장 시작해보는 AI 마케팅 실전 : 231

고객을 읽고 고객을 잇는 AI 모델링

CHAPTER 18

조직 내 AI 전환을 위한 시도

　전 세계적으로 신규 투자를 받은 AI 기업 수는 1,812개로 전년 대비 40.6퍼센트 증가했다. 2023년 맥킨지 보고서에 따르면, 기업의 55퍼센트가 현재 하나 이상의 사업부 또는 기능에 AI(생성형 AI 포함)를 사용하고 있다. 이는 2017년 20퍼센트, 2022년 50퍼센트보다 증가한 수치다.

　앞으로는 많은 기업에서 AI 전담 팀을 만들거나 기존 조직 내에서 AI 트랜스포메이션을 시도할 것으로 예상된다. 마케팅은 모든 가치 체인에서 연결되어 있고, 고객과 모든 터치 포인트에서 연결

〈민간 분야 AI 투자 추이〉

2023년 미국의 AI 투자 규모는 672억 달러로, 중국보다 약 8.7배 많다. 2022년 대비 중국은 44.2퍼센트, 영국을 포함한 EU는 14.1퍼센트 감소했으며, 미국은 22.1퍼센트 증가했다.

출처: Quid(2023)

되어 있는 만큼 기업이나 브랜드의 AI 전환은 AI 마케팅 전환과 직결되어 있다. 만약 별도의 AI 마케팅 전담 팀이 구성된다면 해당 조직은 전 사에 적용 이전에 AI 마케팅 플랫폼 구축과 전환을 위한 청사진을 마련하고, 유기적으로 연결된 어젠다를 하나로 통합해 함께 적용해나가는 역할을 맡을 수도 있겠다. TF 조직이 아니라 상시 조직이라면 가장 앞서나가는 기술을 먼저 적용하고 시도해보는 테스트베드 부서 역할을 할 수도 있다.

2023년 AI가 국내외 IT 업계의 큰 화두로 떠오르며 많은 변화가 있을 것이라는 기대를 모았다. 그러나 AI에 사활을 걸고 있는 선두 국가나 기업을 제외하면 AI 도입 비율은 크게 높아지지 않았다. 2023년을 기준으로 약 42퍼센트의 기업은 비즈니스에 AI를 적극 활용하고 있다고 답했으며, 40퍼센트는 적극 검토하고 있다고 응답했다. 활용 및 검토 중인 기업의 비율은 2019~2022년 평균 81퍼센트를 기록했다. 2023년에는 82퍼센트로 전해와 크게 다르지 않은 것으로 나타났다.

한국은 AI에 대한 대중적 관심에 비해 평균적인 기업 현장에서 AI 도입과 적용 속도가 다소 느린 편이라 평가받는다. 현장에서는 AI 마케팅에 대한 관심이 뜨겁고 각 섹터에서 활발한 검토가 이루어지고 있다. 그러나 AI에 대해 적극적으로 투자하는 다른 국가와 비교하면 한국의 마케팅 환경에서는 본격적인 AI 마케팅 적용과 전환이 다소 더딘 편이다.

이는 AI 마케팅 플랫폼 구축과 전사적인 AI 마케팅 전환에 따른 초기 투자 비용, 각 부서별 역할과 유기적 협업 체계의 전환, 고객 데이터 민감성과 보안 이슈, AI 전문 경험과 인력 부족, 각종 정책과 윤리 규정 등 복합적인 도전 과제가 서로 얽혀 있기 때문이다.

IBM이 「IBM 글로벌 AI 도입 지수 2023 IBM Global AI Adoption Index 2023」 보고서를 발표했다.[8] IBM이 모닝 컨설트 Morning Consult와 함께 2023년 11월 한국을 포함한 전 세계 20개국 2,342명의 IT 전문가를 대상으로 실시한 조사 결과다.

응답자는 직원이 1,000명 이상인 기업에 속한 IT 전문가가 50퍼센트였고, 5,000명 이상인 기업에 종사하는 사람은 50퍼센트였다. 응답자 모두 관리자 이상의 직급으로, 회사의 IT 관련 의사 결정에 참여하거나 가시성을 보유한 사람들이었다.

조사 결과, 2019년부터 AI 도입을 검토하거나 활용 중인 기업의 비율은 꾸준히 약 81퍼센트에 달해왔다. 하지만 2023년 조사 결과 40퍼센트는 여전히 AI를 현업에 적용하지 못했고, 검토하는 단계에 머물러 있는 것으로 나타났다.

AI 모델링은 '식물 키우기'다

IBM은 교육 영상에서 AI 모델링을 '식물 키우기' 과정에 비유한 적이 있다.[9] 아파트 베란다에서 식물을 키운다고 상상해보자. 우선 어떤 식물을 키우고 싶은지, 왜 키우고 싶은지 생각해봐야 할 것이다. 그리고 원하는 식물이 어떤 환경에서 잘 자라는지, 물을 얼마나 자주 줘야 하는지 체크해야 한다.

잦은 출장 등으로 물을 규칙적으로 줄 수 없다면 물을 적게 줘도 잘 자라는 식물을 선택해야 한다. 베란다에서도 숲처럼 무성한 식물 인테리어를 원한다면 물을 자주 주더라도 키 큰 화분에 잎이 넓고 풍성한 식물을 키울 수 있다.

물도 적절히 주고, 흙도 관리해주고, 햇빛이 잘 드는 곳에 두어야 한다. 바람이 잘 들게 창문도 열어주고, 겨울에는 얼지 않도록 따뜻한 곳으로 옮기거나 창문을 닫아 온도를 유지해주어야 한다. 식물이 많이 자라면 더 큰 화분으로 옮기는 분갈이도 해야 한다.

AI 모델링도 이와 매우 비슷하다. 가장 중요한 것은 식물을 키우겠다는 마음처럼 어떤 생성형 AI라도 접속해 씨앗을 뿌리듯 프롬프트를 입력해보는 것이다. 그리고 나의 업무를 프로세스화해 알맞은 AI 솔루션을 업무에 매칭해보는 것이다. 마치 알맞은 화분을 고르는 것처럼 말이다.

좋은 물과 비료를 주듯 수정해가면서 가장 적절한 환경을 만들어 AI가 잘 성장하도록 해야 한다. 그러면 잘 가꾸어진 자신만의 AI 정원을 만날 것이다. 이 모든 게 귀찮다면 구독 서비스를 이용할 수도 있다.

AI 마케팅은 테스트와 학습test-and-learn의 연속이다. 다양한 목적과 가설을 기반으로 한 여러 모델을 다중으로 테스트하면서 조율해야 한다. 이를 '다중 모델 접근 방식multi model approach'이라고도 한다. 다양한 가설과 마케팅 모델 중 올바른 사용 사례에 적합한 모델을 찾을 수 있다. 성과 높은 모델이 나오면 그 모델은 어떻게 설계되었는지 살펴볼 수 있다.

완성도보다 속도다

업무에서 불변의 진리와 완벽한 정답은 없다. 불완전해도, 확신이 없어도 빠르게 시작해보고 시행착오를 겪는 것이 더 성과 있게 일하는 방식이 될 수 있다. 린 스타트업lean startup처럼 시장 반응을 살피며 성공 확률을 높여가는 것이다. AI 기술 자체가 그런 존재이기 때문이다. 우리는 지금 정답 없이 새로운 가치를 만들어가는 변화의 소용돌이 속에 있다.

초개인화 AI 마케팅에서 누구나 새로운 시도와 실험을 하게 된다. 정답은 없다. 계속 새로운 가설과 모델을 테스트하면서 고객의 마음에 다가가는 노력을 할 뿐이다. 마케팅 업무 모델을 만들고, 모델을 구성하는 데 유닛이 되는 마케팅 가설과 A/B 테스트 실험을 통해 고객에게 맞춤화된 경험을 제공할 수 있을 것이다. AI 기술의 발전으로 A/B 테스트는 더욱 정교하고 자동화되고 있으며, 이는 마케팅 성공 가능성을 높이고 있다.

AI 마케팅 시대에는 누가 더 빠르게 새로운 마케팅 모델을 구축하고 테스트해 선두에 서는가에 승패가 달려 있다. 완벽한 순간을 기다리지 말라. 부족하지만 빠르게 가설을 세우고, 적당한 마케팅 모델을 만든 다음, 캠페인을 일단 실행해보는 것이 유리하다.

생성형 AI도 완전하지는 않지만 먼저 세상에 내놓고 많은 사람이 사용하게끔 해 학습시키고 빠르게 고도화하지 않는가. AI 마케팅도 정형화된 정답이나 골든 룰이 있는 것이 아니기에 빠른 기획과 새로운 실행, 그리고 도전이 중요하다.

물론 고객 데이터 보안이나 마케팅 윤리 같은 절대 타협하지 말아야 할 요소는 있다. 이런 점에서 치명적인 문제가 없다면 70퍼센트만 준비되어도 실행해보면서 개선하는 것이 좋다.

초개인화 마케팅 모델을 구축하는 법

고객의 취향과 소비 패턴은 빠르게 변하며 니즈는 더욱 다변화되고 있다. 초개인화 마케팅을 성공적으로 구현하기 위해서는 빠르게 가설을 세우고 모델을 수립해야 한다. 그리고 수행한 결과값을 실시간으로 분석해 마케팅 모듈 설계에 재반영하는 것을 반복한다.

집을 지을 때 방 2개, 거실 1개, 화장실 1개를 만들었다고 해보자. 그런데 살다 보니 짐이나 가족 구성원이 늘었다. 그러면 뒷마당 공간을 활용해 방 하나를 더 만들고 본집과 연결할 수 있다. 애초에 집을 지을 때 아이들이 더 자라 각자 방이 필요해지면 중간에 벽을 세울 수 있는 모듈 구조의 집을 지을 수도 있다.

확장성을 고려해 집을 짓는 것처럼 마케팅 모델링에서도 모듈을 추가하고 연결하면서, 모듈을 확장하고 모델링 자체를 키워갈 수 있다.

이 과정에서 일관성과 유기적 확장성이 필요하다. 방 하나를 새로 만들어 연결할 때 원래 집의 마감재와 전혀 다른 마감재를 쓰면 이질감이 느껴질 것이다. 반대로 비슷한 마감재를 쓰면 더 자연스러워 보일 것이다. 모델링과 모듈링에서도 그런 일관성이 중요하다. 규모가 큰 마케팅 캠페인에서 서로 다른 모듈을 실험하면서도 전체적으로는 일관성을 띠면서 전체 그림을 만들어나가야 한다.

AI 마케팅에서 중요한 것은 끊임없이 시도하고 테스트하는 것이다. 잘게 쪼갠 마케팅 가설과 이에 해당하는 모듈을 만들고 활용하고 결과를 분석해서 반영한다. 이를 개선해 또 실행하고 다양한 목적과 가설을 기반으로 만든 다양한 모델을 다중으로 테스트하면서 최적의 조합을 찾고 조율하는 것이다. 이를 통해 성공률을 점점 높이고 고객 참여도를 높일 수 있다.

고객 참여와 만족도가 높아질수록 더 많은 고객 활동과 피드백 데이터 세트가 생성되고 이는 고객 데이터를 더 확장해준다. 고객 데이터 모수가 확장될수록 데이터 분석의 정확도가 높아지고 의미 있는 인사이트를 도출할 수 있다. 이는 다시 성공적인 고객 경험을 설계한다. 이로써 새로운 고객을 확보하고 기존 고객은 충성도가 더 높아지는 것이다.

AI 마케팅에서 모델을 구축하는 것은 집을 짓는 것과 같다. 땅을

〈AI 모델링 프로세스〉

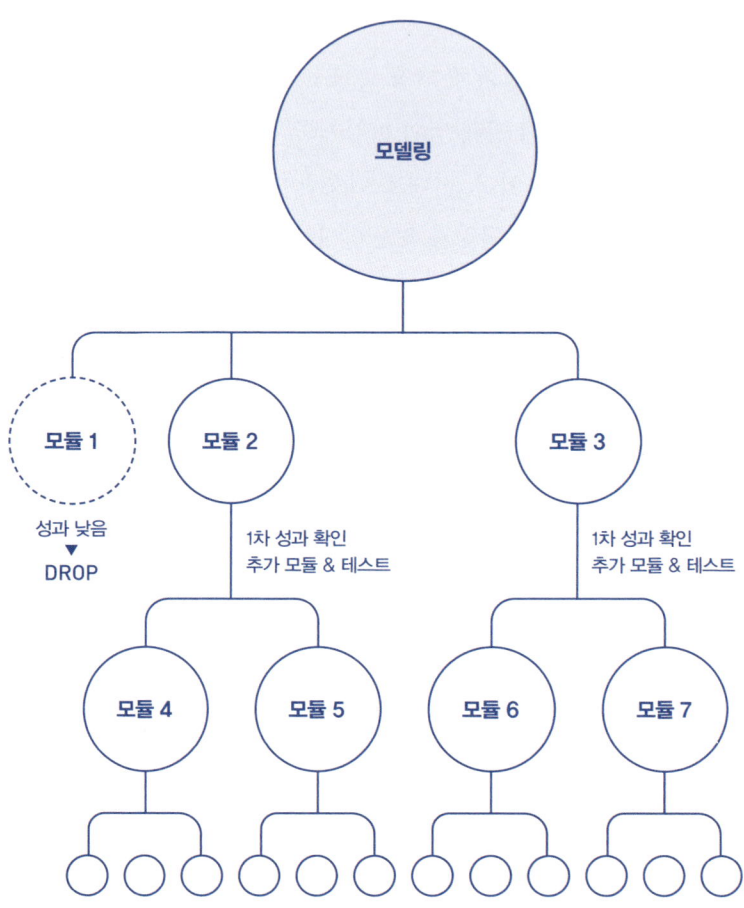

고르고, 다지고, 설계하고, 벽을 만들고, 창문을 내고, 집 안에 온돌 시스템과 배수 시설을 갖추고, 마감재를 쓰고, 여러 개의 방을 만드는 것이다. 그리고 모듈module은 집에 필요한 창문, 바닥재 등의 구성 요소라고 할 수 있다. 즉 모듈은 모델의 구성 요소로, 구체적인 기능을 수행하는 독립적인 단위를 뜻한다.

따라서 모델을 구축하기 위해서는 우선 구성 요소를 선택해야 한다. 추천 엔진, AI 챗봇, 개인화된 가격 책정 모듈 등 대상 고객이 공감할 수 있는 구성 요소를 골라야 한다. 모델링은 개인의 특성, 행동, 선호도를 파악하고 분석하는 과정이다. 이를 위해 다양한 데이터를 활용해 개인별 패턴을 찾고 예측 모델을 구축한다. 그리고 여기에서 도출된 결과를 기반으로 개인에게 맞춤화된 추천을 하고 콘텐츠를 제작한다.

일상 업무에도 각종 AI 툴을 이용해 작은 가설과 테스트 검증을 진행할 수 있다. 만약 프로모션 실행이 주요 업무라면 판매 촉진 관련 모델을 운영해보는 것이다.

추석맞이 프로모션을 기획한다고 해보자. 이 안에 한우 세트, 혼밥 밀키트 세트가 있다면, 각각은 서로 독립적인 모듈이다. 추석맞이 프로모션은 두 가지를 모두 아우르는 하나의 마케팅 모델이다.

그런데 올해는 연휴가 짧아 가족과 보내는 시간이 줄고 혼자 보내는 경우가 많아져 한우 세트 사전 예약 판매가 생각보다 실적을 올리지 못할 수 있다. 그러면 담당자는 보다 저렴한 1인 가구용 삼겹살 구성 상품을 빠르게 추가하고 유명 삼겹살집의 김치나 특수

부위로 구성된 옵션을 추가해 업셀링을 유도한다.

이처럼 첫 번째 모듈을 실행하는 동시에 성과를 보면서, 또 다른 새로운 가설과 모듈을 추가하면서 마케팅 모델을 보완할 수 있다. 참고로 사전에 몇 가지 가설과 모델에 대한 준비는 해두어야 한다. 그래야 필요할 때 바로 모듈을 투입하고 실행할 수 있다.

또 다른 예를 들면 콘텐츠 서비스 비즈니스에서 모델링은 개인의 영화 시청 기록을 분석해 영화 취향을 파악하는 과정과 같다. 그리고 모듈은 개인의 취향에 맞는 영화를 추천하거나 개인이 좋아할 만한 새로운 영화를 제작하는 역할을 한다.

모델링과 모듈은 서로 밀접하게 연관되어 있으며 상호 보완적인 관계다. 모델링에서 얻은 정보는 모듈 개발에 활용되고, 모듈을 통

〈AI 모델링 프로세스 예시〉

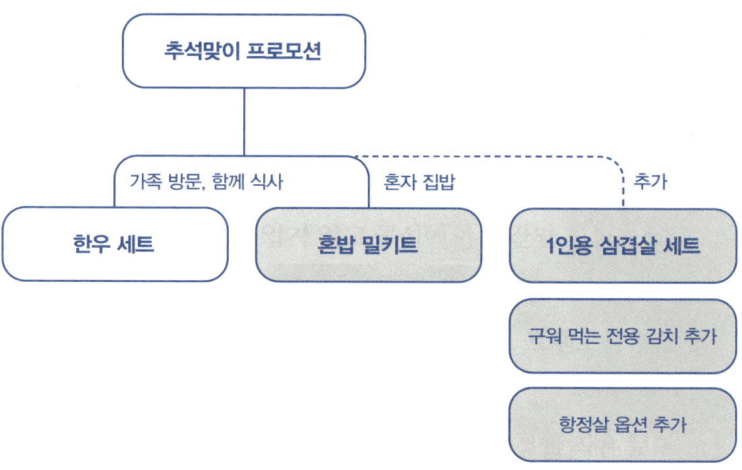

해 수집한 데이터는 모델링을 개선하는 데 사용된다.

이처럼 AI 솔루션을 통해 고객의 선호도에 따라 자동으로 변형되고 실행되는 시스템을 자신의 업무에 맞게 구성해야 한다. 차별화된 고객 경험을 만들어내고 끊임없이 그 경험을 진화시켜야 고객이 이탈하지 않고 충성도를 유지할 수 있다. 이러한 흐름을 요약하면 다음과 같다.

현재의 마케팅 프로세스 1차 분석 → 인사이트 도출, 초타기팅 → 다양한 마케팅 가설과 모듈 수립 → 콘텐츠 다변화 및 맞춤형 콘텐츠 실행 → 모듈별 다변화 테스트 → 실시간 성과 분석 → 캠페인 활성화로 고객 참여 강화 지속 → 새로운 데이터 유입

AI 마케팅 프로세스 구축

꼭 CDP가 아니어도 현재 CRM 구조에서 지금 바로 AI 마케팅 캠페인 자동화 시스템을 구축할 수 있다. 지금의 각 가치 체계 단계와 고객 채널 접점에서 일어나는 활동을 모두 한 판에 그려놓고 현재 상용 서비스하는 각종 AI 솔루션과 툴을 나열해놓는다. 그런 다음 자사에 가장 적합한 AI 마케팅 프로세스를 구축할 수 있다.

한 번에 모든 것을 적용할 수는 없다. 그러나 여러 담당자와 부서가 모여 고객과 제품, 서비스, 조직 시스템을 고려한 우리만의 AI 마

〈AI 마케팅 프로세스 구축 프로세스〉

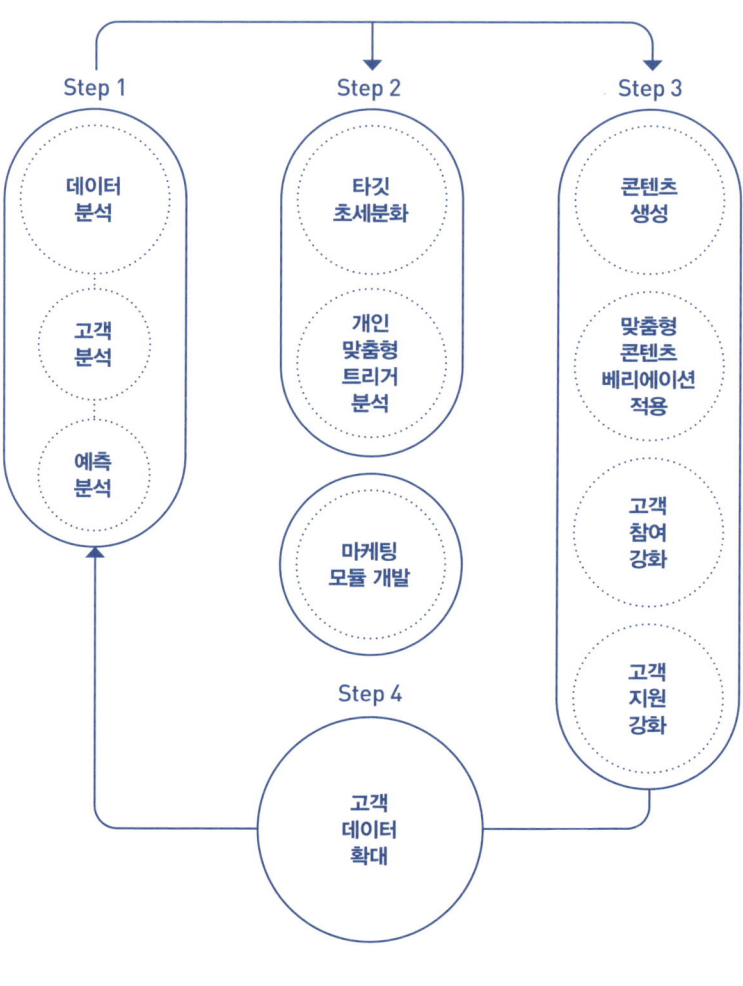

케팅 프로세스 구축 청사진이 될 만한 흐름을 그려볼 수 있다. 그 중 무엇을 먼저 시작해볼지, 더 집중할지, 단계별로 어떻게 접근할지 고민할 수 있다.

AI 전문가의 자문이나 컨설팅을 통해 전반적인 진단을 받아볼 수도 있다. 작게는 무료로 사용할 수 있는 생성형 AI를 가지고 사무 업무 환경이나 협업하는 업무 구조에 약간의 변화를 시도해볼 수 있다. 관련 업무가 합쳐진 새로운 그림을 만들어보는 것이다.

지금처럼 나뉜 구조로만 이해하면 접근이 어려울 수 있다. 그러나 부서별 업무나 고객의 니즈를 하나로 합쳐서 다 같이 머리를 맞대보면 창의적인 전략과 프로세스 청사진을 완성할 수 있다. 전 사 단위가 아니라 시범 운영해볼 작은 한 가지로 먼저 시작해보고 성공 경험을 만들어보면 어떨까. 물론 이 과정에서 좋은 질문으로 생성형 AI를 충분히 활용하는 것도 추천한다.

A/B 테스트를 넘어 다중 테스트로

과거 A/B 테스트는 일정한 시간을 두고 비교 대상이 되는 대조군과 테스트하는 방식이었다. 즉 테스트를 하고, 기간이 완료되면 그 후 결과를 대조군 A, B와 비교한 뒤 효과가 있는 방안을 선택한다. 그다음 일정한 테스트 기간을 걸쳐 진행하고 결과를 다시 비교해보는 순차적 방식이었다.

하지만 실시간 성과 측정이 가능한 AI 덕분에 이제는 A/B 테스트가 아니라 실시간 다변량 테스트multivariate test를 활용한다. 다양한 가설과 테스트 모델 중 적합한 마케팅 모델을 찾고, 성과 높은 모델이 나오면 그 모델은 어떻게 설계되었는지 살펴봐야 한다.10

여러 가설과 테스트 모델을 만들어 마케팅 테스트를 하고 즉각적으로 케이스별 성과를 볼 수 있다. 새롭게 모인 모듈별 결과를 확인하고, 새로운 테스트와 함께 모인 새로운 고객 데이터 세트를 분석한다. 그리고 다시 한번 고객 선호도, 패턴, 수요, 행동을 예측하는 인사이트를 도출한다. 이처럼 AI의 자동 생성, 데이터 분석, 마케팅 자동화를 통해 실시간 다변량 테스트를 진행해 고객 경험을 높일 수 있다.

AI로 절약한 시간을 어디에 쓸 것인가

마케팅 업무는 AI 솔루션의 도움을 받아 좀 더 정교하고 편리해질 것이며, 단순 업무 대신 전략적 의사 결정이나 협업에 시간을 더 할애하게 될 것이다.

누구나 데이터와 AI 마케팅 자동화를 누리는 시대에도 여전히 필요한 것은 의사 결정 역량이다. 잠재 고객을 발굴하거나, 새로운 제품이나 서비스를 기획하거나, 새로운 비즈니스 모델을 만드는 과정에서 어떤 결정을 내릴 것인가?

이에 대해 AI가 가장 적절한 의사 결정을 위한 가이드라인을 제시할 수는 있다. 그러나 AI를 통한 새로운 기회를 발견하기 위해서는 더 많은 사람의 지혜가 필요할 것이다. AI가 만들어낸 결과를 바탕으로 새로운 것을 시도하고 차별화된 가치를 만드는 것은 마케터가 담당할 새로운 일이 될 것이다.

소비자가 신뢰하는 브랜드는 한결같다. 무엇을 추구하든 브랜드의 핵심 가치가 수시로 바뀌어서는 신뢰를 쌓기 어렵다. 늘 변함없고, 예측 가능한 방향성을 소신 있게 지켜야 한다.

AI 기술이 도입되고, AI 마케팅을 새롭게 시도한다고 해서 핵심 가치를 바꾸거나 미래지향적인 이미지로 돌변해서는 곤란하다. 브랜드 철학과 스토리, 핵심 가치를 한결같이 유지해야 한다.

AI 기술의 다양한 역할과 도움으로 우리가 더 집중할 수 있게 된 것은 '우리다움'에 대한 고민이다. 기술은 도구일 뿐이고, 그 안에 어떤 이야기를 담아내는지가 차별화의 핵심이다. 고객은 진심이 담긴 브랜드 스토리와 마케팅 이니셔티브에 친절히 시간을 써가면서 다양한 채널에서 브랜드 경험을 만들어나간다. 물론 돈도 쓰면서 말이다.

이제 브랜드는 AI를 통해 돌려받은 시간과 자원으로 진짜 우리 이야기와 사람에 대해 고민해야 한다. 그리고 우리만의 방법으로 사회에 기여할 수 있는 방법을 고민해야 한다. 이를 통해 추상적 감정을 구체적으로 표현하는 새로운 마케팅 시스템에서 더 깊이 있게 고객을 이해할 수 있어야 한다.

기술혁신으로 고객과 비즈니스 환경이 다이내믹하게 바뀌고 있는 지금, 우리만의 브랜드 스토리를 정리하고, 새롭게 소통하며, 고객의 마음을 두드릴 기회를 놓치지 말아야 한다.

효율성과 비용, 두 마리 토끼를 잡는 AI 마케팅

CHAPTER 19

AI로 한결 수월해진 마케팅 글쓰기

뤼튼Wrtn 앱에서는 이력서를 첨부하기만 하면 지원 학과에 맞는 자기소개서 문장이 자동으로 완성되고, 블로그 글도 톤 앤드 매너를 선택하면 이에 맞게 자동으로 작성된다. 프리젠테이션 자료도 분량을 설정하면 그에 맞게 목차와 글이 자동으로 완성된다.

영업, 마케팅, 홍보 등의 업무에서 가장 어려운 것이 바로 글쓰기다. 종합 광고대행사에는 전문 카피라이터가 있지만 대부분 마케팅, 홍보, 영업 담당자가 글을 써야 한다. 블로그, 인스타그램, 이메일, 보고서, 제안서, 인쇄 홍보물, 웹 배너 페이지, 고객에게 보내는 앱 푸시 메시지, 인플루언서에게 전달할 홍보 가이드라인까지 마케팅에서 고객과 소통하는 수단 중 많은 부분을 차지하는 것이 글이다.

결국 마케팅 업무는 글쓰기에서 시작해 글쓰기로 끝난다. 그런데 이제 빈 화면에서 깜박이는 커서를 보며 무얼 쓸지 민하지 않아도 된다. AI에 글 작성을 시키고 결과물에 간단한 첨삭과 삭제, 편집만 할 수 있으면 된다. AI 글쓰기는 다양한 목적과 대상에 따라 보다 빠르고 쉽게 여러 버전의 마케팅 콘텐츠를 개발할 수 있게 해준다. 이를 통해 타깃 고객 대상으로 효과적인 텍스트 기반의 커뮤니케이션 자료와 마케팅 콘텐츠를 만들 수 있다.

네이버 하이퍼클로바 X를 기반으로 하는 큐에서도 글쓰기를 빠르고 완성도 있게 지원한다. 글쓰기 주제와 어조, 길이 등에 대한 가이드라인을 주고 글쓰기를 시켜보면 거의 실시간에 가까운 글을 써낸다.

클릭률과 전환율을 높이는 배너 페이지 카피 작성, 제휴 제안서에 함께 쓸 이메일 본문 작성, 고객 안내문, 제품 설명 매뉴얼 작성, 여러 SNS 스타일에 맞춘 글쓰기, 눈길을 끄는 브랜드 스토리텔링뿐 아니라 원하는 대로 길이를 늘리거나 줄이거나 번역해준다.

엔터를 누르는 순간 글쓰기는 끝난다. 특히 화자의 스타일, 글을 올리는 곳의 특징, 고객과의 관계 등을 고려해 다양한 톤 앤드 매너를 설정할 수 있다. 브랜드의 소셜 미디어 계정은 하나인데 담당자가 바뀌면 글의 톤이 바뀐다거나, 뉘앙스가 이상하다거나, 브랜드의 결이 갑자기 낯설어지는 경우가 있다. 사람이 직접 쓰다 보니 누가 쓰는가에 따라 스타일이 바뀌기 때문이다.

소셜 미디어 콘텐츠를 작성하거나 검수하는 사람의 스타일에 따라 브랜드 이미지가 달라지지 않도록 하는 것이 중요하다. AI 앱을 통한 글쓰기는 글 쓰는 시간을 혁신적으로 줄일 뿐 아니라 브랜드 이미지를 일관적으로 유지해준다.

〈생성형 AI 글쓰기, 번역 툴〉

종류	특징
네이버 하이퍼클로바 X	챗GPT 대비 한국어를 6,500배 학습한 생성형 AI
뤼튼	다양한 언어를 지원하는 한국 글쓰기 툴
재스퍼	다양한 글쓰기 템플릿을 지원하는 영문 글쓰기
카피에이아이(copy.ai)	광고 카피 및 채널별 콘텐츠 아이디어 제공
드랩아트	상품 상세 페이지에 들어갈 짧은 카피라이팅 작성
그래머리(grammarly)	영어 문법, 맞춤법 등을 빠르게 교정해주는 툴
파파고	각국 언어 무료 번역 서비스
Kakao i 번역	카카오톡 채팅방을 통한 각국 언어 무료 번역 서비스

글도 대신 써주는 AI 마케팅 시대에 중요한 것은 글을 읽고, 검수하고, 편집하는 능력이다. 어떤 스타일의 글을 써야 할지, 맥락에서 어떤 점이 중요하고 어떤 내용은 연결이 부자연스러운지 파악하고 AI가 쓴 글을 수정할 수 있어야 한다. 무엇이 좋고 어떤 방향으로 수정해야 하는지 마케터가 잘 판단해야 한다.

AI로 효율은 올리고 비용은 내리고

흔히 R&R^{Role and Responsibilities}은 각자 역할과 담당 업무를 분장하는 것을 의미한다. 이제는 부서나 팀에서 업무와 역할을 나눌 때 AI와의 업무 분장도 고민해야 한다. AI 플랫폼과 도구를 잘 활용하면 업무 시간을 단축하고 더 스마트하게 일할 수 있는 시스템을 구축하는 것이 가능하다.

맥킨지의 2022년 설문 조사에 참여한 회사의 42퍼센트가 생성형 AI나 각종 AI 솔루션 도입을 통해 전체 비용을 절감했다고 답했고, 10퍼센트는 전년 대비 비용이 절감되었다고 답했다. 또한 59퍼센트는 AI 도입으로 매출이 증가했다고 답변했다.

이는 AI가 업무 효율성과 적중도를 높이고 인적자원이나 예산 같은 물리적 투자의 효율성을 높여준다는 것을 보여준다. AI를 빠르게 도입하거나 도입 검토가 더욱 활발해질 2025년에 조사를 다시 한다면 비용 절감 효과를 보았다고 답한 기업이 더 늘어날 것이다.

실전 Tip **초개인화 시스템 구축하기**

우리가 일하는 방식, 협업 방식, 마케팅 방식을 전반적으로 업그레이드하려면 어떻게 해야 할까? AI 기술을 도입해 업무 프로세스를 바꾸는 것이 좋은 방법이다. AI 초개인화 시스템AI Hyper Personalization System, AIHPS을 구축하는 것이다. 그 방법을 하나씩 살펴보자.

1 문제나 목표를 설정한다.
어떤 문제가 있는지, 어떤 목표를 달성하고 싶은지 현재 상황과 목표를 정리한다.

2 적합한 솔루션과 서비스를 검토해 초기 모델을 만들어본다.
본격적인 AI 솔루션을 구매하거나 도입하기 전에 가상으로 전략적인 프로세스를 만들고 검토해보는 것이 좋다.
시작하기 어렵다면 생성형 AI에 질문하자. 어떤 회사이고, 어떤 서비스를 하고 있으며, 어떠한 고객이 있는지, 회사 규모는 어느 정도인지, 어떤 AI 자동화 시스템을 구축하고 싶은지 입력한다. 그리고 어떤 솔루션을 사용하면 좋을지 물어서 리스트를 만들 수 있다.

3 리스트로 작성한 솔루션에 대해 알아본다.
각 솔루션을 소개하는 해당 회사의 웹사이트, 동영상 홍보 자료, 기술 관련 강의 자료, 특정 프로그램 무료 트라이얼 서비스, 각종 프로그램에 대한 구체적인 튜토리얼 영상, 실제 적용 사례 등을 찾아보며 판단해본다.

4 실제 마케팅 모델을 바탕으로 작게 테스트해본다.
테스트를 수행하면서 결과 데이터를 모으고 인사이트를 찾는다. AI 시스템을 통해 마케팅 가설과 모듈을 수립하면 실제로 실행해보면서 테스트할 수 있다. AI 비서나 AI 부서가 고객과 실시간 소통하면서 흥미로운 결과값과 데이터를 모으는 것과 같다.

고객 조사가 메인 담당 업무라면 그러한 측면에서 다양한 모듈로 구성된 마케팅 모델을 수립해 운영해본다. 프로모션 실행이 주요 업무라면 판매 촉진 관련 모델을 운영해본다. '어떤 마케팅 모델을 구축하는가?'는 이렇게 만들어가는 작은 가설과 실행, 테스트의 조합으로 구성된다.

내부에서 판단하기 어려우면 외부에서 전문 컨설팅 서비스를 받는 것도 방법이다. 진단을 받아 가장 적합한 솔루션과 모델을 수립할 수 있다. 아니면 전문가를 채용해 내부에서 효과적으로 시스템을 구축하고 관리할 수도 있다.

실전 Tip 나에게 맞는 AI 살펴보기

1 무료 온라인 교육 활용하기
- ▶국내외 주요 AI 솔루션 기업 웹사이트 및 홍보 자료, 영상을 참고해 눈으로 각 솔루션의 특장점을 익힌다.
- ▶코세라Coursera, 에드엑스edX: AI 기초, 머신러닝, 딥러닝 등 AI 마케팅에 필요한 지식을 체계적으로 배울 수 있는 다양한 무료 강좌를 제공한다.
- ▶유튜브: 유튜브에는 AI 마케팅 관련 튜토리얼과 강의 영상이 많다. 국내외 전문가들의 강의를 통해 실질적인 노하우를 얻을 수 있다.
- ▶블로그, 기사: AI 관련 블로그나 기사를 꾸준히 읽으며 최신 트렌드와 정보를 업데이트하자.

2 주요 콘퍼런스 참고
- ▶기업 주최 콘퍼런스: Google I/O, AWS 리인벤트(AWS re:Invent), IBM 등 글로벌 IT 기업들이 주최하는 컨퍼런스 및 유튜브 영상 자료 참고한다.
- ▶국내 AI 콘퍼런스: 세계지식포럼, AI 엑스포 코리아(AI EXPO KOREA), AI 서밋 서울(AI Summit Seoul), DMS(Digital Marketing Summit), 한국인공지능학회에 참석하거나 주요 연사 및 발표 주제를 확인한다.

3 무료 AI 도구 서비스 활용하기
- ▶구글 애널리틱스Google Analytics: 웹사이트 방문자 데이터를 분석해 마케팅 전략 수립에 활용할 수 있다.
- ▶구글 서치 콘솔Google Search Console: 검색엔진 최적화SEO를 위한 키워드 분석, 검색 트렌드 분석 등을 수행할 수 있다.
- ▶페이스북 인사이트Facebook Insights: 페이스북 페이지의 성과를 분석하고, 타깃 고객층을 파악할 수 있다.
- ▶제미나이, 큐, 코파일럿 등 다양한 AI를 골고루 활용하고, AI와 대화하면서 깊이 있는 시장 조사 및 사업 기획, 마케팅 아이디어 초안을 태핑한다.

〈개인 사용자를 위한 국내 무료 AI 서비스〉

종류	서비스	주요 기능
네이버	하이퍼클로바 X, 큐	한국형 챗 GPT, 대화형 검색 서비스
	클로바노트	AI 음성기록 서비스. 강의·회의 등 대화를 음성으로 기록하여 텍스트로 정리
	클로바더빙	텍스트를 자연스러운 음성으로 변환. 유튜브 등 영상 더빙 등에 활용하기 편리
카카오	코GPT(KoGPT)	국내 최대 규모 언어 모델. 번역, 글쓰기, 챗봇 등에 활용하며 카카오톡 채팅방에서 AI 챗봇과 대화, 이미지 생성 가능
	헤이카카오	카카오의 AI 음성 기반 서비스
SK텔레콤	에이닷	AI 챗봇. 대화 및 정보 검색 가능
	누구	스마트 스피커를 통해 음성으로 다양한 서비스 이용 가능
KT	기가지니	스마트홈 구축. 음성으로 다양한 기기 제어 가능
삼성전자	스마트싱스(SmartThings)	스마트폰으로 가전제품 제어. 빅스비를 통해 음성 명령 실행
	빅스비	스마트폰 AI 비서. 음성 명령을 통해 다양한 기능 실행
LG	씽큐(ThinQ)	LG 가전제품에 탑재된 AI 플랫폼
뤼튼	뤼튼	AI 작문 툴. 콘텐츠 제작, 상품 소개, 블로그 등 마케팅 글쓰기가 가능하며, 이력서 기반 자기소개서 작성 등에 활용 가능
업스테이지	아숙업(AsukUp)	카카오톡 내 AI 챗봇 서비스. 음식 사진을 올리면 영양 정보를 분석해주는 '푸드 렌즈' 기능 추가
스픽이지랩스 (Speakeasy Labs)	스픽(Speak)	음성 인식 기반 영어 학습 AI 튜터링 서비스. GPT-4 기반으로 영어 원어민과 프리 토킹하듯이 영어 회화 연습 가능

▶노코드/로코드No-code/Low-code 플랫폼: 코딩 없이도 간단한 AI 모델을 만들 수 있는 플랫폼을 활용해 아이디어를 구체화할 수 있다(예: Google Colab, Kaggle).

4 평소 AI 앱과 서비스 자주 사용하기
▶생활 편의, 업무 편의 및 효율성을 높여주는 다양한 AI 서비스를 자주 사용한다.
▶대화형 챗GPT 영어 버전을 사용함으로써 영어 회화를 일상화한다.

5 나만의 AI 비서 만들기
▶자주 필요할 만한 기능이 잘 구현된 AI 플랫폼과 서비스를 찾아서 최적화한다.
▶보고서 및 데이터 시각화, 콘텐츠 제작과 관련해 나의 업무에 맞는 서비스를 찾는다.

6 AI 관련 전문 리포트 찾아보기
▶국내외 뉴스 기사와 글로벌 전략 컨설팅 회사의 리포트, 블로그, AI 관련 책을 살펴본다.
▶AI 키워드 등록 및 뉴스 레터 신청을 통해 AI 기술 최신 소식을 받는다.

PART 4

AI 시대, 마케터가 잊지 말아야 할 것들

아무리 기술이 발달해도 고객의 마음을 움직이는 것은 결국 인간다움이다.
또 AI 마케팅의 윤리적 측면, 즉 개인 정보 보호, 다양성 존중, 저작권 준수,
중립성 유지 등도 간과할 수 없다. 이는 단순한 도덕적 이유를 넘어,
고객과의 신뢰를 구축하는 데 중요한 요소다.
따라서 마케터가 기술과 인간다움,
그리고 윤리 사이 균형을 잡는 것이 중요해졌다.

더욱 중요해진 개인 정보 관리

CHAPTER 20

개인 정보 이용 허용인가, 암묵적 동의인가

AI 기술을 활용하면 대규모 개인 정보 수집과 분석을 바탕으로 고객의 패턴, 행동을 예측하고 제안하며 감정까지 분석할 수 있다. 그런데 이 과정에서 개인의 자율적 판단과 선택에 과도한 영향을 미칠 우려도 있다.

우선 개인 정보 보호 문제가 있다. 고객 정보는 폐쇄 정보다. 고객 정보 제공에 동의한 회사 내에서 해당 목적을 위해서만 사용하고 보안을 유지해야 한다.

데이터 관리, 개인 정보 보호 규정은 앞으로 더욱 중요해질 것이다. 우리가 흔히 앱 하나를 깔더라도 개인 정보 허용에 체크하고 기업이 합법적으로 활용하게 하지 않는가. AI 마케팅에서도 개인 정보 활용 범위와 사용 데이터를 고객이 인지하고 허용한 데이터여야 한다. 나와 관련된 데이터가 어디까지 활용되고 어떻게 안전하게 관리되는지 고객이 언제든 투명하게 알 수 있어야 한다.

기업에서는 개인 정보가 어디까지 활용되고 관리되는지 명확한 기준과 관리 시스템을 만들어야 한다. 고객이 나를 위해 좋은 것을 추천하는 게 아니라 나를 추적하고 과도하게 제안한다는 느낌을 받으면 안 된다. 이는 고객에게 불안과 불신을 불러일으킬 수 있다. 고객 정보 관리에 대한 명확한 시스템, 안전한 관리와 제도적 규제, 사회적 합의, 윤리에 대해 끊임없이 노력하는 기업만이 고객에게 믿음을 줄 수 있다.

물론 법률적 규제와 사회적 규제도 빠르게 따라가야 한다. 개인 정보를 침해하거나 개인 정보를 과도하게 수집·활용될 가능성은 없는지, 악용될 소지는 없는지 제도적 장치와 자정 시스템을 갖출 필요가 있다. 하지만 규제 샌드박스가 있을 정도로 독특한 한국적 규제에 갇혀 한 발짝도 나갈 수 없는 늪에 빠져서도 안 될 것이다.

개인 정보 사용 vs. 고객 취향 파악

동네 단골 매장에 가면 나의 취향을 이해하고 딱 맞는 것을 추천해주곤 한다. 그동안 나에 대한 단서를 단골 매장에 직간접적으로 알려주었기 때문에 가능한 일이다. 고객 입장에서 나의 취향을 이해해주는 단골 매장이 싫지는 않을 것이다.

하지만 때로는 나에게 관심이 전혀 없는 곳에서 불특정 다수가 되는 게 편할 때도 있다. 마음이 심란해 혼자 술을 한잔하고 싶다고 해보자. 때로는 단골 술집에서 두런두런 이야기를 나누고 싶기도 하고, 때로는 낯선 바에서 완전한 이방인이 되고 싶기도 하다.

데이터 수집은 궁극적으로 고객의 편의와 경험을 개선하기 위한 것이지만, 그 과정에서 고객이 원하지 않는 데이터가 노출되거나 제3자에게 동의 없이 공유되어서는 안 된다. 내가 A라는 사이트에서만 구매했는데, B라는 사이트에서 나의 취향을 알고 상품을 추천해준다면 어떨까? B라는 곳에는 내가 정보를 제공하겠다고 동의한 적이 없다면? 고객은 A 사이트에 대한 신뢰를 잃을 것이다.

개인 정보를 사용하는 것과 나의 취향을 알아주는 것 사이에는 균형과 합의가 필요하다. 기업은 이에 대해 철저한 기준과 제도적 장치를 마련해야 한다. 우리가 개인 정보 사용 관련 문자나 알림톡을 받듯 개인 정보 사용 현황을 고객이 직접 확인할 수 있는 투명한 시스템을 만들어야 한다. 고객의 다양한 활동과 행동에 대한 직간접적 데이터를 얼마나 오래 보관하고, 안전하게 폐기하는지, 고객이 합의한 범위에서 어떻게 재판매되고 공유되는지도 명확하게 관리해야 한다.

문제는 AI는 거의 실시간이고 고객이 일일이 허용할 수 없다는 것이다. 그래서 특정 회사의 개인 정보 사용을 모두 허용하는 절차가 추가될 것이다. 기업의 노력과 함께 사회적으로는 철저하게 모니터링하는 기관이 필요하다.

개인 정보 침해를 막기 위해 고객 데이터의 보안과 정보 관리 안전망에 더욱 강화된 기술적 장치가 필요할 수 있다. 그중 하나가 양자 암호다. 양자 암호는 기업이나 개인이 서로 알지 못하는 난수 번호를 사용하는 방식으로, 데이터 해킹과 유출을 방지한다.

양자역학의 원리를 활용해 송신자와 수신자가 양자 입자를 주고받으면서 얽혀 있는 암호 키를 통해 데이터를 보호한다. 이 기술은 데이터를 송신할 때 암호화하고, 수신할 때도 얽힌 상태에서 해독해 암호가 노출되거나 풀리지 않도록 한다. 현재까지 알려진 바로는 도청이나 암호해독이 불가능한 암호 체계로 평가받는다.

양자 암호는 군사, 금융, 통신, 의료 기관 등 보안이 중요한 분야에서 먼저 사용될 것으로 보이며, 향후 일반 커머스나 기업 단위에서도 개인 정보 보안을 위해 검토될 가능성이 있다.

쿠키 없는 세상이 온다

새로운 웹사이트를 방문하면 '쿠키 허용'을 묻는 팝업 창이 뜬다. 이는 웹사이트가 사용자의 활동을 추적하기 위해 쿠키를 저장하려는 목적으로 묻는 것이다. 이러한 쿠키는 사용자가 방문한 페이지,

클릭한 링크, 검색한 키워드 등을 기록해 불특정 다수의 고객 관심사를 트래킹하는 데 사용된다. 이를 통해 고객 데이터 풀을 쉽게 확장해 마케팅을 해왔던 것이다.

그러나 이런 시대는 막을 내리게 되었다. 웹사이트 방문 기록을 알 수 없는 '쿠키리스'의 시대가 시작될 예정이기 때문이다. 익명 고객의 방문 기록인 쿠키 정보를 활용할 수 없게 된다는 뜻이다. 먼저 구글 크롬 등 주요 웹 브라우저에서 쿠키 사용을 중단하겠다고 발표했다. 이것은 고객의 '잊힐 권리'도 중요하다는 것에 공감하는 조치이기도 하다.

따라서 이제는 디지털 광고에서 새로운 고객 데이터를 개발하고 관심사를 파악하는 대안이 필요하다. 디지털 환경에서 고객의 발자국 같은 쿠키를 수집하는 게 아니라 새로운 방법으로 고객의 관심사와 이용 행태를 파악해야 한다.

이런 의미에서 초개인화는 과거 데이터에만 의존하지 않고, 고객의 선호도와 행동을 실시간으로 분석해 더 정확하고 정교한 제안을 할 수 있게 해준다. 이를 통해 기업은 고객의 다양한 행동 데이터를 종합적으로 분석해 개인 맞춤형 경험을 제공할 수 있다.

AI 마케팅 시대의 윤리와 지속성

CHAPTER 21

다양성에 대한 존중이 필요한 시대

뷰티 브랜드 도브Dove는 최근 '더 코드The Code'라는 마케팅 캠페인을 진행했다. 2분짜리 영상에서는 이미지 생성형 AI에 '세상에서 가장 아름다운 여성의 이미지'를 만들어달라고 요구한다. 그러자 금발에 마른 체형의 백인 여성을 담은 이미지가 생성된다. 이내 주인공이 실망하는 모습을 보이고, 이어서 다양한 인종, 문화, 개성, 신체적 특징을 지닌 여성들의 모습을 보여준다.

그간 광고계, 패션, 엔터테인먼트 산업 전반에 걸쳐 형성된 편향된 이미지가 AI에 확대되거나 무분별하게 재생산될 수 있다. 도브의 캠페인은 이에 관한 위험성을 알리는, AI 윤리에 대한 메시지가 담긴 마케팅이라고 할 수 있다.

여성 고객이 있는 그대로의 아름다움을 지킬 수 있도록 꾸준히 소통해온 도브는 2004년 매스미디어가 조작한 아름다움이 아닌 진정한 아름다움을 찾자는 '리얼 뷰티Real Beauty' 캠페인을 시작했고,[1] 최근에는 AI마저 아름다움에 대한 왜곡되고 편향적인 기준을 따르고 있음을 지적하는 '더 코드' 캠페인으로 확대했다. 2021년에는 과도한 포토샵 편집을 하지 않겠다는 디지털 왜곡 제로를 발표했다.

이에 그치지 않고 다양한 개성을 지닌 여성의 이미지를 만들 수 있는 생성형 AI 명령어와 표현에 대한 상세한 가이드라인을 소개했다. '리얼 뷰티 프롬프트 플레이북'이라고 쓰인 AI 플레이북은 생성형 AI가 과장된 편집과 왜곡 없이 가장 자연스럽고 아름다운 이미지를 만들 수 있도록 도와주는 매뉴얼이다.[2] 성별, 다양한 신체 특징, 나이, 피부 톤과 주름, 주근깨, 의상 특징, 헤어스타일, 포즈와 배경까지 다양한 옵션을 표기해두었다.

도브의 이런 행보는 AI 마케팅 시대에 자칫 편향된 메시지를 전할 위험성을 알리는 혁신적인 마케팅 메시지인 동시에 구체적 실천 의지를 보여준 것이다. AI 마케팅과 윤리에 대한 고민이 시작될 때 빠르게 브랜드의 철학과 메시지를 전달함으로써 브랜드의 진정성을 보여주었다. 최고의 메시지를 선점하는 스마트한 마케팅 전략이라고 할 수 있다.

▶도브는 AI까지 편향된 미적 기준을 지니고 있음을 꼬집으며 과장과 왜곡 없이 아름다운 이미지를 만들게 돕는다.

편견을 강화하는 편향의 함정

AI 마케팅이 가져온 또 다른 우려는 정보의 편향이다. 유튜브의 알고리즘이 점점 더 편향된 콘텐츠를 보게 한다는 문제가 제기되었다. 어느새 알고리즘에 길들고 관심사가 제한된다는 느낌을 받을 때가 있다. 특히 아이들을 키우는 집에서는 아이들이 점점 편향된 콘텐츠에 빠질까 우려하기도 한다.

개인의 취향은 제각각이기 때문에 서로 다른 수요와 공급이 자연스럽게 형성된다. 알고리즘은 개인의 성향과 데이터를 분석해 그 사람이 좋아하는 것을 더 많이 추천해준다. 이 과정에서 알고리즘이 편향된 데이터를 학습하거나 특정 집단을 소외시키면서 역차별과 사회적 편견을 강화할 위험이 있다.

그리고 특정 집단이나 대상에게 불리한 마케팅 메시지나 이미지가 생겨날 수 있다. AI가 생성하는 마케팅 콘텐츠가 고객에게 불쾌감을 줄 가능성도 있다. 특히 마케팅이 한쪽으로 치우치거나 왜곡되거나 특정 집단을 무의식적으로 폄하할 수 있다.

따라서 자동화된 시스템에서 마케팅 모델을 설계하고, 결과를 판단하며, 최종 검수하는 모든 단계에서 세심한 조율과 관리가 필요하다. 하지만 일상적으로 모든 경우의 수를 예측하고 조정하기란 매우 어려운 일이다. 아무리 세심하게 주의 사항을 마련하더라도 모든 문제를 완벽하게 예방할 수는 없다. 사람이 직접 담당하는 SNS에도 편향된 내용이 포함되어 해당 회사나 브랜드의 가치를 크게 떨어뜨리는 경우가 많다. 이는 기술뿐만 아니라 사람이 개입하는 마케팅에서도 불가피하게 발생할 수 있는 문제다.

따라서 AI 마케팅에서도 지속적인 모니터링과 피드백, 그리고 문제가 발생했을 때의 빠른 대응이 무엇보다 중요하다. 기술에 지배되는 시스템이 구축되지 않도록 하는 것도 중요한 과제다. AI 기술이 더 올바르게 발전하고 사회에 적용되기 위해서는 부단한 고민과 토론이 반드시 필요하다.

AI 발달로 제기되는 저작권 보호 문제

레오나르도 다빈치Leonardo da Vinci의 모나리자 그림이 마치 재미있게 랩을 하는 것 같은 영상으로 만들어져 올라와 화제를 모았다. 이 영상은 마이크로소프트의 AI 모델 VASA-1을 활용하여 배우 앤 해서웨이Anne Hathaway가 어느 방송에서 부른 극성 파파라치 디스 랩 음성 파일을 합성해 만든 것이다. 이 모나리자 랩 영상은 유명한 작품의 저작권과 유명인의 초상권 등에 대한 깊이 있는 고민이 필요하다는 것을 보여준다. AI를 통해 저작권이 있는 작품이 무분별하게 복제되거나 오남용될 수도 있으며, 실제 인물이나 유명 작품을 오해할 소지가 있거나 개인의 명예를 훼손하는 문제가 발생할 수 있기 때문이다.[3]

그러나 이러한 금지 조치에 대해 일부는 예술의 자유를 제한한다는 반대 의견을 제기했다. 반대하는 측은 AI를 통해 새로운 작품을 창조하는 것을 열린 예술의 한 형태로 간주하며, AI는 단순히 도구일 뿐 예술의 본질을 변화시키는 것은 아니라고 주장했다. 이는 마치 20세기 후반, 앤디 워홀이 슈퍼마켓에서 쉽게 구할 수 있는 토마토케첩 통 이미지를 그대로 활용해 대량생산 방식으로 예술 작품을 창작했을 때 일어난 것과 비슷한 논쟁이다.

영국 신문 《가디언》은 AI를 통한 고전 작품 재해석이 새로운 예술 형태를 창출하는 과정이라고 주장했다. 즉 AI는 과거의 작품을 복제하는 데 그치지 않고, 이를 통해 새로운 차원의 예술을 만들어 나가는 창조적 가능성을 제시한다는 것이다.

이렇듯 AI의 재해석과 창작에 대한 논쟁은 여전히 뜨겁다. AI가 예술 작업을 재해석하는 과정에서 어디까지가 창의적인 재해석이고, 어디까지가 무단 복제 또는 불법 사용인지 구분하는 것은 쉽지 않다.

특히 디자인, 홍보, 광고 이미지, 영상 제작 분야에서 이러한 문제가 두드러질 수 있다. AI를 사용해 빠르고 효율적으로 콘텐츠를 제작할 수 있지만, 그 과정에서 누군가의 창작물을 무단으로 사용하거나, 기존 작품과 유사한 콘텐츠를 만들 가능성이 있다. 이러한 경우 이용자는 자신도 모르는 사이에 저작권을 침해하게 될 수 있다.

어도비는 저작권으로 보호되는 콘텐츠를 학습하지 않도록 방지하는 기술을 개발했다. 이 기술은 콘텐츠 출처와 저작권 소유자를 식별해, 문제가 될 만한 이미지를 사용하지 않도록 포토샵에 적용된 AI 이미지 생성 툴이다. AI를 활용한 콘텐츠 제작에 대한 저작권 정책과 가이드라인도 마련해 저작권과 창작권을 보호하고, AI가 인간의 창작 영역을 침해하지 않도록 하고 있다.

예를 들어 자신의 소셜 미디어에 올린 휴가 사진이 본인도 모르게 다른 나라 여행 광고에 사용된다면 당혹스러울 수 있다. AI가 공개된 사진을 수집해 데이터로 활용하고, 이를 변형하거나 자동 편집해 제3의 상업적 목적으로 사용할 가능성이 있기 때문이다. 해당 광고를 만든 회사조차 이미지의 원본 출처를 파악하기 어려운 경우가 많다. AI가 변형한 이미지가 원본과 완전히 일치하지 않기 때문에, 당사자가 자신의 사진이라고 추측하더라도 명확히 증명하기 어려울 수 있다. 요즘에는 비슷한 이미지가 많기 때문에 더욱 그렇다.

공개된 사진을 저작자의 의도와 상관없이 AI가 수집하고 사용하는 것을 막을 방법은 무엇일까? 우리가 이미지와 관련해 AI의 접근과 학습, 사용 허락 여부를 어떻게 설정할 수 있을까? 또 AI 툴 이용자는 이미지의 근본 소스가 어디에서 비롯되었는지, 가상과 실제 이미지의 경계가 어디인지 알 수 있을까? 이에 대한 고민이 필요한 때다.

AI 콘텐츠와 환각 현상

환각hallucinations 현상은 AI에서 자주 발견되는 현상이다. 엉뚱한

답을 한다거나, 사실이 아닌 이야기를 한다거나, 전혀 연결되지 않는 여러 사실을 마구 섞어 이야기하는 등 AI가 만들어내는 잘못된 정보와 지식을 환각 현상이라고 한다. 이는 데이터를 이해하고 분석하는 과정에서 알고리즘이 쏟아내는 이상한 조합의 결과다.

환각 현상을 경계하기 위해서는 AI가 만드는 콘텐츠를 적절하게 판단할 줄 알아야 한다. 바로 '사람'이 보고 판단하는 것이다. AI가 만드는 결과물을 그대로 받아들이는 것이 아니라 이게 맞는지 스스로 계속 질문해야 한다.

AI를 이용한 대고객 마케팅 활동에서도 개인 정보 유출과 함께 가장 경계해야 하는 것이 환각 현상이다. 잘못된 정보나 편향된 단어 하나로 오랫동안 쌓은 기업의 평판이 바닥에 떨어질 수 있다. AI가 잘못한 것이라고 해도 AI를 처벌할 수는 없다.

특히 AI 마케팅, 광고, 프로모션, 영업 활동 등에서 책임 소재나 문제 발생 원인 분석 및 해결책에 대해 주의 깊게 살펴봐야 한다. 일하는 것은 결국 사람이고 AI는 업무 수단일 뿐이다.

대고객 활동에서 사용하는 언어와 결과물은 그 기업을 이루는 일부라 할 수 있다. 그래서 AI 마케팅 모델을 구축할 때 개인 정보 침해, 특정 집단에 불쾌하게 느껴질 수 있는 내용, 사회적 편견을 야기하는 요인을 철저하게 검증해야 한다. 이를 위해 책임감 있게 모니터링하고 자정 시스템을 운영해 관리해야 한다. 그래야 고객의 신뢰를 지킬 수 있다.

AI에서의 정치적 중립성 문제

제미나이에서 특정 정치인에 대해 질문하면, 그 어떤 정보도 제공하지 않는다. 아무 이름이나 대면서 이 사람이 누구인지 물어보면 다음과 같은 대답이 나올 것이다.

현재 저는 선거와 정치적 인물에 대한 답변은 해드릴 수 없습니다. 저는 최대한 정확한 답변을 드리도록 학습되어 있지만 실수를 할 수 있습니다. 선거와 정치에 관한 설명을 더 잘할 수 있도록 개선하는 동안에는 구글 검색을 이용해보시기를 권장합니다.

아직 완벽한 수준은 아니겠지만 많은 대규모 언어 모델에서 '정치적 중립성'을 지키기 위해 다양한 노력을 하고 있다. AI에서 정치적 중립성은 왜 중요할까? AI가 정치적 쟁점에 개입하거나 특정 정치적 입장을 지지할 경우 편견과 차별의 위험이 커지고, 신뢰성과 투명성이 저하될 수 있기 때문이다.

AI는 많은 사용자에게 영향을 미칠 수 있는 강력한 도구다. 그렇기에 정치적으로 중립적이지 않으면 특정 이념이나 관점을 무의식적으로 강화하거나 왜곡된 정보를 제공할 수 있다. 만약 AI가 정치적 입장을 드러낸다면 사용자는 AI가 편향적이라고 느끼고, 그 시스템에 대한 신뢰를 잃을 수 있다.

각자의 가치관, 취향, 신념, 정치적 이념이 다르기 때문에 AI는 이를 공정하게 다루어야 하며, 그렇지 않을 경우 사회 갈등이나 차별을 초래할 수 있다. 따라서 AI 시스템에서는 정치적 중립을 유지하고, 편향된 정보나 잘못된 정보를 걸러내는 필터링 시스템을 구축하는 것이 중요하다. 이를 통해 AI가 신뢰받는 시스템으로 자리 잡게 만들고 기술이 오용될 우려를 해소할 수 있다.

획일적 잣대가 아닌 균형이 필요하다

AI 마케팅 윤리에서 우리가 고민해야 하는 것은 바로 '균형감'이다. 균형감은 다양한 사람에 대한 공감과 이해, 다양한 삶의 가치에 대한 존중과 배려, 함께 살아가는 사회를 유지하는 데 필요한 유연한 생각과 태도다.

고객이 좋아하는 것에 집중해 좋아하는 것만 편협하게 제안하는 것도 다시 생각해봐야 한다. 좋고 싫음의 이분법적 접근과 편향은 의도치 않게 사회에 해가 되거나 기업 이미지를 실추시킬 수 있기 때문이다. 따라서 항상 균형감을 유지하기 위해 고민해야 한다. 명확한 정답은 없지만, 끊임없이 질문하고 고민하고 고객과 입장을 바꾸어 생각해봐야 한다.

우리의 삶은 디지털같이 0과 1, 흑과 백, 선과 악, 빛과 어둠, 좋음과 싫음, 행복과 불행, 성공과 실패, 시작과 끝, 혜택과 불이익으로 구분되지 않는다.

AI 기술은 우리가 제도와 규범을 촘촘하게 갖추기 전에 빠르게 발전되면서 부작용이 발견되기도 한다. 2020년에 출시된 AI 언어 모델 '이루다 1.0'은 출시된 지 얼마 되지 않아 편향되고 왜곡된 발언이 대화에서 발견되었고, 출시 두 달 만에 서비스를 종료했다. 이는 AI와 윤리에 대한 문제가 수면 위로 떠오른 상징적인 사례가 되었다. 이루다를 만든 회사는 개인정보보호법 위반으로 과징금과 과태료를 부과받기도 했다. 자신들의 연애 분석 앱에서 수집한 개인 정보를 고객 동의 없이 이루다 개발에 사용했기 때문이다. 개인 정보에 대한 제도적 장치와 윤리적 기준 수립이 미흡해서 생긴 문제다. 현재는 이 문제를 개선하여 이루다 2.0으로 다시 서비스 중이다.

AI 기술은 마케팅 환경에 혁신을 가져오고 있지만, 딥페이크와 사이버 범죄 같은 새로운 위협을 야기하기도 한다. 이러한 위협은 기업의 명성을 손상시키고 고객의 신뢰를 훼손할 수 있다. 보이스 피싱보다 더 큰 사회문제를 야기할 수도 있다. 예를 들어 영향력 있는 개인이나 유명인의 정보를 악이용하면 심각한 법적 문제를 야기하거나, 큰 경제적 손실을 초래할 수 있다.

따라서 기업은 이러한 위협에 대한 인식을 높이고 적절한 대응 방안을 마련해야 한다. 또 AI 기술을 이용한 범죄가 일어나지 않도록 국가적, 법적, 제도적 안전망을 더 촘촘히 구축해야 한다.

파타고니아는 창업주의 철학을 바탕으로 환경과 비즈니스 윤리에 대한 논의를 지속하며 이를 비즈니스에 적용하려는 사내 윤리 토론 모임을 운영하고 있다. 이 모임은 파타고니아의 사회적 책임을 이행하기 위한 노력의 일환이다. 환경보호와 고객과의 약속을 지키려는 직원들의 꾸준한 참여를 통해 기업의 근본 철학을 유지하고 발전시키려 노력하고 있다.

더불어 스탠퍼드 경영 대학원GSB, MIT 슬론Sloan, 버클리 경영 대학원 하스Hass 등 유명 MBA 프로그램에서도 AI 윤리를 중요한 과목으로 다루기 시작했다. 기존 MBA 과정에서 비즈니스 윤리를 가르쳤다면, 이제는 AI 윤리도 필수로 교육하고 있다. 이 과정에서는 개인 정보 침해, 편향과 차별 등 AI가 야기할 수 있는 윤리적 문제에 대해 심도 있게 논의한다.

MBA 프로그램은 AI가 사회와 비즈니스 환경에 미치는 잠재적 영향을 연구한다. 또 기업, 정부, 개인이 책임감 있게 AI를 개발하고 활용할 수 있도록 윤리적 방향성을 제시한다. 이처럼 AI 윤리 교육은 미래의 리더들이 AI 기술을 사회적 책임과 결합해 윤리적으로 사용하도록 준비시키는 데 중요한 부분으로 자리 잡고 있다.

AI 기술과 혁신 부서

AI 기술의 보편화가 가속되면서 마케팅 부서는 기능별로 구분된 팀 구조에서 데이터 중심의 통합된 부서로 전환될 가능성이 커지고 있다. 기존에는 마케팅 기획, 콘텐츠 제작, 광고 운영 등 각 부서가 별도의 업무를 진행하거나 외부 에이전시와 협업하는 방식이었다. 앞으로는 이러한 업무가 AI 활용과 데이터 분석에 특화된 통합적인 마케팅 부서로 변화할 수 있다.

각 부서에서 필요한 부분에 AI를 적용하겠지만, 회사 차원에서 보면 AI 관련 직무가 비교적 많아질 것이다. AI 시스템 개발, 운영, 데이터 분석 등 다양한 역할이 AI 기반으로 업그레이드될 수 있다. 새로운 직무로는 AI 윤리 전문가 같은 AI 전문 인력이 등장할 가능성도 크다.

법무 팀은 새롭게 정의되는 개인정보보호법과 AI 관련 법에 대비해 준비해야 할 것이다. HR 부서는 AI를 활용한 면접 방식과 인사 평가 시스템을 도입할 수 있을 것이다. 사내 교육의 방향도 AI 기술을 포함하는 내용으로 확장될 것이다. 사내 교육 방법 역시 AI 솔루션을 통해 좀 더 체계적이고 개인 맞춤형으로 보완될 수 있다.

일부 기업에서는 이미 AI 부서나 팀을 별도로 구성해 운영하고 있다. 아마존은 AI 전문 부서 '아마존 AI'를 운영한다. 우리가 아는 AI 비서 알렉사Alexa 등에 적용되는 머신러닝과 딥러닝을 개발하고 온·오프라인 유통 전 과정에 필요한 솔루션을 개발하고 있다. 아마존은 세이지메이커SageMaker, 레코그니션Rekognition, 폴리Polly, 렉스Lex 같은 AI 마케팅 자동화 엔진을 개발하고, 기업에 해당 서비스를 제공하고 있다.

인스타그램, 페이스북 등을 운영하는 메타는 '메타 AI'라는 AI 전담 팀을 운영하고 있다. 자연어 처리, 머신러닝 등 다양한 AI 기술과 솔루션을 연구한다.

글로벌 소비재 기업 유니레버는 2017년에 'AI 엑셀러레이터'라는 AI 전담 팀을 만들어 기존 제품 개발, 구매 공급망 관리SCM, 고객 접점 마케팅 등에 AI 기술을 활용하고 있다. 특히 신제품 개발에 필요한 시간을 줄이고, 소비자 트렌드를 분석해 맞춤형 마케팅 전략을 세우는 데 AI를 활용하고 있다.

카카오는 AI와 연관이 적은 사업을 정리해 AI 기술 개발에 투자할 자본을 확보할 정도로 사활을 걸고 있다.[4] AI 관련 사업을 더욱 효율적으로 추진하고자 카카오브레인의 AI 사업 부문을 카카오로 흡수해 2024년 6월 '카나나'라는 AI 전담 조직을 만들었다.

카카오는 AI 서비스를 담당하는 카나나 엑스와 AI 모델을 개발하는 카나나 알파라는 조직으로 2개의 전담 부서를 운영하는 투트랙 체계로 구성했다. AI 모델 개발과 서비스 적용, 2개 분야로 나누어 전문성과 시너지를 높이기 위함으로 보인다. 챗봇, 이미지 검색, 음성인식, 번역 서비스 고도화뿐만 아니라 카카오톡, 카카오맵, 카카오페이 등 핵심 서비스에도 AI 솔루션을 적용하고 있다.

현대자동차는 2021년에 'AI 혁신랩'을 설립했고, 자율 주행, 커넥티드 카, 전기차 등 차세대 자동차 기술에 AI 기술을 적용하고 있다. 이를 통해 그동안 차량에서 누리지 못했던 다양한 서비스를 제공하고 자율 주행의 정확도와 안전성을 보완하고 있다.

앞으로는 많은 기업에서 보편적으로 AI 전담 팀을 운영할 것이다. 규모가 큰 기업일수록 AI 전문 인력을 채용하고, 기존 시스템을 빠르게 AI 시스템으로 전환하는 데 적극적으로 투자할 것이다. 중소기업이나 작은 회사에서도 AI 시스템을 빠르게 적용할 것으로 보인다.

이처럼 AI 전담 팀이 생기면 사업 구조와 고객 상황을 고려해 가장 적합한 AI 모델을 개발하고 적용하는 시스템을 만드는 업무도 필요할 것이다. 기능별 부서, 사업부, 브랜드, 제품별로 흩어져 있는 데이터를 ERP(Enterprise Resource Planning)나 내부 시스템을 통해 실시간으로 통합하고 분석·자동화해야 한다. 회사, 부서, 브랜드, 상품에 맞는 개별 모델을 수없이 만들고 테스트해 고도화하는 과정도 필요하다.

AI 윤리 가이드라인의 중요성

국내외에서 AI 마케팅 윤리에 대한 연구와 고민이 활발히 진행되고 있다. 이는 지속적으로 발전하는 분야이기도 하다. AI 마케팅 윤리의 주요 쟁점에는 앞에서 언급했듯 개인 정보 보호, 편향된 알고리즘 방지, 저작권 문제 등이 있다.

우리나라에서 2020년 과학기술정보통신부가 'AI 윤리 가이드라인'을 발표했고, 2021년에는 방송통신위원회도 AI 윤리 가이드라인을 마련했다. 2022년에는 공정거래위원회가 관련 가이드라인을 개정했다.

KT, SKT, LG, 삼성 등 주요 기업은 AI 윤리 원칙 및 가이드라인을 수립했다. 네이버, 카카오는 AI 윤리 전문가 위원회를 조직해 이 문제를 다룬다. 이들 기업은 AI 기술 개발과 마케팅 적용 단계에서 발생할 수 있는 윤리적 문제를 예측하고, 해결 방안을 모색하며, 관련 연구와 정책을 개발한다.

일부 기업은 AI 마케팅 윤리 교육 프로그램을 운영한다. 몇몇 광고대행사에서는 AI 마케팅 윤리 부서를 신설해 광고물을 윤리적으로 검토하고, AI 윤리 교육 및 인식 개선 프로그램을 시행하고 있다. AI 기술을 선도하는 기업들은 윤리적 문제를 해결하고 보완책을 마련하기 위해 AI 윤리 원칙과 전문가 위원회를 설립하기도 한다.

그러나 AI 마케팅 윤리는 아직 초기 단계에 있으며, 이에 대한 전문가가 부족할뿐더러 인식 수준도 낮은 상황이다. 기업들이 CSR과 ESG에 관심을 가지듯이, AI 마케팅과 자동화에서도 윤리적 문제를 해결하기 위한 사회적 합의와 모범 사례를 마련해야 한다.

AI는 빠르게 업무와 생활 환경을 변화시키고 있다. 그러나 제도적 장치와 자정 시스템이 충분히 마련되기 전에 여러 윤리적 문제와 사건이 발생할 수 있다. AI 마케팅 윤리를 위해 국가뿐만 아니라 정부, 기업, 시민사회, 대학, 연구 기관, 자영업자, 소비자 모두가 이해 당사자로서 거버넌스에 참여해야 한다. 개인의 일상과 온라인 커뮤니티, 소셜 미디어에서도 이에 대한 관심이 필요하다.

기업도 혼자서 AI 마케팅 윤리를 완벽히 수립하고 유지하기는 어렵다. 그러므로 사회적으로 부단한 고민을 통해 규제와 제도를 만들어가야 한다. 고객도 윤리적 장치가 잘 운영되고 있는지 모니터링하고 적극적인 의견을 개진해야 할 것이다.

가장 인간적인 것에 대한 고민

CHAPTER 22

AI가 대신할 수 없는 창의력

　우리에게 더욱 필요한 것은 창의적 사고와 전략적 사고다. AI와 공존하며 더 나은 미래를 만들어가는 과정에도 인간의 감정적 공감과 창의성이 중요한 역할을 한다. AI 기술은 창의력과 전략적 사고의 도구로 인간이 고객의 필요와 가치를 고민하고, 세상에 긍정적인 영향을 미치는 방법을 탐구하는 데 도움을 줄 뿐이다.
　따라서 창의적이고 전략적인 접근이 차별화된 가치를 만드는 경쟁력의 원천이 될 것이다. 새로운 기술을 활용하는 힘, AI와 소통하는 힘, 그리고 인간에 대한 따뜻한 공감을 이어가는 힘이 더욱 중요해질 것이다.

이케아의 디자인 연구소 스페이스10에서 제작한 영상 'AI 시대의 창의력Creative in the Age of AI'에서는 AI와 인간 창의성의 관계를 다룬다.5 AI는 디자인, 음악, 시 등에서 인간처럼 새로운 창작물을 만들 수 있게 되었다. 하지만 AI는 인간의 창의성을 대체하는 것이 아니라 인간에게 새로운 가능성을 열어주는 도구로 작용한다는 것이 영상의 핵심이다.

스페이스10은 이를 침팬지와 인간의 비유를 통해 설명한다. 침팬지가 사람처럼 도구를 사용할 수 있다고 해서 인간이라고 할 수 없다. AI는 일정 부분 반복적인 작업을 대신해주고, 인간은 그 덕분에 확보한 시간과 여유를 활용해 창의적인 일에 집중할 수 있게 된다. 일자리가 사라지기보다는 일의 형태와 직업이 새롭게 정의되며, AI와의 협업을 통해 더 고도화된 작업이 가능해질 것이다.

아무리 AI 기술이 발전해도 인간을 100퍼센트 대체할 수는 없다. AI가 디지털신호에 의한 자동 처리 방식으로 작동하는 반면, 사람은 각자 다른 감정과 사고방식을 지니고 있어 같은 자극과 정보에도 각기 다른 반응을 보인다.

사람은 한번 설정된 알고리즘 그대로 움직이지 않으며, 복합적이고 예측 불가능한 존재다. 감정과 생각이 시간에 따라 변화하고, 갑작스럽게 새로운 방향으로 나아갈 수 있는 인간의 특성은 AI가 모방할 수 없는 고유 영역이다.

결국 AI 마케팅의 핵심 가치는 단순 반복 작업에서 벗어나, 고객에 대해 더 깊이 고민할 수 있는 시간을 확보하는 것이다. 덕분에 우리는 진심 어린 소통과 공감을 통해 보다 창의적이고 진정성 있는 마케팅 전략을 구상할 수 있다. AI 기술을 통해 누구나 새로운 세계관을 창조하는 아티스트 또는 크리에이티브 디렉터가 될 수 있는 시대가 도래했다.

친절을 보조해주는 AI

AI 마케팅의 궁극적 목표는 비용, 인력, 시간, 노력을 줄이는 동시에 고객 한 사람 한 사람의 이야기를 더 잘 듣고 진정한 소통을 통해 친절한 서비스를 제공하는 것이다. AI 기술이 물리적 시간과 노력을 대신하는 동안, 우리가 추구해야 할 마케팅은 고객과의 공감과 지속적인 소통을 통해 행복한 삶에 기여하는 것이다.

AI를 통해 얻은 여유는 우리가 노동에서 비롯되는 소진에서 벗어나 행복을 추구하는 데도 도움을 준다. AI 기술을 활용해 고객에게 가장 잘 전달해야 할 것은 진정성과 친절이다. 따라서 AI 마케팅은 공감, 감성, 위로, 위트, 소속감, 연대감, 가치 인식, 열정, 긍정, 에너지, 건강, 행복 같은 메시지를 전달하는 데 초점을 맞추어야 한다.

하지만 현대의 자동화된 시스템에서는 종종 비인간적 경험이 생겨난다. 예를 들어 '키오스크 주문', '셀프서비스', '사전 결제' 등의 자동화 시스템이 있다. 이러한 시스템은 인건비 절감과 반복 노동

감소에 기여한다. 그러나 이러한 시스템은 사람의 정서적 상호작용과 온기를 대체하지 못한다. 예를 들어 서빙 로봇이 음식을 천천히 배달하는 동안 직원은 속도와 효율성을 고민하게 된다. 고객과의 소통이 부족해질 수도 있다. 또 다른 예로, 카페에서 고객이 주문하려고 직원에게 다가가는데, 직원은 "주문은 키오스크로 해주세요"라고 말한다. 그렇게 교육받았기 때문이다. 키오스크를 조작하는 데 서툰 고객이 당황해도 주문은 키오스크에서 하라는 말만 반복한다. 이는 효율적 시스템과 인간적 친절함의 간극에서 발생하는 문제다. 시스템은 고객과 직원을 돕는 보조 수단이어야 하며, 그 본질은 서비스의 질을 향상시키는 데 있다.

AI와 로봇이 물리적 여유를 만들어준다면 직원은 고객에게 더 친절하고 공감하는 서비스를 제공할 수 있을 것이다. 예를 들어 더운 날 들어온 고객에게 시원한 물을 제공하거나, 기침을 하는 고객에게 미온수를 건네는 작은 배려가 이루어질 수 있다. 이러한 진심 어린 서비스는 사람과 사람 사이의 소통에서 비롯되며, 우리가 자동화 시스템을 넘어 사람의 정과 온기를 느끼고 싶어 하는 이유이기도 하다.

고객 중심의 성장 모델이 필요하다

AI를 비즈니스에 성공적으로 반영하려면 어떻게 해야 할까? 많은 전문가가 공통적으로 말하는 건, 조금 더 고객 중심적인 비즈니스로 변화되어야 한다는 것이다. 고객 중심적인 모델을 구축한 다음 질문과 혁신, 안팎으로 유기적인 협업과 시도를 해야 한다.

마케팅도 지금보다 더 고객 중심적인 전략에 집중해야 한다. 앞에서 살펴본 바와 같이 이제는 초개인화를 해야 하고 끊임없이 고객 만족을 이끌어야 한다. 고객이 만족할 수 있는 브랜드 경험을 제공하고, 장기적인 신뢰 관계를 쌓아야 한다.

'고객 만족', '고객 중심'이라는 말은 오래전부터 부르짖던 표현이다. 그러나 시스템을 구비하지 않은 채 고객 만족을 최우선으로 하면, 결국 직원의 희생으로 이어진다. 이는 지속 가능하지 않다. 그래서 직원 중심의 성장 모델을 만들어, 궁극적으로 고객에게 더 나은 만족을 제공하자는 비즈니스 모델도 있다. 다만 이걸 실현하는 데 시간이 좀 오래 걸린다는 것이 단점이다.

AI 솔루션을 활용하면 큰 비용을 들이지 않고도 단순 업무에서 직원들을 해방시킬 수 있다. 그리고 지속적으로 성장 가능한 고객 중심의 모델을 구축할 수 있다. 직원들은 그 시스템을 설계하고, 검수하고, 관리하는 역할을 하게 된다.

현란한 기술보다는 고객이 어떤 니즈를 가지고 있는지, 어떤 어려움이 있는지, 진정으로 원하는 게 무엇인지 이해하고 구체화하기 위해 함께 고민해야 한다. 우리 제품과 서비스를 탐색하고 경험하고 소통하는 과정에서 고객이 어떤 감정을 느끼는지 이해해야 한다. 그리고 고객에게 어떤 감정의 트리거를 제공할 수 있는지 고민해봐야 한다.

등장하는 AI 기술을 모두 이용해볼 필요는 없다. 분야별로 어떤 것이 나와 있고, 어떤 기능을 지원하는지 이해하면 된다. 이것조차 AI에 질문하고 리스트를 만들어달라고 하면 된다. 그리고 기존 시스템과 일하는 방식, 고객과의 채널에서 AI가 어떤 역할을 할 수 있는지 시나리오를 만들어야 한다.

협업하는 방식에서도 변화가 필요하다. 비즈니스와 고객 전반에서 일어나는 상호 보완적이고 역동적인 시스템을 만들기 위해서는 모든 영역에 통합과 유기적 연결이 필요하다. 가장 좋은 방법은 정보를 공유하고 실시간 협업하고 관리할 수 있는 옴니채널을 구축하는 것이다.

부서 간 전문화된 분업화로 발생하는 사일로silo(외부와 소통하지 않는 부서)를 줄여야 한다. 반복적이며 관습적인 업무는 AI에 맡기고, 우리는 머리를 맞대 함께 고민하고, 문제를 공유하고, 가설을 세워야 한다. AI를 이용한 새로운 마케팅 전략을 토론할 수 있을 때 유기적이고 통합적인 옴니채널이 구축될 것이다.

또 실패에 대해 관대한 문화를 만들어야 한다. AI 모델 자체가 가설, 실행을 반복하는 시스템이다. 실패를 실패가 아닌 또 하나의 결과값으로 이해하고 다음 단계로 빠르게 넘어가는 업무 문화가 필요하다. 누구든 새로운 시도를 통해 고객의 여정을 설계하는 데 참여할 수 있어야 한다.

다양한 질문이 이어질 때 변화를 함께 만들 수 있다. 우리는 고객에게 어떤 감정을 불러일으키는가? 우리는 고객에게 어떤 존재가 되고 싶은가? 고객이 일상에서 우리와 함께하고 싶을까? 이런 질문을 수없이 던져야 한다. 철저하게 고객 중심적으로 사고하지 않으면 잘못된 곳에 자원을 소비하게 된다. 그러면 필연적으로 경쟁에서 뒤처질 수밖에 없다.

가장 '나다움'에서 발견하는 창의성

CHAPTER 23

AI 시대에 중요성이 부각되고 있는 창의성은 어디에서 시작될까? 창의성은 바로 내 안에서 나온다. 봉준호 감독이 오스카 작품상 수상 소감에서 마틴 스코세이지 Martin Scorsese 감독의 말을 인용하며 '가장 개인적인 것이 가장 세계적인 것이다'라는 자신의 철학을 밝힌 바 있다. 이는 개인의 경험과 감정의 중요성에서 시작되는 보편적 공감대를 의미한다. 본인 스스로에게 집중하고, 사소하고 개인적인 경험이나 생각을 찬찬히 돌이켜 보고, 가장 솔직한 내 마음을 들여다보고, 내 안의 조용한 열정에 꾸준히 귀 기울이다 보면 지극히 작은 이야기도 많은 사람들이 공감하고 박수를 보내줄 고유한 스토리텔링과 장면이 완성된다는 의미로 해석된다.

AI 마케팅 시대에 우리에게 가장 필요한 덕목은 '창의적'이고 '전략적'인 생각이다. 한마디로 창의적인 전략가가 되어야 한다. 창의적인 전략가가 되기 위해 스스로의 이야기와 감정, 내면의 목소리에 집중한다면 고객의 마음에 한발 더 다가갈 수 있는 핵심 마케팅 전략과 새로운 접근법이 어느덧 눈앞에 펼쳐질 수도 있다.

좌뇌와 우뇌를 모두 써야 할 때

글로벌 전략 컨설팅 회사 보스턴 컨설팅 그의 매니징 디렉터이자 파트너 제시카 아포테커Jessica Apotheker는 'AI가 좌뇌와 우뇌를 사용하는 법Navigating the Right and Left Brain of AI'이라는 영상에서 AI 시스템에서도 인간처럼 이성적이고 논리적인 사고, 언어, 분석, 계산을 담당하는 '좌뇌'와 감각, 상상력, 감정, 창의성을 담당하는 '우뇌'가 동시에 적용된다고 말한다.

좌뇌와 같은 AI 영역은 머신러닝, 딥러닝 등의 기술로 데이터 분석, 예측, 최적화 등의 작업을 하는 영역이다. 반면 우뇌 AI는 창의적이고 예술적인 콘텐츠, 감정 인식 등과 같은 부분을 담당하는 영역이다. AI 기술을 적용할 때 좌뇌와 우뇌의 역할처럼 이성적인 것과 창의적인 것이 균형을 이루어야 한다는 것이다.

우리도 고객과의 관계 설정에서 좌뇌와 우뇌가 동시에 필요하다. 인지적 공감, 정서적 공감 요소가 데이터 처리, 분석, 예측 못지않게 중요한 부분이기 때문이다. AI 기술이 도입되는 초반부터 기술 중심 사고에 함몰되어서는 안 된다. 이 기술의 근본적 이유가 사람을 위한 것임을 기억해야 한다. 고객을 데이터로만 보는 게 아니라 진심으로 관심을 갖고 공감할 만한 구체적 요소를 찾아내야 한다.

때로는 철학자, 심리학자 혹은 아티스트처럼

AI 마케팅 시대에는 인간 중심적인 접근 방식이 필요하다. AI의 대두는 인간 본연의 문제에 대해 더 많이 고민하게 한다. 앞으로 쏟아질 기술혁신은 인간으로서 우리가 무엇을 어떻게 해야 하는지 끊임없이 사유하게 할 것이다. 이제 브랜드는 혁신, 기능성, 심미적 만족도뿐 아니라 의미와 이유에 대해 고민해야 한다. 그리고 모든 과정에서 고객을 이해하고 정서를 고민해야 한다.

이를 위해 우리는 철학자처럼 깊이 사고하고, 심리학자처럼 고객의 마음을 이해하며, 아티스트처럼 창의적으로 도전해야 한다. 따라서 단순히 기술을 더 배우는 것보다 잘 자고 먹고 쉬는 것이 중요하다. 여가 시간에는 책을 읽고, 개인적 사유를 늘리고, 사람들과 소통하고, 여행하거나 역사와 예술을 감상하는 데 시간을 쓸 필요가 있다. 좋은 생각이 변화를 만들고, 올바른 질문이 혁신을 일으키며, 따뜻한 공감이 가치를 창출하기 때문이다.

목소리로만 존재하는 안드로이드android와 사랑에 빠지는 영화

〈그녀Her〉에서 남자 주인공은 편지를 대신 써주는 일을 한다. AI가 일상화된 시대에는 어울리지 않을 법한 감성적인 직업이다. 왜 그 일을 AI가 아니라 여전히 사람이 대신할까? 기술적으로 잘 쓰는 글이 아니라 다른 사람과 교감하는 스토리텔링은 사람만이 할 수 있는 일이라는 메세지를 주고 싶은 것이 아니었을까.

AI 마케팅 전략을 세울 때는 고객의 가치관과 니즈를 깊이 이해하고, 그에 맞는 제품과 서비스를 제공하는 것이 중요하다. 윤리적 문제와 사회적 책임에 대해서도 깊이 있게 고려해야 한다.

철학자의 깊이 있는 질문은 옳은 방향을 찾아가는 힘이 되며, 심리학자의 사고방식은 고객의 행동과 감정을 이해하고 마케팅 전

▶인간처럼 자율적으로 사고하고 학습하며 문제를 해결하는 강인공지능(strong AI) 사만다는 인간 테오도르와 감정을 공유하고 데이트를 한다. 모니터 위에 사만다의 로고가 떠 있다.

략을 수립하는 데 큰 도움이 된다. 다양한 시각에서 상대의 마음을 이해하는 노력은 AI 솔루션의 결과를 해석하고 검증하는 데 필수적이다.

우리는 아티스트처럼 영감을 얻고 새로운 세계관을 확장해야 한다. 창의적인 사고와 실행은 누구나 시도할 수 있는 영역이다. 과감하게 작은 시도를 먼저 해보며, 창의적인 이야기와 발상을 실행해 나가는 것이 중요하다.

AI 마케팅 시대에는 단순 광고와 홍보를 넘어 고객에게 감동과 여운을 줄 수 있는 창의적 전략이 필요하다. 예술적 감각과 미적 감각은 차별화된 가치를 창출하고, AI가 만들어낸 결과물의 완성도를 높이는 중요한 요소가 될 것이다.

아티스트처럼 독창적인 발상과 새로운 시도는 창의적이고 임팩트 있는 마케팅 기획에 큰 도움이 된다. 남다른 질문과 창의적 마인드셋은 특별한 기술 없이도 차별화된 가치를 만들어내며, 지속적인 성장을 이끌어낼 것이다. AI 마케팅 시대에 예술적 감각, 창의적 사고, 스토리텔링 능력은 가장 중요한 역량이 될 것이다.

EPILOGUE

AI가 마케터의 힘이 되는 순간

최근 'AI 문해력'이라는 표현이 생겨났다. 비교적 젊은 세대의 문해력에 대한 상대적 차이만큼 AI 기술과 혜택을 온전히 누리지 못하면 'AI 문해력'이 떨어지는 것이다. 우리는 AI를 업무와 일상생활의 협업 파트너로 받아들이고, 이를 잘 활용하는 것이 중요하다. 앞으로 10년, 20년 뒤 우리 삶이 어떻게 변할지 모르지만 AI는 삶의 변화를 이끌 중요한 매개체가 될 것이다.

AI 기술에 대한 뜨거운 관심과 막연함은 모두가 느끼고 있다. 특히 AI 마케팅 자동화 등이 언급되면 마케터들은 자신의 역할이 줄어들지 않을지 불안해지기도 한다. "AI가 모든 것을 대신한다면 마케터로서 나는 무엇을 해야 하는가?"라는 질문이 자연스럽게 떠오를 수밖에 없다.

그러나 걱정할 필요는 없다고 생각한다. AI는 마케터 역할을 대체하는 것이 아니라 보완하는 수단이기 때문이다. 중요한 것은 통찰과 생각하는 힘이다. 그리고 새로운 것을 유연하게 받아들이는 자세다. AI는 애초에 누구나 좀 더 쉽게 사용하고 혜택을 누릴 수 있도록 설계되었다. 앞다투어 쏟아지는 각종 AI 솔루션과 툴 또한 누구나 쉽게 사용할 수 있도록, 번거롭지 않도록, 직관적으로 쓸 수 있도록 만들기 때문에 앞으로는 나에게 필요한 AI 기술과 이를 활용한 새로운 마케팅 방법론을 이해하고 적절히 활용하는 것이 새로운 경쟁력이 될 수 있다.

이 책은 AI 기술 활용의 방향성을 가이드하는 데 초점을 두었다. 새로운 솔루션은 무궁무진하겠지만 근본적으로 AI 마케팅 시대에 마케터가 살아남고, 더 나아가 변화하는 환경 속에서 자신의 역량을 강화하고 차별화하는 방법에 대해 고민해볼 수 있었으면 좋겠다.

"고도로 발달한 기술은 마법과 구별할 수 없다."[1]

세계적 SF 소설가 아서 C. 클라크Arthur C. Clarke가 남긴 유명한 말이다. AI는 우리에게 때때로 마법 같은 경이로움을 선사하지만, 실제로는 수학과 과학에 기반한 기술일 뿐이다. 기술이 발달해도 사람과의 관계, 그리고 일상의 연결을 잊지 말아야 한다. AI는 더 이상 막연한 화두가 아니라 일상의 일부가 될 것이다. 이제 AI는 여러분의 든든한 친구이자 좋은 협업 파트너가 되어줄 것이다.

주

PART 1 | 갑자기 마주한 AI 마케팅 시대

1. 이시섭, "AI로만 만든 최초의 광고, 삼성생명 브랜드 캠페인",《제일매거진》, 2023.7.25.
2. 비로보틱스, "배민로봇", 배민로봇, n.d., https://robot.baemin.com/
3. 조수민, "배민 배달로봇 '딜리'를 달리게 하는 기술은?",《지디넷코리아》, 2024.10.30.
4. 나건웅, "AI가 실시간으로 가격도 바꾼다…아마존·우버 성공 뒤엔 '다이내믹 프라이싱'",《매일경제》, 2021.8.3.
5. 홍은희 "쿠팡, AI·빅데이터 자동화 물류센터 구축",《콜드체인뉴스》, 2023.3.7.
6. eggslutkorea, "[ENG SUB] Eggslut Korea Virtual Launching | 2020.07.07. (Tue) 9AM", YouTube, 2020.8.25., https://www.youtube.com/watch?v=hVQmqmq8zG0&t=497s
7. 배우근, "'세계최초' 버츄얼휴먼이 대한항공 기내안전비디오에?… 넷마블의 리나와 메이브",《스포츠서울》, 2024.1.6.
8. 어도비 익스피리언스 클라우드는 CDP부터 옴니채널, CMS, 고객 여정 관리까지 여러 툴을 제공한다. 어도비 센세이는 어도비의 AI 및 머신러닝 기술로 고객 행동을 예측하고, 개인화된 콘텐츠와 카피 작성, 고객 데이터 분석을 통해 마케팅 캠페인의 ROI를 높이도록 돕는다. 어도비 센세이에 대한 더 자세한 설명은 다음 웹페이지를 참고할 것. https://business.adobe.com/kr/products/sensei/adobe-sensei.html
9. Michael Lee Simpson, "Coca-Cola Drops a Zero Sugar Flavor Created by AI", yahoo, 2023.9.13.
10. Michael Zhang, "Brickit's AI Camera Scans Your LEGO to Suggest Things You Can Build", PetaPixel, 2021.1.1.
11. 11번가, "11번가 '셀링코치' 판매 성장 효과 입소문에 구독자 수 증가", 2024.3.

28., https://www.11stcorp.com/pr/detail;jsessionid=F56628968E31DC5F1C7D66B FBDA3C6B1?contentId=1546

12. 머니로드 – 돈 길치 가이드, "'자동화 시스템 한국사람 잘 몰라요.' AI 로 돈버는 대표님 / 에어비엔비 2부, YouTube, 2024.6.9., https://www.youtube.com/watch?v=nXdEhXY_vz8&t=707s

13. KT, "생성형 AI 믿:음", KT 엔터프라이즈, n.d., https://enterprise.kt.com/pd/P_PD_NE_00_316.do

14. 이지현, "'AI와 함께하는 단톡방'… 카카오, 차세대 커뮤니케이션 앱 '카나나' 공개", 《CIO》, 2024.10.22.

15. Adobe, "Adobe Mix Modeler", Adobe Experience Cloud, n.d., https://business.adobe.com/kr/products/experience-platform/planning-and-measurement.html

PART 2 | AI 시대를 사로잡는 여섯 가지 마케팅 전략

1. "The value of getting personalization right—or wrong—is multiplying", *McKinsey & Company*, 2021.11.12., https://www.mckinsey.com/capabilities/growth-marketing-and-sales/our-insights/the-value-of-getting-personalization-right-or-wrong-is-multiplying

2. "Olay launches diagnostics app", Beauty Insider, n.d., https://beautyinsider.ph/olay-launches-diagnostics-app/

3. 김은성, "'내 취향까지 읽는다' 네이버 AI 큐레이션 '포유' 신설", 《경향신문》, 2021.11.24.

4. Aarron Walter, *Designing for Emotion*, Aarron Walter, 2020.

5. Morphcast, "Coca-Cola | Transform your feelings into art", Morphcast, n.d., https://www.morphcast.com/showcase/cocacola/

6. Marcelo Martinez, "Coca-Cola® Masterpiece: Coca Cola primera publicidad 3D en Argentina", *Trade Retail*, 2023.5.29., https://www.tradeyretail.com/industria/coca-cola-reg-masterpiece_3681

7. 장종호, "원피스 리뷰 사진, 업체가 삭제 요청, 이유는 '똥배'", 《스포츠조선》, 2024.7.

11.

8. "博報堂' 生成AIで生活者発想を支援するサービスプロトタイプを開発 独自の生活者 調査データベースから7,000タイプのバーチャル生活者を生成", 博報堂, 2024.3.22.

9. Hans Rosling, Anna Rosling Rönnlund and Ola Rosling, *Factfulness: Ten Reasons We're Wrong About the World—and Why Things Are Better Than You Think*, Flatiron Books, 2018. [한스 로슬링, 안나 로슬링 뢴룬드, 올라 로슬링 지음, 이창신 옮김, 『팩트풀니스』, 2019.]

10. 현대자동차, "Hyundai Motor's AI-Generated Campaign Invites Instagram Users to Visualize Dream Destinations with All-New SANTA FE", 2023.10.5., https://www.hyundai.news/eu/articles/press-releases/santa-fe-ai-generated-campaign-invites-instagram-users-to-dream-destinations.html

11. Matthew Burgos, "IKEA AI app replaces your furniture with its products to help you shop", *designboom*, 2022.6.23., https://www.designboom.com/technology/ikea-ai-app-replaces-room-designs-and-furniture-06-23-2022/

12. 아웃핏애니원 AI은 다양한 체형에 맞는 가상 시착 서비스를 제공한다. AI 기술의 발전뿐 아니라 다양성을 존중하는 문화 흐름을 느낄 수 있다. 다양성과 관련해서는 4부에서 더 다루겠다.

13. 윤상은, "나스미디어, KT와 AI 광고 솔루션 출시", 《지디넷코리아》, 2023.5.15.

14. "TargetingGates™ 상품소개서", 와이더플래닛, n.d., https://www.widerplanet.com/

15. 여용준, "SKT, 독거노인 안부 묻는 '누구 돌봄 케어콜' 출시", 《글로벌이코노믹》, 2021.11.2.

16. KSQI비대면채널, '[카카오] "챗봇+콜봇+상담사 보조봇" 통합지원… AI 고객센터 '카카오 i 커넥트 센터' 공식 오픈', 2022.2.25., https://blog.naver.com/ksqicall/222657325582

PART 3 | 당장 시작해보는 AI 마케팅 실전

1. 강내리, "손석구 주연 '밤낚시', 누적 관객 수 4만 돌파… 연장 상영 확정", 《YTN》, 2024.7.1.

2. 정지은, "'패스트 라이브즈' 오스카 수상 노려볼만한 이유 [정지은의 무비이슈다]", 《서울경제》, 2024.3.10.

3. Revolve, "Revolve Pioneers First-Ever Ai-Generated Billboard Campaign", Revolve, 2023.4.3., https://investors.revolve.com/news/news-details/2023/REVOLVE-PIONEERS-FIRST-EVER-AI-GENERATED-BILLBOARD-CAMPAIGN/default.aspx

4. 김수경, "구찌·윔블던·KFC 광고, AI가 만들었다고?… '5분만에 수백개 디자인 뚝딱'", 《브랜드브리프》, 2022.7.14.

5. AI 디자인 TV, "11번가 실제 광고 디자인에 미드저니 AI를 활용하는 방법", YouTube, 2023.10.30., https://www.youtube.com/watch?v=vx-pgkYgqkY

6. 드랩Draph, '[드랩아트 소식] 마네킹 사진으로 초상권 걱정 없는 AI 모델 사진을 만들어 보세요!', 2023.11.16., https://blog.naver.com/draph_ai/223266272189

7. 드랩Draph, '드랩(Draph), 쿠팡과 '드랩아트' 서비스 공급 계약 체결!', 2023.7.12., https://blog.naver.com/draph_ai/223153870691

8. Morning Consult, "IBM Global AI Adoption Index – Enterprise Report 23", no. 8, *Morning Consult*, 2023.11.

9. IBM Technology, "Choose the right AI model for your use case", YouTube, 2024.5.18., https://www.youtube.com/watch?v=aqWXSShwGO0

10. Rohan Bhatt, "The power of AI — five techniques to personalize your ecommerce experience", Adobe Experience Cloud Blog, 2023.2.27., https://business.adobe.com/blog/how-to/setting-your-ai-strategy-to-power-ecommerce-personalization-at-scale

PART 4 | AI 시대, 마케터가 잊지 말아야 할 것들

1. Dove, Real Beauty Prompt Playbook, Dove, 2024., https://assets.unileversolutions.com/v1/125422237.pdf

2. Dove, The Real State of Beauty: A Global Report, Dove, 2024.4., https://assets.unileversolutions.com/v1/125436646.pdf

3. 박선민, "모나리자가 눈 부릅뜨고 랩… 단숨에 700만 뷰 찍은 AI 영상, 뭐길래", 《조선

일보》, 2024.4.24.
4. 정유림, "'선택과 집중' 카카오, 1년 새 계열사 20여개 축소 '몸집 줄이기' 지속",《아이뉴스24》, 2024.11.17.
5. SPACE10, "Creativity in the Age of AI", Youtube, 2023.2.10., https://youtu.be/y7g-nRooZr8?si=b02P60hMsTeeVf5U

에필로그

1. Arthur C. Clarke, "Clarke's Third law on UFO's", *Science 159* (3812), 1968.1.19., p.255.

참고문헌

— Adobe, "Audience Manager", Adobe Experience Cloud Blog, n.d., https://business.adobe.com/kr/products/audience-manager/adobe-audience-manager.html

— "AI HISTORY TIMELINE", Office Timeline, n.d., https://view.officeapps.live.com/op/view.aspx?src=https%3A%2F%2Fimg.officetimeline.com%2Fuploads%2Fassets%2Fai_history_timeline_3ba760a013.pptx%3F_gl%3D1*1skibsd*_gcl_au*MTgxMjYwOTg1My4xNzI1NzY1OTY1*_ga*MTA2NjI1MzI5LjE3MjU3NjU5NjU.*_ga_28KXGFEL8Q*MTcyNTc2NTk2NC4xLjEuMTcyNTc2NTk2NC42MC4wLjA.&wdOrigin=BROWSELINK

— AIPRM, "AI Statistics 2024", AIPRM, n.d., https://www.aiprm.com/ai-statistics/

— Alex Mari, *The Rise of Machine Learning in Marketing: Goal, Process, and Benefit of AI-Driven Marketing*, SwissCognitive, 2019.5.7., https://www.researchgate.net/publication/332865857_The_Rise_of_Machine_Learning_in_Marketing_Goal_Process_and_Benefit_of_AI-Driven_Marketing

— allbirds, "Allbirds ReRun™ A New Way To Get Old Favorites", allbirds, n.d., https://www.allbirds.com/pages/rerun

— Andria Cheng, "Nike Unveils 'A Game-Changing Innovation': A Fit Feature To Fix Shoe Sizing Online And In-Store", *Forbes*, 2019.5.9.

— *Artificial Intelligence Index Report 2024*, HAI, 2024, https://aiindex.stanford.edu/wp-content/uploads/2024/05/HAI_AI-Index-Report-2024.pdf

— Argela Yuan, "Why Your Brand Needs Amazon Advertising Automation", Perpetua, 2019.9.24., https://perpetua.io/blog-amazon-advertising-ppc-automation/

- Arto Minasyan, "AI Personalization in 2023: Examples, Tools, and Tips", 10web, 2023.5.24., https://10web.io/blog/ai-personalization/
- AWS, "대규모 언어 모델이란 무엇인가요?", AWS, n.d., https://aws.amazon.com/ko/what-is/large-language-model/
- Aya Bochman, "AI for the fashion industry - What's next?", fashn.ai, 2024.1.10., https://www.fashn.ai/blog/ai-for-the-fashion-industry-whats-next
- Barry Elad, "Artificial Intelligence Statistics By Dependent Industries Processes, Perceptions, Adoption Rate, AI Capabilities, Obstructions to Adopt AI and Departments", *EnterpriseAppsToday*, 2024.2.20., https://www.enterpriseappstoday.com/stats/artificial-intelligence-statistics.html
- Boston Consulting Group, "Navigating the Right and Left Brain of AI", YouTube, 2024.3.12., https://www.youtube.com/watch?v=sVeFWmI9MaY&t=51s
- Brodey Sheppard, "Psychological Purchasing Triggers", sitecentre, 2024.11.8., https://www.sitecentre.com.au/blog/psychological-purchasing-triggers
- CDPinstitute, "CDP Basics", CDPinstitute, n.d., https://www.cdpinstitute.org/cdp-basics
- Coral Garnick, "With artificial intelligence, Starbucks hopes to upgrade your next mobile coffee order", *Business Journals*, 2016.12.22.
- Dave Chaffey, "Artificial Intelligence for marketing", Dr Dave Chaffey, 2019.10.14.
- https://www.davechaffey.com/digital-marketing-glossary/artificial-intelligence-for-marketing/
- David J Carr, "A Map of Amazon and Modern Marketing", *Medium*, 2018.9.11., https://djc1805.medium.com/a-map-of-amazon-and-modern-marketing-372e1590b564
- Dils, "50 Best Midjourney Style Prompts", WGMI media, 2023.3.28., https://wgmimedia.com/midjourney-style-prompts/
- Eddy malik, "Artificial Intelligence (AI) and ChatGPT timelines", *Office Timeline*, 2023.11.9., https://www.officetimeline.com/blog/artificial-intelligence-ai-and-

chatgpt-history-and-timelines
— EK2020, ""Thank You for the Music": Spotify and algorithmic music curation", *Harvard Business School*, 2019.11.13., https://d3.harvard.edu/platform-rctom/submission/thank-you-for-the-music-spotify-and-algorithmic-music-curation/
— Exquisite Workers, "Midjourney V6 ALPHA: Explore 32 Art Styles with Us", *Medium*, 2024.2.13.
— Garry Lee, "Why a Customer Data Platform (CDP) Will Be the Next Evolution of Your Marketing Automation", email vendor selection, n.d., https://www.emailvendorselection.com/customer-data-platform-cdp-evolution-marketing-automation/
— Greg Hoffman, *Emotion by Design*, Twelve, 2022. [그레그 호프먼 지음, 이영래 옮김, 『영혼의 설계자』, 다산북스, 2023.]
— Hassam Hameed, "How to implement hyper-personalization with composable commerce", commercetools, 2023.10.23., https://commercetools.com/blog/how-to-implement-hyper-personalization-with-composable-commerce
— Haziqa Sajid, "What is AI Hyperpersonalization? Advantages, Case Studies, & Ethical Concerns", *Unite.AI*, 2023.7.2., https://www.unite.ai/ko/what-is-ai-hyperpersonalization-advantages-case-studies-ethical-concerns/
— "How to Create Content for Amazon Affiliate Marketing Program Using AI", narrato, 2023.12.16., https://narrato.io/blog/how-to-create-content-for-amazon-affiliate-marketing-program-using-ai/
— HubSpot, "Gan.ai", HubSpot, n.d., https://ecosystem.hubspot.com/marketplace/apps/sales/video/gan-ai?eco_language=korean&eco_budget=none
— HubSpot, "HubSpot Marketing Hub Tutorial For Beginners (2024)", YouTube, 2023.12.15., https://youtu.be/68mC70jSbek?si=bqtv97VO9EV4Fc-0
— Humanaigc, "Outfit Anyone: Ultra-high quality virtual try-on for Any Clothing and Any Person", Humanaigc, n.d., https://humanaigc.github.io/outfit-anyone/

―Hyerin Yun, "라이프스타일 기업들은 어떻게 개인화를 활용하고 있을까?", undernamu, 2021.1.19., https://www.undernamu.com/ko/insights/lifestyle-brand-personalization-marketing

―*IBM* Technology, "How to Pick the Right AI Foundation Model", YouTube, 2024.2.9., https://www.youtube.com/watch?v=pePAAGfh-IU

―IBM Technology, "The Rise of Generative AI for Business", YouTube, 2023.10.27., https://www.youtube.com/watch?v=s4r5gXdSVPM

―IBM, "What is sentiment analysis?", IBM, n.d., https://www.ibm.com/kr-ko/topics/sentiment-analysis

―Indu Nair, "What is Integration Testing? Its Importance, Implementation, Advantages and Approaches", Radix, 2024.9.11., https://radixweb.com/blog/what-is-integration-testing

―IP Wave, "Global AI Index in a Glance", IP Wave, 2023.9.13., https://www.readipwave.com/global-ai-index/

―Jam3, "AI-Powered Personalization: Revolutionizing the Brand Experience", *Medium*, 2023.5.1., https://*medium*.com/@Jam3/ai-powered-personalization-revolutionizing-the-brand-experience-f22bc70b0887

―Jorge Amar, Raelyn Jacobson, Becca Kleinstein, and Allison Shi, "Redefine the omnichannel approach: Focus on what truly matters", *McKinsey & Company*, 2020.6.22., https://www.mckinsey.com/capabilities/operations/our-insights/redefine-the-omnichannel-approach-focus-on-what-truly-matters

―Kiyoshi Ihara, "Coming in 2023 — Adobe Mix Modeler", Adobe Experience Cloud Blog, 2023.3.21., https://business.adobe.com/blog/the-latest/coming-in-2023-adobe-mix-modeler

―Krish Sreedevi, "Duolingo – Learning the language of AI", *Harvard Business School*, 2010.4.21., https://d3.harvard.edu/platform-digit/submission/duolingo-learning-the-language-of-ai/

―Landpoint, "3D Architecture Modeling: How a Video Game Could Save Notre

―Dame", Landpoint, 2020.7.8., https://www.landpoint.net/3d-architecture-modeling-assassins-creed-notre-dame/
―Mailchimp, "What Is A Lead Magnet And How To Create One", Mailchimp, n.d., https://mailchimp.com/resources/what-is-a-lead-magnet/
―Max Mcdee, "Honda redefines the Eco and the Ego with Sustaina-C and CI-MEV concepts", ArenaEV, 2023.10.26., https://www.arenaev.com/honda_redefines_the_eco_and_the_ego_with_sustainac_and_cimev_concepts-news-2628.php
―Maria Jose Guerrero, "What is Amazon's dynamic pricing strategy?", Reactev, 2022.9.16., https://www.reactev.com/blog/amazon-dynamic-pricing-strategy
―Mark Abraham, Silvio Palumbo, and Adil Riaz, "Taking an Atomic Approach to Content Personalization", *BCG*, 2021.2.16., https://www.bcg.com/capabilities/marketing-sales/atomic-content-personalization
―Marloes Ratten, "17x Gorgeous Wes Anderson Midjourney Prompts – Wes Anderson Prompt Set", Sprinkleofai, 2023.5.5., https://sprinkleofai.com/wes-anderson-midjourney-prompts/
―Meaghan Yuen, "Many companies worldwide have yet to adopt AI and machine learning", EMARKETER, 2023.10.18., https://www.emarketer.com/content/many-companies-worldwide-have-yet-adopt-ai-machine-learning
―Mensur Hajdarbegovic, "Data Lake Architecture: A Comprehensive Guide", virtasant, 2020.1.28., https://www.virtasant.com/blog/data-lake-architecture
―Mohan Jayaraman, Kiran Karunakaran, Saurav Kripalu and Annabel Chew, "How Telcos Can Provide Hyperpersonalization at Scale", *BAIN & COMPANY*, n.d., https://www.bain.com/how-we-help/how-telcos-can-provide-hyperpersonalization-at-scale/
―Matt White, "Generative AI's Killer App: Hyper-Personalization", *Medium*, 2023.3.14.
―Midjourney, "Parameter List", Midjourney, n.d., https://docs.midjourney.com/docs/parameter-list

— Nadica Naceva, "The Ultimate Guide to Amazon Dynamic Pricing Strategy in 2024", *Influencer Marketing Hub*, 2024.8.13., https://influencermarketinghub.com/amazon-dynamic-pricing/

— Nidhi Arora, "The value of getting personalization right—or wrong—is multiplying", *McKinsey & Company*, 2021.11.12., https://www.mckinsey.com/capabilities/growth-marketing-and-sales/our-insights/the-value-of-getting-personalization-right-or-wrong-is-multiplying

— NVIDIA Korea, "파운데이션 모델이란 무엇인가?", NVIDIA, 2023.4.4., https://blogs.nvidia.co.kr/blog/what-are-foundation-models/

— NVIDIA, "Revolutionizing the Decentralized Digital World of Media and Entertainment", NVIDIA, n.d., https://www.nvidia.com/en-us/case-studies/revolutionizing-the-decentralized-digital-world-of-media-and-entertainment/

— Omkar Shindekar, "Customer Data Platform: Explained", NeenOpal, n.d., https://www.neenopal.com/ConsumerDataPlatform.html

— One New Zealand, "Samsung Galaxy phones", One New Zealand, n.d., https://one.nz/samsung-galaxy/galaxy-ai/

— Oracle, "고객 데이터 플랫폼(CDP)이란 무엇인가?", Oracle, n.d., https://www.oracle.com/kr/cx/customer-data-platform/what-is-cdp/

— Philip Piletic, "Hyper-Personalization – What It Is and How to Use It", GetResponse, 2023.9.8., https://www.getresponse.com/blog/hyper-personalization

— Pirsonal, "How to Personalize Video Content in HubSpot with Pirsonal's Software", YouTube, 2024.6.28., https://www.youtube.com/watch?v=-9lm5HPX0Ro

— Prompt Gaia, "Midjourney prompts: List of commands", Prompt Gaia, n.d., https://www.promptgaia.com/midjourney-prompts-list-of-commands/

— PwC, "Significant investments in AI is a here-and-now reality.", *PwC*, n.d., https://www.pwc.co.uk/insights/intelligent-adoption.html

- Ray Kurzweil, *The Singularity Is Near: When Humans Transcend Biology*, Penguin Books, 2006. [레이 커즈와일 지음, 김명남 옮김, 『특이점이 온다』, 김영사, 2007.]
- Rebekah Carter, "HubSpot Marketing Hub Review (2024) – The Ultimate Guide", *ecommerce-platforms*, 2024.3.13.
- Red Hat, "AI를 위한 파운데이션 모델이란?", Red Hat, 2023.9.14., https://www.redhat.com/ko/topics/ai/what-are-foundation-models
- reviewinsight100, "허브스팟 마케팅 허브 사용 후기 및 무료 버전 사용 방법", 리뷰인사이트, n.d., https://reviewinsight.blog/2024/06/17/%ED%97%88%EB%B8%8C%EC%8A%A4%ED%8C%9F-%EB%A7%88%EC%BC%80%ED%8C%85-%ED%97%88%EB%B8%8C-%EC%82%AC%EC%9A%A9-%ED%9B%84%EA%B8%B0-%EB%B0%8F-%EB%AC%B4%EB%A3%8C-%EB%B2%84%EC%A0%84-%EC%82%AC%EC%9A%A9-%EB%B0%A9/
- Rishabh Banga, "Google I/O 2024: A Glimpse into the Future of AI and Technology", *Medium*, 2024.5.15.
- Rohan Bhatt, "Activate personalization with Adobe Commerce and Adobe Real-Time CDP", Adobe Experience Cloud Blog, 2023.4.27., https://business.adobe.com/blog/the-latest/activate-personalization-with-adobe-commerce-and-adobe-real-time-cdp
- Saif Elhager, "18 BEST Amazon PPC Software and Tools in 2024", aihello, n.d., https://www.aihello.com/resources/blog/amazon-ppc-software-tools/
- Sarah Benchaita, "IBM Global AI Adoption Index 2023", *IBM*, 2024.1.10., https://newsroom.ibm.com/2024-01-10-Data-Suggests-Growth-in-Enterprise-Adoption-of-AI-is-Due-to-Widespread-Deployment-by-Early-Adopters
- Satya Dash, "'Deep Brew' is the latest AI-driven Recommendation Platform from Starbuck and not their trendiest Coffee Flavour!", linkedin, 2020.1.27., https://www.linkedin.com/pulse/deep-brew-latest-starbucks-ai-driven-recommendation-platform-dash/
- Shaip, "LLM(Large Language Models): 2024년 전체 가이드", Shaip, n.d., https://

ko.shaip.com/blog/a-guide-large-language-model-llm/
― SHAKE SHACK KOREA, "Hello, Burger Buds - Cheongdam", YouTube, 2016.12.1., https://www.youtube.com/watch?v=5Ydi4BBbjhA
― SHAKE SHACK KOREA, "Hello, Burger Buds - Gangnam", YouTube, 2016.6.28., https://www.youtube.com/watch?v=GRUiZNq48E0
― Shana Lynch, "AI Index: State of AI in 13 Charts", HAI, 2024.4.15., https://hai.stanford.edu/news/ai-index-state-ai-13-charts
― Sujatha Trivikram, "Customer Needs, Wants, and Demands & Strategic Decision Making", *Myventurepad*, 2017.2.13., https://myventurepad.com/customer-needs-wants-demands-strategic-decision-making/
― Symson, "8 Powerful Dynamic Pricing Examples Across Industries", Symson, n.d.,https://www.symson.com/de/blog/dynamic-pricing-examples
― Salesforce, "Tableau", Tableau, n.d., https://www.tableau.com/products/tableau#content-551774
― The Ai Examiner, "New Coca Cola Stable Diffusion AI Ad", YouTube, 2023.5.15., https://www.youtube.com/watch?v=2NYXwetrQtc
― The care of one: Hyperpersonalization of customer care, *McKinsey & Company*, 2020.6., https://www.mckinsey.com/capabilities/operations/our-insights/the-care-of-one-hyperpersonalization-of-customer-care
― "The Power of Hyper-Personalization: How AI Elevates Customer Experience", Comarch, 2024.4.17., https://www.comarch.com/trade-and-services/loyalty-marketing/blog/the-power-of-hyper-personalization/
― Vijay Chittoor, Jake Burns, "Hyper-Personalization Using AI-Powered Marketing", AWS. 2024.5.7., https://aws.amazon.com/ko/executive-insights/content/hyper-personalization-using-ai-powered-marketing/
― "Walmart's Generative AI search puts more time back in customers' hands", Walmart, 2024.1.30., https://tech.walmart.com/content/walmart-global-tech/en_us/blog/post/walmarts-generative-ai-search-puts-more-time-back-in-

customers-hands.html
─wgmimedia, "20 Midjourney Design Styles", reddit, 2022., https://www.reddit.com/r/midjourney/comments/124md4v/20_midjourney_design_styles/?rdt=63451
─Yaniv Navot, "Why A/B Testing and Personalization Are More Powerful Together", *Dynamic Yield*.

─2shivani, "Production Possibilities Curve (PPC) : Meaning, Assumptions, Properties and Example", geeksforgeeks, 2024.4.23., https://www.geeksforgeeks.org/production-possibilities-curve-ppc-in-economics/

─가비아CNS, '네이버 for you 쇼핑검색광고, 진실 혹은 거짓?', "다이애드_트렌드", 2023.5.30., https://m.blog.naver.com/gabia_cns/223115221248
─권용삼, "[창간특집=AI, 판을 바꾼다]②모두를 위한 AI…스마트폰·가전도 AI 경쟁 '치열'", 《아이뉴스》, 2024.3.19.
─김가온, "[템터뷰] '몰랐던 영화 취향을 먼저 알려준다'… 티빙이 초개인화를 꿈꾸게 된 이유는", 《테크M》, 2022.11.12.
─김덕진, 『AI 2024』, 스마트북스, 2023.
─김동원, "시각·청각·촉각 한 번에 이해, '멀티모달'이 주목받는다", 《The AI》, 2022.8.19.
─김수경, "매장에 '드론' 띄운 이케아, 이번엔 'AI'로 가구 디자인 실험", 《brandbrief》, 2023.3.28.
─김준모, "Digital Business Requirements in the Era of Hyper-Personalization", 삼성SDS, 2023.1.28., https://www.samsungsds.com/vn/insights/hyper_personalization.html
─다이티, "고객 데이터 플랫폼(CDP)기본 지식 총정리", brunch, 2022.8.3., https://brunch.co.kr/@dighty/154
─문화재청, "문화재청, '문화재 디지털 대전환 2030' 발표", 국가유산청, 2021.6.16., https://www.cha.go.kr/newsBbz/selectNewsBbzView.do?newsItemId=1557027

75&sectionId=b_sec_1
— 삼성SDS, "인공지능", 삼성SDS, n.d., https://www.samsungsds.com/kr/ai/ai.html
— 삼성전자, "Galaxy S24", 삼성, n.d., https://www.samsung.com/sec/smartphones/galaxy-s24/
— 송영록, "생성형 AI 스마트폰, 3년간 연평균 83% 성장… 삼성·퀄컴이 주도", 《이투데이》, 2023.12.22.
— 신대리, '메이크, Tally, 구글 시트로 만드는 무료 이메일 발송 자동화 시스템', "노코드 활용", 2024.9.2., https://blog.naver.com/growthmaker/223568712201
— 안덕진, "효과적인 리드마케팅 프로세스 만들기", LeadSpot, 2022.5.30.
— 안형석, ""AI 탑재 로봇 강아지 태어난다"… 소니, 12년만에 로봇 사업 재진출", 《뉴스메카》, 2017.10.16.
— 유지한, "더 '스마트'하게… 폰으로 들어가는 '생성형 AI'", 《조선일보》, 2023.11.2.
— 윤수현, "국내 OTT 제작역량 부족… 독점 콘텐츠·IP 확보해야", 《미디어스》, 2022.2.11.
— 윤창희, 「대규모 언어모델 기반의 공공분야 초거대 AI 도입 방향」, 『IT & Future Strategy』 제3호, 한국지능정보사회진흥원, 2023.4.27.
— 이상덕, "생성형 AI 2라운드, 이번엔 멀티모달이다!", LG CNS, 2023.10.19., https://www.lgcns.com/blog/it-trend/49030/
— 이석원, "도베르만 닮은꼴…샤오미 로봇개", 《테크 레시피》, 2023.8.22
— 최광민, "LG, 초거대 멀티모달 AI '엑사원 2.0' 공개…-'상위 1% 전문가 AI'로서 인간과 협력해 고객가치 창출", 《인공지능신문》, 2023.7.19.
— 한재현, "기업 내 인공지능(AI) 도입 답보 상태, 40%는 여전히 검토 단계 머물러", DAATC, 2024.2.
— 허진, "챗GPT, 그림에도 눈 뜨자…AI전쟁 '멀티모달'로 확전", 《서울경제》, 2023.3.26.

이미지 출처

20 삼성생명, 21 배달의민족, 22 Amazon, 24 ZARA, 25 KT, 42 쿠팡, 48 Eggslut, 52 Coca-Cola, 54 Brickit, 56 Meta, 58 파파고, 88 Adobe, 128 Olay, 131 네이버, 137 Coca-Cola, 140 博報堂, 151 매거진B, 153 Eggslut, 157 현대자동차, 159 IKEA, 160 Outfit AnyOne AI, 165 NIKE, 171 SKT, 176 Duolingo, 178 DB손해보험, 179 카카오, 185 Adobe, 203 Shake Shack, 208 Blue Bottle Coffee, 211 에이클로젯, 215 Revolve, 217 AD Intelligence, 218 Heinz, 219 Space10, 220 NightCafe, 221 Exquisite Workers, 223 11번가, 224 Midjourney, 225 Midjourney, 228 드랩아트, 231 Midjourney, 268 Dove, 292 Warner Bros.

※크레딧 표시가 없는 이미지는 저자 제공 사진입니다.
※일부 저작권 확인이 되지 않은 이미지에 대해서는 저작권을 확인하는 대로 통상의 비용을 지불하도록 하겠습니다.

AI 마케팅 인사이트

초판 1쇄 발행 2024년 11월 29일

지은이 최연미

발행인 이봉주 단행본사업본부장 신동해
편집장 김예원 책임편집 강혜지 편집 조승현
디자인 co*kkiri 교정교열 고영숙 정리 조창원
마케팅 최혜진 이인국 제작 정석훈

브랜드 리더스북
주소 경기도 파주시 회동길 20
문의전화 031-956-7351(편집) 031-956-7089(마케팅)

홈페이지 www.wjbooks.co.kr
인스타그램 www.instagram.com/woongjin_readers
페이스북 www.facebook.com/woongjinreaders
블로그 blog.naver.com/wj_booking

발행처 (주)웅진씽크빅
출판신고 1980년 3월 29일 제406-2007-000046호.

ⓒ 최연미, 2024

ISBN 978-89-01-29033-1 03320

- 리더스북은 ㈜웅진씽크빅 단행본사업본부의 브랜드입니다.
- 저작권법에 의해 한국 내에서 보호를 받는 저작물이므로 무단전재와 무단복제를 금합니다.
- 이 책 내용의 전부 또는 일부를 이용하려면 반드시 저작권자와 ㈜웅진씽크빅의 서면 동의를 받아야 합니다.
- 책값은 뒤표지에 있습니다.
- 잘못된 책은 구입하신 곳에서 바꾸어 드립니다.